# 目 录

图书在版编目(CIP)数据

拯救雅虎：玛丽莎·梅耶尔传 / （美）卡尔森（Carlson,N.）著；叶硕，谭静译.
—南京：译林出版社，2016.4
书名原文：Marissa Mayer and the Fight to Save Yahoo!
ISBN 978-7-5447-6071-3
Ⅰ.①拯… Ⅱ.①卡… ②叶… ③谭… Ⅲ.①梅耶尔，M.–传记 Ⅳ.①K837.125.38

中国版本图书馆CIP数据核字（2015）第301489号


著作权合同登记号　图字：10-2015-587号

书　　名　拯救雅虎：玛丽莎·梅耶尔传
作　　者　[美国]尼古拉斯·卡尔森
译　　者　叶硕　谭静
责任编辑　许昆
原文出版　Twelve
出版发行　凤凰出版传媒股份有限公司
　　　　　译林出版社
　　　　　凤凰阿歇特文化发展（北京）有限公司
出版社地址　南京市湖南路1号A楼，邮编：210009
电子邮箱　yilin@yilin.com
　　　　　info@hachette-phoenix.com
出版社网址　http://www.yilin.com
　　　　　http://www.hachette-phoenix.com
经　　销　凤凰出版传媒股份有限公司
印　　刷　江苏凤凰通达印刷有限公司
开　　本　718毫米×1000毫米　1/16
印　　张　19.75
插　　页　8
字　　数　253千
版　　次　2016年4月第1版　2016年4月第1次印刷
书　　号　ISBN 978-7-5447-6071-3
定　　价　38.00元
　　　　　译林版图书若有印装错误可向出版社调换
　　　　　（电话：025-83658316）

拯救雅虎

# 玛丽莎·梅耶尔传

[美国] 尼古拉斯·卡尔森 著

叶硕　谭静 译

译林出版社 | 凤凰阿歇特 hachettephoenix

# 序言 季度绩效评估

近 4000 名雅虎员工坐在那里，等着玛丽莎·梅耶尔来作出解释。

此时是 2013 年 11 月 7 日，周四，上午 10 点半左右。

在雅虎位于圣塔莫尼卡和纽约市的办公室里，员工们坐在各自的办公桌前，通过面前的电脑显示器观看视频。

在加利福尼亚州的桑尼维尔市——美国硅谷心脏地带的 101 大道旁，雅虎总部里，近 2000 名员工坐在一个巨大的餐厅里。

阳光透过窗子，照进这间名叫“网址”（URL）的餐厅里。它之所以叫这个名字，是因为大约二十年前初创时，雅虎所做的事情仅限于提供“URL”，也就是网址。最初版本的雅虎，正是一个布满了链接目录的灰色网页，页面顶部有一个亲切的标识。

叫这个名字还有一个原因：“网址”（URL）的英文发音听起来很像“伯爵”（Earl）这个单词，这倒是很符合餐厅 20 世纪 50 年代的主题氛围。走进餐厅，你会看到一个牌子，上面写着：“吃在‘网址’”，这只是雅虎总部众多新奇古怪的格调之一。园区叫做“虎”（Hoo）。员工们自称“雅虎人”（Yahoos）[①]。来访者们一走进大厅，迎面而来的是一座紫色的奶牛雕像。

---

① “yahoo”原意为粗鲁人、野蛮人。

每个雅虎标识的末尾，都缀着一个大大的感叹号。

而在2013年11月的这一天，雅虎员工们的情绪似乎就没有那么高涨了。

房间里有些人显得怒气冲冲——他们之所以生气，是因为公司拒绝了他们升职加薪的要求；是因为现在似乎就一句“玛丽莎这么说”，就给他们的工作带来了一连串无穷无尽的任务；或者是因为不断进入公司的新员工赚的钱比他们多得多。他们生气，是因为在他们看来，玛丽莎·梅耶尔似乎是个出尔反尔、言行不一的家伙。

而大部分聚集在此的雅虎员工和高管，其实并没有这么愤怒。他们只是很困惑。他们都认为，梅耶尔聪明过人，辛勤工作，也真心实意地关心着雅虎、雅虎员工，还有雅虎用户的福祉。自从2012年7月梅耶尔从谷歌来到雅虎以来，他们就一直这样认为。梅耶尔给雅虎带来了彻头彻尾的改变，令整个公司重新焕发生机。

在梅耶尔加入公司之前，整个周末，从周四下午4点半开始，雅虎的停车场就空空如也。雅虎花费数年，方才对其产品进行了更新，而它的竞争对手们只用了几个月，甚至几周！在安卓和苹果的应用程序方面，雅虎也面临着非常尴尬的情势。

梅耶尔到来之后不到几周，停车场就车满为患了，总部一直到周五晚上还忙忙碌碌。不到几个月的工夫，雅虎就以十几年来未曾有过的速度推出了新产品。不到一年的工夫，雅虎的产品设计就在各种出版物上饱受赞誉。到了2013年夏天，雅虎每个分部的职位都有成千上万的人申请。雅虎最终建立起一支几百人的队伍，从事智能手机应用程序的研究。

而此刻，2013年11月的这一天，许多曾经对梅耶尔的成就大加赞誉的人都在怀疑：梅耶尔为什么要施行这一系列自毁声誉的政策。这些政策，往好里说，是实施得非常勉强，公司也并未对员工就此好好解释；而往坏里说，就是一堆低级错误。自她加入以来，他们从未这样认真地怀疑过：

梅耶尔是否能胜任拯救雅虎的工作?

现在,梅耶尔就坐在所有人跟前。她坐在餐厅那头台上的一把椅子上。椅子旁有一张小桌子。梅耶尔的手里拿着什么东西。似乎是一本书,或者是一本封面绘图的文件夹。

两个月前,《时尚》杂志刊登了一幅梅耶尔的照片。照片中,梅耶尔仰躺在一把躺椅上。她的金发自然而整齐地披散开,像白金一样熠熠生辉。她穿着一件贴身的迈克高仕蓝色礼服,脚蹬一双圣罗兰高跟鞋,双唇上涂着深色口红。她双眼透过半垂的眼睑望向一旁,牢牢地吸引住镜头。

而在这个11月的周四,梅耶尔似乎完全变了一个人。她看起来很焦虑。很紧张。她的头发湿漉漉的,甚至都没化妆。

这间屋子里人们的困惑和愤怒,梅耶尔是心知肚明的。一周以来,梅耶尔对此深有体会。

加盟雅虎之后,梅耶尔最早实施的几项举措之一,就是建立起每周例会制度,每周五下午举行例会,又叫"请您知悉沟通会"。举行例会的目的,是为了令公司"彻底透明",多年以来,雅虎的员工只能透过新闻媒体来了解管理层的动态——而其中又主要是通过一位叫卡拉·斯维舍的记者的报道。

"请您知悉沟通会"一开始先会来一个"保密提示"。然后,梅耶尔会欢迎刚入职的新员工,并庆贺老员工的工作周年纪念日。接着,她会简单回顾一下雅虎的"本周成就"。接下来,梅耶尔或另一位高管会通过幻灯片演示的方式来进行"深度解读",比方说,雅虎为什么要收购某家公司,或者雅虎的某种新产品是如何运作的,等等。在会议的结尾,梅耶尔会回答雅虎员工提出的问题。有时她会亲自解答,有时则会请一位她的直系下属来到台上,在聚光灯下浑身不太自在地接受"拷问"。

有时候,问题来自坐在"网址"餐厅里的雅虎员工,他们拿着麦克风,进行现场提问。但更多情况下,问题是在会前的一周里,通过一个叫"雅虎内部调解员”的应用程序，经过雅虎的内部网络提交到“请您知悉沟通会”上来的。问题一旦提交，公司里的每个人都可以看到。员工们会投票表决，这一周，他们希望梅耶尔来回答哪些问题。

之后的一年中，员工们就一些敏感话题向梅耶尔提出了很多尖锐的问题，梅耶尔——或者她手下的一位高级管理人——以坦率得惊人的态度进行了回答。很多人关心的一个问题是：新闻报道中提到的关于裁员和重组的情况。还有：为什么她不让众多优秀员工升职？每当雅虎要花几百万美元购买一家新公司的时候，员工们都会要求梅耶尔给出解释。

最后，在2013年10月的一个周五，有人问梅耶尔，可不可以举行一次匿名提问的“请您知悉沟通会”。梅耶尔说，好吧。

结果，大批的问题蜂拥而至，来势汹汹，于是梅耶尔决定不等到周五就来应对答疑。

所以，2013年11月7日开会，这一天是周四。全公司的人都在等着梅耶尔来说点什么，让大家明白，作为首席执行官，她终将令雅虎在互联网行业重建辉煌。

梅耶尔深吸了一口气。她向大家问好。她提醒大家，会议是内部保密的。她说，她看过了大家的问题，有点东西想读给大家听。原来她手里拿着的是一本书。一本儿童读物。

她开始读起来。

> 鲍比手里有五分钱。
> 究竟他该买糖果，还是冰激凌蛋筒甜？

梅耶尔举起书，给员工们看插图。

> 他该买个吹泡泡管？

是该买只小木船?

又一幅插图。

不过,也许,话虽这样说,
最棒的还是小卡车!

“网址”餐厅里的员工们互相交换着眼色。坐在办公桌前远程收看的员工们越来越困惑。

梅耶尔在做什么?

而她,继续读着。

鲍比坐着,想了又想
鲍比坐着,左右为难。
到底买什么最最好
用这手里的五分钱?

梅耶尔似乎跳过了几页。她朗读的声音有一点点激动:

他可以买个风车,
像个送弟弟礼物的大哥。
他可以买个装满豆豆的沙包,
也可以买只陀螺。
要么,鲍比思量着
——还是该买个小铅笔盒?

此时，梅耶尔认真地读着，仿佛真的遇到了难题一样，似乎只要大家能听懂她大声读着的这个故事，这间屋子里的所有怒气和迷惑就能烟消云散似的。

　　鲍比想呀想——忽然，他脑子里灵光一闪现，

梅耶尔读到了书的最后一页。

　　他就这样花掉了手里的五分钱——

梅耶尔举起书，给大家看最后一幅插图。书上画了一个红头发的小男孩，骑着旋转木马。

几乎没人能看得清她手里的书页。

也没人明白，梅耶尔到底想表达什么。

具有讽刺意味的是，在2013年11月的这个周四，玛丽莎·梅耶尔之所以不得不对着一屋子意志消沉、迷惑不解的雅虎员工作出解释，唯一的原因正是：一年前，她决定不解雇其中的5000人。

事实上，这样的抉择，梅耶尔不得不进行了三次。

2012年夏天，梅耶尔刚加入雅虎的时候，在最初的一系列会谈中，有一次重要的会谈是跟一位名叫吉姆·赫克曼的公司高管进行的。赫克曼是这个临时管理团队中一位顶尖的“交易撮合家”，他很快就跟梅耶尔完成了工作交接。在这次会谈中，赫克曼告诉梅耶尔，他跟谷歌、微软，还有纽约一家叫做“AppNexus”的广告科技公司已经达成了一系列交易意向，计划将雅虎的不同职能板块分别外包出去。这样一来，雅虎就可以裁掉多达三分之一的员工。

在会谈结束后不到一天,梅耶尔取消了所有交易,并让赫克曼离开了公司。

然后,梅耶尔还得作出决定,如何处置“阿尔法计划”。

“阿尔法”是雅虎的一项大规模整改计划的代号,是由梅耶尔的另一位前任斯科特·汤普森发起的。汤普森担任雅虎首席执行官的时间不长,仅仅是从2012年1月到2012年5月——但这个“阿尔法计划”却非常值得一提。这项计划要求雅虎将数据中心从31个减少到6个,而1.5万名正式员工和3000名合同制员工构成的团队,则要被裁撤掉多达三分之一。2012年4月4日,汤普森启动了“阿尔法计划”。计划开启后,几百名雅虎员工被告知,他们会被炒鱿鱼,但不是马上。这叫做进入“过渡期”。

“阿尔法计划”的目标是裁减雅虎的人员。方法则是砍掉整个部门,而不是通过考察各部门员工各自的工作,筛选出表现不佳的淘汰掉,表现优异的留下来,哪怕是调岗到别的部门。梅耶尔得知之后,简直难以相信。她迅速缩减了“阿尔法计划”的规模,在汤普森的安排下,雅虎的一些高绩效员工进入了过渡期,梅耶尔让高管们重新把他们聘请回来。在2012年9月28日的“请您知悉沟通会”上,梅耶尔告诉员工们,汤普森的计划有损雅虎文化,她绝不会用这种方法来降低成本。

最后,梅耶尔还得跟董事会交涉,因为董事会也希望她能裁减大批员工。

2012年7月,雅虎董事会聘请梅耶尔的时候,跟她说得很清楚,他们认为,她应该裁掉35%到50%的员工。

梅耶尔似乎听懂了这句话的含义,但她面试这个职位的时候,并没有作出任何承诺。不过她倒是赞成,雅虎必须降低成本,着重减少产品数量,提高产品质量。她说,在第一次董事会会议之前,也就是2012年9月之前,她一定会给出一个削减成本的方案。

在2012年夏天,梅耶尔接任的时候,业内的普遍意见是,雅虎需要解雇大批员工。她上任的那周，马克·安德里森告诉记者，雅虎应该裁掉1万到1.2万名员工。安德里森是业内一名举足轻重的创业公司投资人，他曾经是一个私募股权投资集团的成员。

所以，9月份，召开董事会议的时候，几名董事都希望她能够给出一个裁员计划，其中包括对冲基金经理丹·勒布，梅耶尔之所以会被聘用，他是最重要的支持者。

勒布和董事会的其他成员没能如愿。梅耶尔告诉他们，任何形式的裁员都会严重损害员工的士气，更别说裁员35%到50%。她表示，雅虎的基本架构错综复杂又摇摇欲坠，所以盲目地裁掉整个团队的全部员工是不明智的。她说，要完成雅虎的完美转身，需要尽可能利用所有的人才，她不愿冒赶走优秀员工的风险。

这并不是包括勒布在内的董事们想听到的，房间里的气氛变得有些紧张。但是，几个月前，他们刚下了很大的赌注在梅耶尔身上，他们别无选择，只能接受她的计划。

梅耶尔踌躇满志。

2012年10月12日，在“请您知悉沟通会”上，一名员工问关于裁员的报道是否属实，梅耶尔瞅准机会，把这个好消息公布给大家。

梅耶尔站在台上，在一幅低垂的紫色大幕前，她说：“那么，会不会有关于大幅裁员和重组的秘密会谈呢？

“不会。

“我曾经跟相关人员谈过这件事吗？

“没有。

“我有这方面的压力吗？

“是的。

“你可能已经从马克·安德里森那里听到和看到了一些关于应该裁掉多少人的意见。有这回事吗？

“是的。

“他们在给我施压吗?

“是的。

“我在积极考虑这方面的计划吗?

“没有。”

她说,雅虎确实需要作出一些改变,但是她希望,只是“小改”。

“截至目前,我们还没打算裁员。我们正在努力,使组织架构稳定。我无法作出承诺,说将来一定不会有所变动,但是目前看来,还不会积极实行这方面的计划,或者进行这方面的谈话。”

然后梅耶尔又讲了雅虎要如何“进行公司瘦身”,通过设定目标,用这些目标来衡量“谁的表现非常优异”,“谁的表现不尽如人意”。满屋子里,几乎没人认真思考她这话的意思。他们听到的只是梅耶尔在说:“我不会解雇你、你的朋友,以及成千上万的其他人。”

雅虎员工们开始鼓起掌来。

梅耶尔很喜欢这掌声。

“你们应该感到高兴,”她说,“那是一轮长长的掌声,说明每个人都大大地松了一口气。”

尽管梅耶尔决定,不会在2012年的秋天解雇5000人或1万人,但她也希望能想出一个办法,为雅虎降低成本,或者至少控制开销。

她必须这样做。

加入雅虎之后,她发现,尽管交给美国证券交易委员会的报告中说雅虎有1.5万人,但实际上,员工的数量还要更多。在全球范围内,还有3000名合同制员工,他们的工作基本都是全日制的——他们只不过没有享受相应的福利而已。同时,多年以来,雅虎真正的全职员工报酬水平都要高于行业平均值。在梅耶尔到来之前那动荡的几年里,为了留住员工,前任首席执行官们大把加薪，并给员工们发高额奖金。

梅耶尔知道，2013年，她得勒紧裤腰带才行。梅耶尔也坚信，公司需要更多有才华的员工。也就是说，要聘用和留住高绩效的员工，淘汰掉那些表现差的。

梅耶尔觉得，她有个计划，可以一举两得。

她计划将一种管理方法引进雅虎，这种管理方法是她在谷歌的时候学到的。

从1999年起，谷歌的管理层开始采用一种名叫“目标与核心成果”（Objectives and Key Results）的管理系统，又叫“OKR”系统，用来对员工、部门和整个公司的工作效率进行测评。“目标与核心成果”的理念来自谷歌投资人约翰·杜尔，著名风险投资专家。杜尔则师从安迪·格鲁夫，后者在英特尔成功任职期间，建立了一种类似的系统，名叫“目标管理”。

在“目标与核心成果”系统中，谷歌的每名员工，每个季度都要做将目标量化的表格。这个表格要交给经理签字，目标经过审核后，会进入谷歌的内部网络，全公司的人都能看到。下个季度，该员工会再次跟经理面谈，回顾他的表现，得出一个“目标与核心成果”分数。这个分数会决定员工的奖金，以及在公司中加薪、调职和升职的可能性。

从2012年9月起，梅耶尔将“目标与核心成果”系统复制进了雅虎。她称之为“季度绩效评估”（Quarterly Performance Reviews），或“QPR”。每个季度，从梅耶尔的直接下属到最基层的员工，都会得到一个评分，从1分到5分。1分意味着这名员工总是“未完成”目标，2分意味着这名员工“偶尔未完成”目标，3分是“完成”，4分是“超额完成”，5分是“大大超额完成”。

梅耶尔推出了她的成本削减和人才提升计划。首先，她将“目标”这一概念带给员工。

接下来，梅耶尔向全公司宣布了一项“目标分布计划”。

在操作中,“目标分布计划”就是,梅耶尔想让经理们将他们管理的员工按照一定的百分比,分配进五个区间。10% 划为“大大超额完成”,25% 划为“超额完成”,50% 划为“完成”,10% 划为“偶尔未完成”,还有 5% 是“未完成”。

接着,梅耶尔推出了新的政策,根据这些政策,员工在公司内部的奖金、晋升和调职的资格,都将取决于他们过去三个季度的平均得分。得分太低的员工会被要求离职。

在她任职的头一年里,这项计划似乎起了作用——至少达成了梅耶尔的两项目标。梅耶尔感觉,雅虎的人才水平得到了提升。而且,根本未曾动用那些打击士气的裁员计划,梅耶尔就令 600 名表现不佳的员工离开了公司。

然而对梅耶尔来说,不幸的是,这项计划也产生了一些始料未及的后果。

2012 年 8 月,《名利场》杂志刊登了库尔特·艾肯沃德的一篇文章,介绍了过去十年来微软的衰落。艾肯沃德认为,微软的困境是多种因素共同造成的,但他说,公司内部人士谴责最多的是微软的一种管理机制:一种名叫“员工排名”的体系,又叫“绩效模型”、“钟形曲线”或“员工评审”。这种机制强迫微软的经理人将各自团队中的成员由好到坏进行排名,每个级别占固定的比例:表现优异者、表现良好者、表现平平者、低于平均水平者,还有表现不良者。排名不佳的员工不会再有加薪、升职和奖金,处境会严重恶化。

艾肯沃德像写起诉书一样,一条条列出这种意愿良好的体制会造成哪些不良后果。因为即使整个队伍是全明星阵容,也得有人一定要被评为表现最差的,所以微软最有才能的员工们拒绝一起工作。因为评价员工的标准不是他们自己的工作表现,而是他们相对于其他同事的表现,所以员工们会热衷于给别人“下绊子”。

员工的排名是通过管理层由下向上传递的，个人的成绩有时得在部门内进行调整，才能保证每个级别的员工数目刚好合适。这就导致了经理们之间的利益交换。这还意味着员工们会觉得，他们还得讨好老板的同级们，还有老板的老板。

通用公司的首席执行官杰克·韦尔奇也采用过一种类似的体系，名叫“评级与封杀”，令公司在20世纪80年代和90年代实现转变，自那以后，给员工排名的方法逐渐流行。但是，到了2012年，由于艾肯沃德的文章以及一些研究，这种体系的局限性广为人知，其中也包括一些雅虎员工。

2012年12月21日，在该年度的最后一次“请您知悉沟通会”上——那个时候，梅耶尔刚开始在雅虎推行“季度绩效评估”制度还没多久——一名名叫卡尔·莫耶的员工问梅耶尔：“在您看来，新的‘钟形曲线’会不会对团队精神和员工士气造成负面影响？

“您知道我们在给团队同事排名时遇到了很大阻力，得分低的人通常会失去与他人合作的积极性。”

“当然，大家都不想这样。”

梅耶尔告诉莫耶，他误会了。

“我想说明一下，”她说，“这不是员工排名。这有点像一种排序分类。大家最后会被划为‘超额完成’、‘完成’、‘大大超额完成’，等等。但这不是员工排名。所以，我认为真正的员工排名的某些特点是不存在的。”

在接下来的一年中，梅耶尔一直这样咬文嚼字，为自己辩护。但这种做法毫无益处，它只是让员工们变得更加恼火，其中甚至还包括一些梅耶尔的直系下属。问题在于，尽管“员工排名”和“排序分类”用词不同，但它们所描述的绩效评估体系所产生的效果是一样的。梅耶尔命令公司高管把他们的下属分门别类。这些高管们再把这个数字比例向下传递给他们的下级。以此类推。

这条曲线是强制性的。总的来说，每个部门之中只有75%的人能进入前三个区间。每个团队中都会有25%的人要分进后两个区间——“偶尔未完成”和“未完成”。结果就是：队友们针锋相对，直接竞争，以免成为那25%的一员。

梅耶尔还说，因为根据她的分配曲线，会有50%的雅虎员工划入“完成”的区间，并没有像员工排名一样进行“细分”，所以不会导致那么多的员工间竞争问题。

不管有没有细分，多次被分配进不良区间的员工都会面临严重的后果。作为一名雅虎员工，要想“表现出色”，就必须要保证你获得的分数比65%的团队内同事更高才行。在雅虎的新体制下，只有在过去的四个季度中都超出平均分，你才有可能获得升职加薪。如果你有三个季度是“超额完成”，一个季度是“完成”，那你就名落孙山了。加薪没你的份儿了——祝你下次好运。

雅虎上上下下很多员工都明白，公司需要缩减开支。任何人只要稍作研究，就会发现，雅虎的工程技术人员的薪资水平要高于业内同等的其他技术公司。

但是，成本控制归成本控制，还是有一件事令雅虎的工程师们感到不快，那就是员工们能拿回家的税后工资：在这件事上，公司似乎并没做到一碗水端平。

根据传闻，梅耶尔支付给她的老东家——谷歌的员工们丰厚的薪水，来吸引他们加入雅虎。人们窃窃私语：听说前谷歌员工们的平均工资是30万美元，这是真的假的？

此外，雅虎一直在收购失败的小型创业团队，从而快速地雇用整支团队加入公司。据说，这些团队中的移动工程师，薪水高达三年100万美元。

2013年一点点地过去，梅耶尔的这种体制让雅虎中层经理的日子变得格外艰难。很难让人才在同一支团队里工作。这是因为人们不只不愿意跟其他人才竞争，他们还担心，要是在季度中间调职的话，就只能草草完成目标，仅仅得到一个“完成”，在接下来的十二个月里，都会失去加薪的机会。

员工们会优先考虑能令他们更接近个人目标的工作。这不无道理。与人合作，或者协助他人做不会令你更接近“超额完成”的项目，是很愚蠢的行为。

最糟糕的是，每个季度，经理们都会引导他们的团队努力完成目标，然后，即使每个人都实现了目标，经理们还是得挑出几个人，告诉他们，他们没有达到预期。有时候，中层经理们也会无声地反抗一下，发给雅虎人力资源部门一个季度进度报告的数据包，里面列出的每个员工的业绩都是“完成”或更好。

但是，人力资源部门又会把数据包一脚踢回来，让经理们调整校准。总得有人“偶尔未完成”才行。尽管每个人都达成了目标。

在每个季度的流程中，一系列所谓的“校准会议”是一个很讨厌的部分。

在校准会议上，经理们会跟他们的老板一起评估手下的所有员工。然后，经理和老板们会调整这些员工的分数，从而使整个部门的每个区间中人数刚好—— 10% 的“大大超额完成”，25% 的“超额完成”，等等。

这些会上发生的事情并不是梅耶尔想看到的。梅耶尔希望的是，根据每个季度之初员工们跟经理承诺的目标的完成度，对员工进行较为客观的排名。可实际情况却是，经理们枯坐着，瞪着必须要被塞进某个区间的员工，绞尽脑汁地想出他之所以要被放进这个区间的理由。

有时候，这可能是办公室政治在捣鬼。经理们会私下里达成协议——给某些经理手下的员工打个高分，给另一些经理手下的员工打个低分，这样一来，那条曲线就刚好满足要求了。

有时候，原因会变得更加赤裸裸。那个员工有机会跟管理层的人一起吃午饭,是吧? 或者说,他会在走廊里跟老板聊聊天,对吗? ——“完成”。这个家伙总是独来独往,是吗? ——“偶尔未完成”。

梅耶尔本人也参与过这样的校准会议,在会上就出现了这种随意的判断。

向梅耶尔汇报的高管统称为她的“E 职员”,又叫“二级主管”,雅虎森尼韦尔园区 D 栋大楼的高管楼层有一间会议室名叫“鱼食”,二级主管们在这间会议室里跟梅耶尔举行会议。他们会在那里检查三级和四级主管们的姓名和排名。

一堆人围坐在一张桌子跟前,拿着写满名字和等级的表格。要是出现的三级主管的名字梅耶尔不熟悉的话,那么定好的级别通常不会变动。不过,要是她知道这个人的名字,并且能记起跟这个人有过交流的话,这个人的定级就会根据那次微不足道的交流的情况得到提升或降低。

2012 年 10 月 26 日,在一次这样的会议上出现了一个名字——维韦克・夏尔马。当时,夏尔马正跟梅耶尔一起对雅虎邮箱设计进行一次重大的调整,项目代号叫“卡特罗”。

每个月,有几亿人使用雅虎邮箱,“卡特罗”标志着该产品的一个重要转型,但在这次会议上决定了夏尔马的评分的并不是这些原因。

一名二级主管,雅虎的首席营销官凯茜・萨维特说:“我很烦他。我不想跟他共事。”

萨维特其实根本就不太需要跟夏尔马共事,因为他在雅虎的产品组织部工作,跟市场部的互动比较少。

但梅耶尔同意了萨维特的话。

她压低了夏尔马的评分,这自然就导致了这一年他到手工资的减少。2013 年 1 月,夏尔马离开雅虎,接受了迪士尼公司的一份高管职位。

纵观梅耶尔在雅虎的第一年,关于季度进度报告的话题,还有对那个

“校准系统”的抱怨，经常出现在周五的“请您知悉沟通会”上。甚至在梅耶尔任职一周年的那次会上——那本该是个欢乐的庆祝会——都有人就该系统“令人士气低落”的特点进行质问。

之后，2013 年 10 月，梅耶尔同意让员工们匿名提问。这下终于有机会发泄不满，并且不用担心后果，员工们扔出了几百个怒气冲冲的问题。

其中一个问题得到了 1531 张员工投票，梅耶尔第一个读到的就是这个问题。

> 我不得不把一个员工评为“偶尔未完成”，这让我感到很不舒服。现在，要开季度进度报告会了，我必须在会上讨论这件事。我感觉非常不舒服，因为为了符合“钟形曲线”，我不得不告诉某些员工，他们没能达成目标，尽管实际上我并不那么认为。我明白，我们要剔除掉误聘的员工，也就是没能完成目标的人，但这种制度非常令人担忧。说心里话，我不想失去那名员工。这种制度道理何在呢？

还有 8 个问题，每个也得到了 1000 多票。

> 可否请您解释一下，为什么经理们必须得对自己的团队进行平均排名？哪怕团队中的每个人都超过了预期，经理也不能每个成员都给那么高的分数。

> 很多在职的雅虎员工（在玛丽莎任首席执行官之前加入雅虎）的工资应该跟新加入／回归雅虎的员工的工资统一化。我是一名经理，相比团队中类似背景的员工，我要付给某些人至少高出 20% 到 30% 的薪水，这是招聘执行委员会的规定。而当我询问能否想办法给在职员工加工资的时候，不管是管理层，还是人力，都没给我确切的答

复。这个问题能否解决?

据说,我们会根据"季度绩效评估"的结果,悄悄裁员20%,真的吗?

根据个人经验,我觉得这种制度是不对的,而且我觉得,我得到的对待是不公平的。我上一任经理根本不做任何回复或指导,他只会说,数字是高层决定的,他说了不算。这种评级这么重要,我们就不能有一个合法的上诉程序吗?

在"季度绩效评估"的过程中,团队经理们真的非得把团队成员放到"低于预期"、"达到预期"和"超过预期"其中一个类别里面?每个类别里都必须有人,是吗?还有,如果一个人连续三四个月都是"低于预期",就会被解雇,这也是真的吗?雅虎的这种做法,是为了消除那些最为薄弱的环节,对不对?但是,要是这种"最薄弱的"员工仅仅是因为经理们不得不把他们塞到这个类别里才会得到这种分数,怎么办?

经常有人告诉我,我们这么做是"因为玛丽莎这么说"。可这种解释一丁点有意义的信息都没提供。这可能足以说明为什么要这样决定,但这种轻描淡写的回答太空洞了。在向其他人传达某些决策的时候,我们可不可以禁止说"因为某某高管这么说"这种话,而是鼓励大家作出解释,为什么会这样决策?

最近的一轮裁员影响到了那些"季度绩效评估"是"未能达到预期"的员工。在最近这次裁员中,我失去了一名同事,在最近几次的

“季度绩效评估”里，他的等级都是“达到预期”；他们裁掉他是因为“以前的”“季度绩效评估”是“未能达到预期”。真的是这样吗？也就是说，进步最终毫无意义，因为以前的表现，反正你还是会被送上断头台？经理们被迫要给几个人“未能达到预期”——这样一来就会周期性地造成强迫性离职，是真的吗？

最后一个问题有几千个人投票，要求梅耶尔解雇她的几名高管。

“E职员”也同样要服从“季度绩效评估”和校准体系吗？是不是说，就跟现在离职的这些人一样，我们也有望看到他们中的一两个离职呢？

类似的问题在雅虎被称为“后院”的内部网络上，刷满了一页又一页。

2013年11月7日，问问题的几百人，还有投票表示支持的几千人坐满了雅虎的“网址”餐厅。纽约市和圣塔莫尼卡市的员工们在显示器前守着，希望能及时听到梅耶尔的回答。

这个时候，梅耶尔走上台，坐在椅子上，对着他们读着一本儿童读物，举起插图给他们看，仿佛她是一个幼儿园老师，而他们是一群刚满六岁的孩子一样。

读完《鲍比手里有五分钱》，梅耶尔开始讲话了。她的声音微微低沉，就像她一直以来表示的那样，她强调，“季度绩效评估”制度并不是员工排名，雅虎不会发生隐性裁员。没人相信她的话。她原本计划削减成本、提高雅虎的人才水平，同时不打击员工士气。她的计划失败了。

并不是在座的每个人都对梅耶尔的“季度绩效评估”制度持反对态度。也有人认为，这个制度很严厉，可能也不是很透明，却是一种很有效的方式,可以将那些混日子的人彻底清理出公司。既然通用公司的杰克·韦尔奇能有效采用这种制度,那么雅虎的梅耶尔应该也可以做到这一点。

还有一些人,在目睹了梅耶尔当天在台上的糟糕表现之后——以往这通常是她的强项——茫然四顾,忽然开始怀疑:或许,尽管玛丽莎·梅耶尔有着卓越的职业道德,对互联网产品的可用性有着天才般的感知能力,有着举世闻名的声誉,还有吸引人才的个人魅力,但是就连她也不足以拯救雅虎。

毕竟,她不是第一个作出努力、才华横溢的公司高管。

为什么她如此不寻常呢?

在这个世界上,玛丽莎·梅耶尔是独一无二的。2012 年,她三十七岁,是一个妻子,一位准妈妈,一名工程师,然后,突然间,她成为了一家市值 300 亿美元的公司的首席执行官。

正是因为这些有点相互矛盾的特质,玛丽莎·梅耶尔具有独特的魅力。

在台上,站在几百人、几千人面前,她和蔼迷人,总是笑容满面。但是当在座只有几个人的时候,她变得既冷峻又直接,不讲情面。而在一对一的接触中,她根本就让人不敢对视。

梅耶尔说,自己是一个极客,但她看起来并不像。她金发碧眼,风姿动人,有好莱坞女明星的美貌。她的肖像经常出现在时尚杂志上,因为她对奥斯卡·德拉伦塔的痴迷、她的女性魅力,还有她含蓄的女权主义,她一直是时尚杂志的宠儿。但是梅耶尔明确反对女权主义——她在一生中大部分重要的会议场合都湿着头发,素面朝天。

十年间,包括在谷歌和雅虎工作期间,梅耶尔曾经炒掉过手下的几名设计师,因为这些设计师在做决策的时候,并没有基于硬性数据。但是梅耶尔自己在做决定的时候,不管是设计还是其他,也曾不止一次地仅仅是基于自己的直觉而已。

她的直觉往往是正确的——但也经常是错误的。不过，梅耶尔犯错的时候会很快纠正过来。

跟多数领导者一样，她希望下属能够服从命令——有时候仅仅因为她这样说，他们就该这样做。然而，她依然是对员工最开诚布公的首席执行官。

大多数梅耶尔这个级别的首席执行官——管理着一个像雅虎这种规模的、市值几十亿美元的上市公司——都八面玲珑，性格开朗，他们要是没有进入商业金融领域的话，很可能会成为政治家。擅长笼络人心。自来熟。能说会道。但梅耶尔不是那种人。生命中每个阶段的同事好友——从幼年时期到刚到雅虎的那些年——都说，梅耶尔是一个害羞的、不善交际的人。连她都说自己"害羞得不行"。

梅耶尔所经营的是美国中部最大的一家公司，她还是沃尔玛董事会的成员。尽管梅耶尔也是中部人，也喜欢卡特琳娜法式沙拉，然而她却希望，雅虎这个定位中端的品牌形象更加向她钟爱的那些高端杂志靠拢，比如《时尚》，或者《城镇》。

一方面，梅耶尔广受公众推崇；另一方面，在业内，梅耶尔却有很多敌人。他们说，她不近人情，自命不凡，荒谬可笑地沉迷于细节。他们说她对用户体验的那种顽固和执着下面，掩盖的是她对技术产业谋求利润的一面的不屑。还有她的内部小圈子，充满了盲目忠诚的年轻男女。

在偶尔关注她的工作的民众心目中，梅耶尔在加入雅虎之前的职业生涯——都是在谷歌度过的——充满了一次又一次的成功。事实并非如此。梅耶尔在谷歌一开始的表现非常引人瞩目，她设计了谷歌的主页，创建了谷歌的产品管理结构，成为公司的公众形象代表。她所在的公司是全球最强大的公司之一，而她是公司最有权力的人之一。然后，突然之间，她不再是那个人了。她很快就离开了那里。

在这个世界上,雅虎是独一无二的。

回顾20世纪90年代,整个互联网几乎就是雅虎的天下。雅虎是由两个小伙子创建的,其中一个在此之前几乎没有任何工作经历,另一个则在一个公共社区中长大,两个人都没有真正想过把他们的项目变成一桩生意。后来,它却在五年之内,成为了一个1280亿美元的大公司,让那些有几十年历史的媒体集团和科技巨头在它的面前都相形见绌。雅虎飞快地崛起,成为全世界最著名的互联网公司,然而雅虎也随着互联网泡沫同样飞快地从云端跌落尘埃。它损失掉了几乎全部市值。

然而,雅虎的用户依然保持了对这家公司的忠诚度,也依然热爱着这个欢乐的品牌。在其后的十年中,几十名杰出的、辛勤奋斗的高管试图在这种忠诚度之上,重建雅虎早期的辉煌。有些人在一段时间之内取得了成功,但是没人能阻止雅虎慢慢地滑向边缘。

后来,在2012年,玛丽莎·梅耶尔出现了——没错,她身上争议满满,但她也斗志满满。

本书是一个开诚布公的、关于雅虎内部的故事——它的创造力、它突如其来的成功、它缓慢而痛苦的衰落,还有它的明星首席执行官。

本书介绍了头十五年经营雅虎的人们。它深入剖析了他们内心的想法,当他们作出天才的决定,或者酿成重大失误的时候。

本书介绍了玛丽莎·梅耶尔在谷歌的起起落落。在她二十四岁加入谷歌的时候,她仅仅是一名平凡的工程师,有点害羞。几年内,她就成为了经营着整个公司的秘密决策集团的一员。但是,这一路之上,她也颇有树敌,最终,他们还是击败了她。

本书介绍了梅耶尔之所以会来到雅虎,是因为几名国际商业人士:一名言辞犀利的纽约对冲基金经理、一位加拿大互联网推广人、一个能干的香港谈判专家，还有一名来自东京的亿万富翁。

最后，本书介绍了在雅虎，玛丽莎·梅耶尔是如何跟时间赛跑的。2012年夏天，玛丽莎·梅耶尔加入雅虎的时候是最棒的时机。公司投资了一家名叫“阿里巴巴”的中国创业公司，因为阿里巴巴的蓬勃发展，雅虎的股价开始飙升，她恰恰是在此之前就加入了雅虎。投资人们蜂拥而至，他们几乎不在乎梅耶尔经管的核心业务的季度运营状况。对梅耶尔来说，这是一个巨大的优势。跟大多数彻底改变的首席执行官不同，在她改造雅虎时，不会冒出一堆要求即时结果的投资人——这可是一件很奢侈的事情。

但是，阿里巴巴带来的掩护不会永远存在下去——有效期只有短短两年，在它上市之前。然后，人们将再次基于其核心业务的利润情况来审视雅虎。玛丽莎·梅耶尔能否将公司改造好，迎接它的再次盛大亮相呢？

起初，答案似乎明显是肯定的。梅耶尔降临雅虎，就像一个超级英雄一样。她踌躇满志，主意百出，在任何人看来，她都是胜任这项工作最合适的人选。但是，由于她自己犯下的一系列错误，还有雅虎自身固有的问题，她很快就意识到，她面临的是一场艰苦卓绝、旷日持久的战争。

# 第一篇

# 第一章 杰夫·马雷特的大机器

杰夫·马雷特穿过体育场通道,走向灼目的荒漠阳光。他走出通道,站到了阳光底下。他眯起眼睛,四处打量。简直不可思议。他环顾这个巨大的U形体育场,目光可及的地方,到处都是雅虎标志性的紫色。

这是1996年1月28日。两个小时之后,在亚利桑那州坦佩市的“太阳魔”体育场将举行第三十届美国橄榄球“超级杯”大赛——达拉斯牛仔队将主场迎战匹兹堡钢人队。但现在,体育场里还是空空荡荡的。所以,马雷特看到,体育场里,7.6万个座位,每个上面都铺着一张紫色的椅垫。他知道,每个椅垫背后都有一个小口袋。每个小口袋里有一张只读光盘。在每张光盘里面是一个从雅虎网站上事先下载好的网络浏览器。

雅虎还不满一岁,就已经取得了这样的成就——在“超级杯”比赛上和巨头们同台竞技:美国通用电话电子公司、米勒淡啤,还有可口可乐。马雷特兴奋不已,简直情难自禁。站在体育场里,他激动得微微发抖。

而且,对杰夫·马雷特来说,激动得发抖不再是一种罕有的体验。正因为如此,有人给他起了一个外号:活力先生。马雷特个子不高,就算挺直了身子,也不过5.5英尺,体重只有140磅,但他体内的活力却不比一个高大魁梧的男人少。他总是精力十足,兴致勃勃——特别是在做生意的时候。

马雷特在英属哥伦比亚的维多利亚长大。他的父母在外经营着好几桩生意。马雷特总是能够积极参与。有一阵子，他的母亲将家里的一部分空间改造成了茶室。马雷特会跑来跑去，他根本不用动笔，就能记住一大堆人点的单。青少年时代，他开始做起自己的生意——卖家庭保险。尽管个子小，马雷特却是个身材匀称、坚忍不拔、敢于争先的人。他酷爱打曲棍球和棒球。他还拿到了维多利亚大学颁发的橄榄球奖学金。暑假里，他会回到家，兼职两份工作——一份是坐办公室的白班，另一份是夜班，在一家饭馆里为客人端饮料。

大学毕业后，马雷特开始经营父母创建的另一家公司——岛屿太平洋电话的销售和商业发展。1998 年，他搬到旧金山市，加盟了参考软件，这是一家小型创业公司，编写算法，用于在文字处理应用程序中检查拼写和语法。这家创业公司卖给了完美文书公司。马雷特负责公司经营中面向顾客的部分。后来，完美文书又卖给了网威——这是一家有意与微软一争高下的公司。二十五岁的时候，马雷特已经赚到了他人生的第一个一百万美元。他在网威公司职位显赫，有一间宽敞的角落办公室[①]，一张大大的办公桌，还有一份优厚的薪水。

但是他却对此厌倦了。他想自己创立一番事业。

有一天，他接到硅谷投资人、红杉资本的迈克·莫里兹的电话。自从参考软件公司拒绝了红杉资本的投资之后，莫里兹就一直在关注马雷特的职业生涯。

莫里兹告诉马雷特，红杉资本投资的一家创业公司有一个职位。

你听说过万维网吗？莫里兹问马雷特。

听过，马雷特说，他听说过。

你听说过雅虎吗？莫里兹问。

---

① corner office，指公司楼层角落里的高管办公室。

听说过,马雷特的确听说过。在网威,他跟美国在线达成了合作,美国在线的员工们经常谈论关于雅虎的事,而美国在线的软件做的很多事情,那个网站似乎也在做,不过它压根儿就是在免费做,而且是通过网络。

莫里兹告诉马雷特:嗯,这家创业公司就是雅虎“那样的”。

马雷特顿时兴趣扫地。没错,他一直对到雅虎工作很感兴趣。雅虎已经成为了一个现象。但是一家雅虎“那样的”公司?算了吧。他再也没给莫里兹回电话。

两周之后,莫里兹又给马雷特打电话。

莫里兹问他:“你傻了吗?你居然都不想来跟雅虎谈谈?”

马雷特说:等等。你说什么?雅虎?

马雷特想:靠!

他立即飞往加利福尼亚。他跟雅虎的联合创始人们分享了六项原则。1995 年夏天,他签约成了雅虎的首席运营官。

很快,他就为自己的选择兴奋不已。1996 年 1 月“超级杯”比赛的时候,他已经全心全意地投入了公司。一个理由是:从根本上说,似乎他才是公司的管理者。

马雷特不是雅虎的首席执行官。雅虎的首席执行官名叫蒂姆·库戈。但很明显,库戈更感兴趣的是登高望远、指点方遒,对公司的日常运营却兴趣寥寥。库戈有着一头长长的银发,还具有一种新世纪音乐[①]的气质。他穿着一件高领的黑色毛衣,风度翩翩。他有一种平静的力量。董事会很喜欢他。媒体也是。有人觉得他有点花瓶。

还有雅虎的联合创始人们,前斯坦福大学毕业生戴维·费罗和杨致远。没有人想让他们来经营公司。投资人不想。其他高管不想。甚至连他们自己都不想。

杨致远和费罗创建雅虎的时候,根本没想过要开创一个价值数千万

① New Age Music,是在 20 世纪 70 年代后期出现的一种音乐形式。

美元的公司。他们根本就没想过要做生意。他们甚至没想过要创建一个很多人可以使用的网站。他们只是想做一个方便的工具自己用，同时给自己带来一点乐趣。

剩下的事情就仿佛是自动发生的一样。他们就像一对冲浪板，莫名地走了运，乘上一道波浪，开始向前冲——再后来，波浪就变成了海啸。

说实话，1996 年，雅虎之所以会存在，仅仅是因为技术已经发展了相当一段时间。而另一方面，雅虎之所以最终能成为一个数十亿美元的公司，仅仅是因为它恰好出现在了合适的时机。

1963 年 4 月，计算机科学家 J. C. R. 里克里德尔写了一篇简报，提出了一种“银河系间的计算机网络”。那年 10 月，他开始在美国国防部工作。在那里，里克里德尔说服了两名同事——伊万·苏瑟兰和鲍勃·泰勒，他们建立起了一种网络的原始形态。1969 年年底，苏瑟兰和泰勒完成了第一次实验。1971 年，十五台电脑连入了网络，那时的网络被称为“阿帕网”。

1974 年，文顿·瑟夫、约根·达拉尔和卡尔·森夏恩将这种高级网络描述为“网络互联工程”，简称“互联网”。

1989 年，蒂姆·博纳斯-李和罗伯塔·卡里奥提出了一种系统，用户可以在系统中点击链接，“接触到五花八门的信息”。这种系统就是万维网，以及节点和网页。

1992 年 4 月，伯克利学生魏培源开发出了“维奥拉”浏览器（ViolaWWW），这是一种用于在 UNIX 电脑系统中浏览万维网的程序。在伊利诺伊的国家超级计算机应用中心，一个名叫戴维·汤普森的研究员下载了“维奥拉”浏览器，将它展示给了一名实习学生——马克·安德里森。1992 年 12 月，安德里森和另外一名学生——埃里克·比纳开始研制他们自己的浏览器。1993 年 9 月，安德里森发布了“马赛克”浏览器，一个在视窗系统和苹果的麦金托什系统上使用的浏览器。

那年秋天，两名斯坦福大学计算机辅助设计学科的本科生下载了“马赛克”浏览器,开始分享他们通过这个浏览器找到的各种有意思的网页。比方说,他们喜欢一个上面点着一盏熔岩灯的网站。他们喜欢玩具枪制造商孩之宝的网站。他们喜欢许多成人网站,他们还喜欢一个名叫“夸德拉雷穿山甲的主页”的网站。

最后,其中一名学生,戴维·费罗,列出了一个他喜欢的全部网站的列表。他把这张表分享给了他的朋友杨致远。杨也做了一张列表。费罗把这两张表合并到一起,1994 年年初,杨把这张表发布到了他在斯坦福大学的主页上。一开始,杨致远把这个站点叫做“致远的万维网指南”。后来改叫“戴维和致远的万维网指南”。

1994 年 4 月,这张表上有 100 个站点,这个指南每周有 1000 名左右的访客。在那个时候,这个数目已经算相当大了。但是就在那年夏天,这个目录一下子传开了。到 1994 年 9 月,网站列表上已经有了 2000 个链接,每天有 5 万名访问者。那时,杨致远已经开始将站点上的链接整理成 19 个不同的大类,从计算机到艺术再到商业。

斯坦福大学不仅提供了运行网站的电脑,还给了费罗和杨致远一间活动房,用来安放他们的实体设备。活动房里堆满了披萨盒子、脏衣服,还有高尔夫球杆。

费罗是一个极其内向的人,他不想把自己的名字放在网站上。杨致远也想起一个新名字,一个更容易被记住的名字。有天晚上,两个人抱着一本词典坐下来。他们希望这个名字是一个首字母缩略词,以字母 Y 和 A 开头,这代表着“又一种”(Yet Another)。他们翻到词典的那一部分。一个单词跃然而出。它的意思是:“一个笨拙的、粗鲁的或蠢笨的人”。这可正是他们想要的那种感觉。

他们想出了一个跟这个首字母缩略词匹配的短语:“这是又一个等级分明又爱管闲事的神明”(Yet Another Hierarchical Officious Oracle)。他们把这个单词放到他们的主页上,使用的是一种名叫“臭大叔”(Uncle

Stinky）的字体，在末尾点了一个惊叹号。雅虎的标识就这样诞生了。

然而，那时的雅虎还不能算一个企业。它的创造者们不是商人。费罗在一个公共社区中长大。他就像个孩子一样，醉心于用玩具搭桥和吊车。费罗上五年级的时候，他们家盖起了自己的房子，他和哥哥一起钉屋顶、搭板墙、铺设电线。费罗开始迷上了各种工具和解决方案。对他来说，雅虎就是这样的存在。

尽管杨致远拥有电力工程学的硕士学位，他却并没有在技术方面给费罗帮上多少忙。杨致远也不是一个生意人。事实上，他之前从来没做过全职工作。对他来说，雅虎就是一个很有意思的东西——当然，比写毕业论文要有意思多了。杨致远的主要作用是发挥凝聚力，他是一个精神领袖，还是对外发言人——一开始是在学校，后来是在媒体上。费罗性格内向，他很乐意让杨致远负责对外出面。

或许，雅虎之所以能成为一个企业，唯一的原因不过是 1994 年 10 月发生的那件事。那时，马克·安德里森的创业公司——网景——发布了一款用户体验更加友好的"马赛克"浏览器版本，名叫"领航员"。网景的"领航员"顶部有个应用，写着"目录"，直接通向雅虎的网站。数百万人第一次尝试使用万维网，他们直接登上雅虎，看自己想去哪儿。到 1995 年 1 月，雅虎列出的网址有 1 万个，每日点击量有 100 万。斯坦福大学对此不胜负荷，校方告诉费罗和杨致远，他们得自己找服务器了。服务器需要钱。如果这个项目要继续下去，就一定需要投资人才行。现在，雅虎网必须要变成一桩生意了。

这种转变很简单。事实上，杨致远和费罗要做的第一桩艰难的生意决择就是要不要把雅虎卖掉，做个百万富翁了事。1995 年 3 月——就在雅虎网刚刚正式成为公司之后——美国在线的首席执行官史蒂夫·卡斯就表示愿意出价 200 万美元购买雅虎。他说，如果杨和费罗不接受他的出价的话，美国在线将不得不打压他们。杨致远和费罗对此敬谢不敏。而在4月份,他们就以100万美元的价格,把雅虎25%的股份卖给了那家风险投资公司——红杉资本。

这样,红杉资本的合伙人迈克·莫里兹也就加入了雅虎的董事会。他做的第一件事就是找到杨致远,对他说:致远,你根本不知道你在做什么。你应该做个好好先生。跟每个人握手。跟一大帮人勾肩搭背。你只管当个老好人就行了。让我来招几个成年人来管公司好了。

莫里兹盯上了马雷特,希望他能坐雅虎的第二把交椅。他让一个名叫艾伦·萨布林的人帮他来物色一位首席执行官。萨布林推荐了蒂姆·库戈。库戈先就读于弗吉尼亚大学,后来去了斯坦福大学,在两所大学都获得了机械工程学位。20世纪80年代,他创办了一家机器人公司。这家公司破产之后,他加入了摩托罗拉。他做过的最高职位是利顿工业公司一个分公司的总经理,这家分公司是做条形码扫描器的。不久之前,他曾力促公司对他的分公司加大投资力度,遭到了利顿老板的拒绝。

库戈跟杨致远和费罗进行了会面。他们喜欢他,因为他说不在乎雅虎是否能让他赚大钱。他们喜欢他,因为他说很多人在使用雅虎,说它"有很强的有机张力"。听起来,他正是他们要找的人。令莫里兹印象深刻的是,他在三年之内使得条形码扫描器的销售量翻了一番。莫里兹喜欢他,因为他的职业生涯中曾经有过一点小失败,需要证明自己。莫里兹很满意的一点是,库戈曾在摩托罗拉的风险投资部门工作,他很了解创业公司。

库戈得到了这个职位。他成为了雅虎的首席执行官和董事长。

马雷特也刚刚签约担任了首席运营官和总裁。为了明确区分谁该做什么事,有天晚上,在帕洛阿尔托市,两个人第一次会面,共进晚餐。库戈比马雷特大十二岁,但是他对马雷特很亲切。他很乐意让比他年轻的马雷特来掌控大部分日常经营工作。

雅虎有了自己的成人监管。

有很多工作需要监管。马雷特和库戈加入的这家公司，几乎还称不上是一家公司。它位于山景城的一座一层建筑中，在一间小小的、1500 平方公尺的办公室里。公司的办公家具净是些二手的折叠桌椅。

即使有了红杉资本的投资，他们剩下的现金还是仅仅够维持六周。雅虎的核心业务实际上并不复杂。在几名临时经理的帮助下，费罗和杨致远雇用了六名大学生，每天筛选那几百，后来是几千，再之后是几万条网址，这些都是在万维网上创建网页的个人或者企业提交来的。每个学生每天要浏览 100 到 300 个站点，然后判断它们是否能给雅虎的目录增加价值。

3 月份，在筹集资金之前，费罗和杨致远提出了一项商业计划。这项计划认为雅虎应该成为一个由广告支持的网上《电视指南》。按照这项计划的说法，雅虎只在五个最受欢迎的页面上售卖广告，每三个月只会循环刊登八条广告。

马雷特把这项计划抛到了脑后。

1995 年 8 月，雅虎迎来了核心功能的第一次重大转变。公司跟路透社签订了协议，每天在雅虎的网站上刊登十则报道。之后它跟六家广告商签订了广告合约，包括威士卡公司和通用汽车公司，每月仅仅收取它们 2 万美元的广告费。

那年秋天，马雷特、库戈和杨开始为雅虎寻找更多的投资，他们跟杂志出版公司兹夫·戴维斯的首席执行官埃里克·希波会面。他愿意投资。他们谈成了一桩生意。但是之后兹夫·戴维斯本身也被软银收购了，软银是日本一家大型企业集团，总裁孙正义是一个精力充沛、热爱高尔夫运动的商业巨头。希波将孙正义介绍给杨致远认识，两人一拍即合。继路透社之后，软银向雅虎投资 500 万美元，此时雅虎市值 4000 万美元，而八个月前红杉资本投资的时候，雅虎市值仅 400 万美元。

孙正义告诉杨致远，他希望杨致远开始考虑扩大雅虎的规模，使之全球化。特别是,他认为,如果雅虎在亚洲投资的话,将会有良好表现。

彼时,每天提交到雅虎的链接数量已经达到了几千条,雅虎的大学生小伙子们已经完全应接不暇了。有了软银公司的资金,费罗终于有条件雇用一些真正的技术人员来帮忙了。

软银的资金打到雅虎账上的时候,雅虎只有六名全职员工。当杰夫·马雷特看着达拉斯牛仔队的外场接球手凯文·威廉姆斯在7.6万名坐在紫色椅垫上的观众注视下,走进第三十届"超级杯"比赛的开幕式场地的时候,雅虎已经有了50名员工。在接下来的四个月里,雅虎的员工数翻了两番,达到了200人。

这还只是开始。

在接下来的四年中,雅虎发展飞快,其速度简直前所未见。1995年,雅虎开始卖广告的时候,整个在线广告市场的估计规模不过区区2000万美元。到了1997年,仅雅虎自身的收益就达到了7040万美元。第二年,雅虎的收益达到2.03亿美元。

1996年,雅虎有200名员工,1997年年末,员工数量发展到400名。1998年,803名。1999年,1992名。

1996年3月,雅虎网站的每日页面浏览量为600万,到该年年末,发展到1400万。1997年,达到6500万。1998年,1.67亿。

1996年4月12日,雅虎首次上市公开募股。当天的股价最高冲到了每股43美元,之后又回落到33美元。首次公开募股(IPO)飙升151%,这可是史上第三的记录。那天收盘的时候,雅虎的资本总额达到了8.48亿美元。这意味着这家公司比三个月前孙正义和软银买下它的时候,增值了8.08亿美元。那个周五晚上,杨致远和戴维·费罗上床睡觉的时候,他们每人身家1.03亿美元,这时离他们成立这家公司仅仅过去了一年多一点。

一头大象生育一头小象,要足足花上22个月。而费罗和杨致远赚到他们的第一个一亿美元，只用了不到一半的时间。

但是，那还不算什么。到了1998年的夏天，两个人都已经是身家10亿美元的大富豪了——此时，距离他们开始互相交换网址列表的那一天，才过去了四年而已。

当时就是这样：整个媒体世界开始听说蒂姆·博纳斯-李的互联网，而对用户们来说，要想看到互联网上有什么，雅虎是最方便的方式。

1996年，雅虎放弃了“臭大叔”字体的标识，因为在波士顿的一场商业展示中，这个标识在展台上显得很难看。一名编号为10的员工戴维·沈想到了一个新主意。不再使用紫色的小写字母——而是采用鲜艳的红色大写字母，外加一个矮墩墩的感叹号。到了1998年夏天，雅虎的标识已经无处不在，令人印象深刻。它在银行卡上、在北美职业冰球联赛的冰车上，在“本和杰瑞”冰激凌的罐子上。雅虎还有了自己的杂志。当孩之宝公司新推出一款在线版“大富翁”游戏的时候，雅虎也在游戏中占了一席之地。那时，华尔街的分析师们也为雅虎想出了一个专门的称谓：门户网站。对于用户来说，这是通往整个网络最方便的接口。从多个意义上来说，雅虎就等同于整个网络。

那是因为，在雅虎的最初几年里，杰夫·马雷特已经建造起一个巨大的、疯狂的机器，这台大机器只按照他的节奏来运行。马雷特就坐在这台机器里面，狂热地操作着控制台。

1995年夏天，雅虎跟路透社达成交易，那时雅虎每天提供十篇新闻报道，正是因为看到了这一模式的巨大成功，马雷特开始建造他的大机器。从那时起，雅虎就不再只是一个满是网站链接的在线目录。对马雷特来说，它变成了一个实时的互动平台，能在用户需要的时候，提供他们想要的东西。

马雷特和公司管理层的其他人一致决定，雅虎应该提供更多类似的产品和服务。

但是,该提供些怎样的产品和服务呢?对马雷特和雅虎来说,接下来的重大突破是因为他们意识到,雅虎自身就是一张富有生命力的、持续更新的藏宝图,能够完美地回答这个问题。

马雷特以前的工作是做个人计算机软件,做软件的时候,你会赋予产品一些特点,希望用户喜欢,用户的喜好会在销售量上体现出来。而在雅虎,他发现,当用户寻找想用的产品的时候,实际上,是可以追踪到他们点击的类别和子类别的。他意识到,雅虎的地位得天独厚,可以利用这些数据,提供用户想在互联网上找到的产品。他称之为"点击发现"。

于是,在1997年和1998年,雅虎快速扩张服务和产品线。1997年,雅虎又加设了聊天室。1998年,有了分类广告。10月份,雅虎花9400万美元购买了邮箱产品。11月份,雅虎开启了旅行板块。1998年,有了运动、游戏、电影、不动产、日历、文件共享、拍卖、购物,还有一个通讯录。2000年,雅虎拥有的各色产品和服务达到了400种。1999年,你可以打开网景"领航员"浏览器,用雅虎在网上冲浪一整天,你不用离开,也压根儿不会想离开。这一切都是设计好的。

马雷特知道,一家有着传统组织架构的公司无法建立、维持以及更新这些产品。所以,他没有在雅虎建立起传统的组织架构。他决定聘用尽可能多的员工,把他们按照产品线分成团队,他把这些团队叫做"豆荚组"。之后,当雅虎的员工数量超过500人的时候,他开始鼓励员工们加入第二个产品组,叫做"虚拟七人组"。就像马雷特在大学时暑假里做的那样,员工们会分为日间工作和夜间工作两班。公司提出的制度是这样的:马雷特会从一个团队当中找到一个人——比方说,从财务部——告诉他,要在公司里再找到六个人,研发出一种全新的产品。整个团队的人是否在一个地方工作都不要紧。或许你在伦敦找到一个人,他擅长建立HTML的即时输入。或许队伍中最出色的销售人员位于纽约,而你需要的设计师在森尼韦尔市。没关系。尽管做。现在就开始做。同时,也别忘了你的日间工作。

最终建立起了几百个“豆荚组”和临时的“虚拟七人组”，只有公司的少数几个核心部门，比如人力和法务，位于森尼韦尔市。

当然，在这一切的中心，监管着所有机构的就是马雷特。他的目标是：对这些服务器日志进行追踪观察，令雅虎的增长速度赶得上新互联网消费者的增长速度——要是能更快，那当然更好。他给每个“豆荚组”配置了一个总经理作为团队领导，让他们像创业公司的首席执行官一样。他给他们资金，也设立了一个高标准的收益目标。他为这些职位招聘的都是全国顶尖的工商管理硕士班的毕业生。对他来说，招人很容易。头脑灵活、年轻主动的员工非常乐意建立、经营属于自己的事业，他们资金充裕，而且有一个已经广受消费者欢迎的品牌。

马雷特每周要工作 90 个小时，密切关注他招聘的每个员工，还有他们从事的每项工作。对他来说，这并不是难事。他发现工作让他神采奕奕。他感觉，他就像是一场战斗的指挥官。他认为，要保证这样一个分散的组织指向正确的方向，关键是要有一个尽人皆知、清晰而简洁的理念。那个时候，雅虎遍布全球 27 个国家，马雷特会到世界各地的每一个办公室，询问每一名员工：雅虎的使命是什么？他想听到的答案是：建立一个顾客服务品牌，集成最出色的内容、沟通和商业服务，以一种简单的搜索、查询和消费方式提供给客户。

没错，当有人回答正确的时候，他会表示赞同。清晰而简洁。

因为他不可能无时无处不在——尽管他似乎在努力做到——马雷特建立起一种名叫“邻里守望”① 的机制。这样做的目的，就是将公司里表现欠佳或者没有领会到公司使命的员工淘汰掉。如果一名员工或者他们的同事不能完美地胜任所做的工作，员工应该去告知马雷特。很多次，员工们会自己去跟马雷特讲。他们会找到他，对他说：“我干不了。我觉得我做不到。”马雷特倍感自豪，因为以前，他不得不炒掉一些员工，而现在，更

① neighbourhood watch，原指美国居民社区中的有组织防止犯罪计划。

多的人会选择自己辞职。

尽管工作压力大,节奏快,但雅虎却算不上是一个“工作地狱”。

那是因为有着马雷特的活力四射,还有雅虎的飞快增长,这家公司得以保持一种跟它的品牌一致的氛围:友好和谐、不拘小节,还有一点非公司的气质。这要归因于它的创始人和首席执行官。1996 年 2 月,雅虎搬进了新的办公楼,从山景城搬到了旧金山南部的另外一个高科技小城森尼韦尔市。尽管已经有了足够的空间,完全可以为高管们安排私人办公室,库戈、马雷特、杨致远和费罗却选择跟其他人一样,坐在小隔间里。杨致远和费罗依然开着旧车上班:一辆破旧的丰田牌“雄鹰”轿车和一辆奥尔兹莫比尔牌“短剑”轿车。库戈住在一间小小的出租公寓里。他在过道里停下来,跟任何一个人聊天。他循循善诱。他精诚合作。只要向他询问,他就认真给出建议。他沉着冷静,魅力过人。他穿着整套的黑西装,长长的银发,湛蓝的眼睛。他广受爱戴。周末,他还会去玩玻璃吹制。而在董事会上,他会交给董事们一份简短扼要、要点突出的讨论主题列表。

杨致远依然是雅虎的精神领袖——他是活生生的品牌化身。他和费罗自称“雅虎首席”。他扮演着马雷特和库戈的战略顾问的角色,专门负责雅虎的全球扩展。在他的推动下,雅虎与软银联合建立了“雅虎日本”,他亲赴日本,建立起分部。在韩国,他也如法炮制。

费罗依然是那么我行我素:他在自己的小隔间里默默工作,帮助成长中的团队解决他感兴趣的技术问题。他并不会去领导团队。领导团队的是一个名叫法尔扎德·纳齐姆的人,他是甲骨文公司的元老,人称佐德。佐德负责挑选硅谷最有才能的工程师,他会对求职者进行严格的考试。他把三个复杂的问题写在白板上,开始倒计时,然后告诉求职者,要在 15 分钟之内解答全部题目。开始。雅虎开始以拥有硅谷最优秀的工程师而闻名。这是个工作的好地方。

1999 年年初,雅虎已经扩展到了中国、德国和澳大利亚。它的合作伙伴们不容小觑——都是些如威士卡和音乐电视网这样的大品牌。在硅谷进行的每一次兼并与收购交易,都有雅虎的影子。它创造了一个又一个里程碑式的纪录:4000名员工,2.5亿用户,总收益10亿美元。我们几乎可以说,就是雅虎创造了在线广告业。雅虎发明了提供和追踪广告的方式,成为了行业标准。形形色色的竞争者,从时代华纳到迪士尼,再到美国全国广播公司,都曾经试图克隆雅虎的模式,但它们无一例外都失败了。

这些老牌大企业之所以无法打败雅虎,原因是多种多样的。对它们来说,网络只是个副业而已。它们根本无法像雅虎一样,通过股权激励吸引人才。雅虎植根于硅谷,那里的技术人才储备丰富。因为早期与网景公司合作,雅虎占了巨大的领先优势。雅虎这个品牌就是互联网的同义词。最重要的是:因为创造性的分散式服务器网络,雅虎的在线产品最好,也最快。

那一年,也就是1999年年初,雅虎的市值为230亿美元。据统计,雅虎最早的产品,网址目录,仅占网站的全部网页浏览量的不到20%。另外80%的访问是对马雷特监制开发的各种产品。马雷特有足够的理由认为,他已经建立起了一家大型公司。

1999年的头三个月,雅虎的市值从230亿美元跃升至350亿。在该年度接下来的时间里,公司的走势更加良好。雅虎以高得离奇的57亿美元的价格,买下了一家名叫“广播在线”的创业公司,第二天,雅虎的股价就上涨了22%。

那一年,雅虎的总收益为5.9亿美元。仅第四个季度的销售额就与雅虎整个1998年的销售额持平。

2000年1月3日,雅虎的市值达到1280亿美元——比上一年增长了1050亿美元。

然后,情况就开始急转直下了。

2000年年末，雅虎内部可以用暗流汹涌来形容。

有一天，杨致远接受道格·莱维的采访，他曾经是一名记者，因为在《今日美国》上发表的科技行业新闻报道而举世闻名。莱维已经不再是一位媒体人士了。他现在是一名独立媒体顾问，他发现了一个好方法。他会到一家公司，就像要写一篇文章似的来采访公司的高管。然后，他会准备一篇批评性的文章，让他们读。他想用这种方法，让他们看到公司的漏洞所在。

会面刚开始非常愉快。莱维告诉杨致远：是这样，我不是真的要写一篇报道，但是这会是一次真正的访谈。所以，我会问一些很难回答的问题。

杨致远似乎明白了他的意思。接着，莱维开始提问了。对于雅虎来说，过去的一年举步维艰，莱维有的是素材。

他的问题包括：雅虎的广告生意是不是真的像华尔街的分析师们宣称的那样，完全依赖互联网公司？

还有：网络浏览者们不再像以前那样经常点击广告了，对此雅虎将会怎样应对？

杨致远回答了这些问题，但很明显，他开始变得恼火——他的脸涨红了。然而，莱维的提问还在继续：

> 雅虎的管理层合作还愉快吗？据说雅虎之所以没能收购易贝（eBay），就是因为管理层的意见不一致，是真的吗？

杨致远开始摆弄面前桌上的一支钢笔。

> 说到易贝，雅虎会怎样应对这些快速发展、跟雅虎的产品形成竞争的创业公司呢？

最终，杨致远忍无可忍。他说："我已经受够了。"他站起来，手里还拿着他一直在摆弄的钢笔。他摔下笔，绕过桌子。钢笔在桌面上骨碌碌地朝着这个媒体顾问滚了过去。

这场采访，不管是真的还是假的，就这样结束了。杨致远夺门而出。

2000 年，雅虎的主要问题是，从某种角度来看，雅虎的广告经营在之前的五年中"过于成功"了。

随着雅虎在 1996 年、1997 年和 1998 年的飞速扩展，其他网络创业公司——大家都称它们为互联网公司——发现了一个令人难以置信的事实：只要宣布跟雅虎，或者它的竞争对手美国在线合作，互联网公司的股价就会飞涨。比方说，一家名叫"个人投资人在线"的公司宣布将会在 1998 年 8 月为雅虎财经提供内容。这家公司的股价当天就飞涨 36%。

雅虎的高管，特别是首席交易负责人艾伦·西米诺夫，很快就意识到，公司可以通过这一现象盈利。通过盘剥这些创业公司，雅虎做起了日进斗金的买卖。

当一家资金充裕的创业公司想要成为雅虎的首席图书销售商、在线旅游代理，或者音乐销售商，西米诺夫或者她的一名助理就会给他们打电话。西米诺夫会说，当然可以，但是要付钱。创业公司会说，多少钱？西米诺夫会说，你有多少钱？

答案是"很多"。

1998 年，风险投资人向创业公司投资了 227 亿美元，其中很多都是互联网公司。1999 年，这一数目增长了一倍还多，达到 569 亿美元。这些钱往往从风险投资人手中进入创业公司的口袋，然后直接进入了雅虎以及它的竞争对手的保险箱。

在一段时期里，这种安排可以称得上皆大欢喜。到 1999 年，资金充裕的互联网公司会付给雅虎几百万美元，仅仅为了能在上市前的监管文件中提及它们的交易。然后，在上市的那天，投资人们——往往是在业余投资人们的推动之下——会将这家互联网公司的股价炒到高得离奇。

1999年7月,一家名叫"药店在线"的公司准备上市。从收益和利润上看,这还是一家小规模公司。事实上,这家公司却有着大笔亏损。1999年第一季度,它的销售额是65.2万美元,亏损1020万美元。第二季度,销售额达到3500万美元,然而亏损陡增至1.88亿美元。这家公司称,付款的顾客只有16.8万人。然而,药店在线依然执行了它的上市计划。摩根士丹利添惠公司[①]的投资银行家们建议他们将股价定在9到11美元。后来,就在药店在线上市发行的前一天,投资银行家们改变了主意。他们告诉药店在线,可以将股价定得再高一点——每股定价15到17美元。事实证明,还是太低了。第二天,药店在线上市了,当日的股票交易价格最高达到每股69美元,收盘价为每股54.25美元。这家公司计划上市的市值是6.8亿美元。当日结束的时候,它的市值为21亿美元。

这种狂涨的原因之一是:3月份,药店在线宣布,跟雅虎和另外几家门户网站进行了大规模广告合作。药店在线将成为雅虎在线药房的首席合作伙伴。为了得到这种特权,药店在线向雅虎和其他门户网站支付了2500万美元。药店在线的银行账户上只有3800万美元,只要做上两笔这样的买卖,就会把家底掏空,但是没人在意这些——它可是在跟雅虎做生意呢。

盘剥创业公司的问题在于,随着时间的推移,雅虎的配额变得没有互联网公司和它们的公众投资人想象中的那么多了。当雅虎刚开始投放横标广告——网页边缘的长方形广告——的时候,大约5%的用户看到就会点进去。到2000年年末,点击率降到了只有0.5%,而且还在继续下降。

作为一家独立的公司,"宠物店在线"有如昙花一现,它每月向雅虎支付15万美元的广告费用,平均为每位新顾客支付大约200美元。药店在

① 摩根士丹利1997年兼并了投资银行添惠公司,并更名为摩根士丹利添惠公司,2001年公司改回原先的名字,摩根士丹利。

线花在门户网站上的2500万美元的市场营销费用，也变得回报欠佳。上市三年之后，它的股价降到了1美元以下。

在很长一段时间内，杰夫·马雷特不相信他的大机器，这个庞然大物的资金链会无以为继。1999年，雅虎买下一家网络内容发布的创业公司"地球村"（GeoCities），当时，其首席执行官托马斯·埃文斯——一名杂志业的资深人士——就这种激进的战略对雅虎的高管提出警告："广告销售是一桩循环性的生意。人们恨你们。你们太骄傲自大、自命不凡了。一旦市场下滑，他们会先向你们开刀的。"

马雷特暴跳如雷。"你懂什么！"他说，"你们都是些过时的媒体！"

但紧接着，2000年4月，雅虎跟亚利桑那州的销售人员举行了一场会议。雅虎的首席销售主管安尼尔·辛格在几百人的注视之下走上台。辛格是1995年第一批加入雅虎的销售人员之一，房间里的所有人都是他招聘的。辛格富有煽动性的演说非常有名，他的讲话中充满了亢奋的语句，比如"紧跟潮流"，还有"我们最火爆！"。大家也想听到更多这样的话。然而，辛格走上讲台，他身后的屏幕上放了一张巨大的、不祥的乌云的图片。他像一个被吓坏了的预言家一样，警告这个房间里的人们："暴风雨就要来了！"他说，雅虎将不得不开始向更传统的公司售卖广告，以虚高的价格向互联网公司卖广告的日子已经持续不了多久。在这次会议接下来的时间里，他一直强调着这一主题。

雅虎销售团队的这些钱袋鼓鼓的年轻人认为，这种话令人失望。很多人都不相信辛格的话。他们的工资单上还有大笔的销售佣金。跟马雷特一样，他们都在雅虎待了好几年，一切仿佛都在朝着正确的、好的方向发展。

然后，2000年春末，之前看好雅虎的华尔街分析师，来自雷曼兄弟银行的霍利·贝克，还有来自美林证券的亨利·布洛杰特开始公开怀疑，雅虎的收入中有多大一部分是来自不稳定的互联网公司。7月7日，周五，德意志银行经纪业务部门的分析师安德鲁·威廉姆斯将雅虎从“强烈建议购买”降级到了仅仅是“建议购买”。股价一下子跌了5.88美元,落到116.5美元。马雷特暴跳如雷。周一,《华尔街日报》的梅琳·曼加林丹根据威廉姆斯的报告写了一篇新闻报道,马雷特的公共关系部门对她宣战,禁止任何一名主管再谈到她。

但是华尔街的分析师们注意到,尽管跟雅虎有着大规模合作,互联网公司还是不断走向衰落。2000年8月28日,贝克又添了一把火。她说,雅虎前200个广告商中,61%是互联网公司。她给雅虎降了级。股价在一天之内下降了9%。

到2000年10月,马雷特明白了。他的大机器,他的有400个“豆荚组”和几百个“虚拟七人组”的庞然大物,已经危机四伏。在约塞米蒂国家公园的一间公寓里,马雷特告诉高级管理层,雅虎必须要改变经营方法。雅虎要找到一条更加可持续发展的经营道路,而不是只靠盘剥创业公司。他们得对广告商们好点。

这种说法没错。只是太迟了。

杰夫·马雷特十二岁的时候,他比足球队里其他孩子都矮、都瘦小。但是他的求胜之心是如此热切,教练最终让他做了队长。在球场上,马雷特的队友们觉得他无所畏惧,因为哪怕周围都是比他高大得多的孩子,他依然全身心地投入到球场上。

2000年11月21日,周二上午,杰夫·马雷特坐在他的隔间里,试图再次利用他的领导才能。但是,他感受到的只有愤怒。

摩根士丹利添惠公司的玛丽·米克,以前一直是一个坚定的雅虎支持者,那天上午,她却发表了一篇一本正经的关于公司经营状况“见鬼”的报道。她写道,在之后的几个季度,雅虎有30%的可能达不到收益目标,因为它过分依赖网络广告,她将这种情形形容为“艰难而滑稽”。

“在互联网领军公司中，”她写道，“我们认为雅虎……风险最大。”

现在，马雷特手里就拿着一份这篇报道的打印稿。整整10分钟，他坐在隔间里，生着闷气。

后来，这股怒火熄灭了，一种熟悉的坚定决心浮上心头。马雷特拿起这份报道，将它贴在自己隔间的墙上——就在他孩子们的美术作业上头。他在上面贴了一张便利贴。

便利贴上写道：“市场很残酷，但是我们更残酷。”

马雷特和库戈以及杨致远一起研究出了一份计划。他称之为雅虎2.0计划。计划的主旨是：雅虎要为核心产品聘用新的经理人，不再把重心放在向互联网公司售卖广告上，开始向用户收取某些产品和服务的费用。

同时，米克11月21日的报道也刺激董事会开始行动。不久之后，在森尼韦尔召开的该季度会议上，雅虎的七名董事讨论了公司是否需要新的管理层。马雷特和库戈都属于董事会，没有参与这次会谈。他们把任务留给了杨致远，雅虎唯一一名担任董事的创始人；迈克·莫里兹，雅虎最早的投资人；埃里克·希波——软银公司代表；阿特·科恩，一名独立董事；还有一位新董事，爱德华·科泽尔。

一方面，对于雅虎的股价来说，2000年是艰难的一年。相比1月3日的高价，股价在年末下跌了87%。但是公司的收益却比1999年翻了一番。公司的财务表现如此出色，要炒掉首席执行官看上去似乎很不公平。库戈安全过关。不过，安尼尔·辛格就没有这么幸运了。这位销售主管曾经警告过大家，暴风雨就要来了。他很快就离开了雅虎，现在他可以花更多的时间跟家人在一起，或者去追求些个人兴趣什么的。

随着雅虎2.0计划的启动，马雷特开始怀疑，是否一切骚乱其实都会导致公司高层的变动——而这种变动最终会使他成为公司的主宰。后来，他开始深信不疑。2001年1月，在面试一位应聘销售职位的优秀求职者的时候，他说漏了嘴，表示自己很快就会升职。

然而，1月10日，刚诞生不久的雅虎2.0计划便面临夭折。这个季度开始了才十天，广告销售的情况就异常糟糕，管理层决定，必须警告股东们。库戈提出了辞职。雅虎的董事们考虑了两个月，纠结是否要接受。

最后，在2001年2月27日，雅虎董事会举行会议，决定该采取什么行动。会上主要发言的是杨致远，作为雅虎的商业领袖，他已经变得更加大胆，也更加自信，还有莫里兹，雅虎最早的投资人。此时还是雅虎董事长的库戈再次提出了辞职。董事会接受了。雅虎马上就要开始寻找一位新首席执行官了。

马雷特希望董事会同事们会告诉他，他是这个职位的候选人。毕竟，是他建造了这台大机器，每个月有2.5亿用户，2000年，它的总收益达到11亿美元。

但是他们没有对他这样说。他们告诉他，他不是首席执行官的候选人。马雷特感到无比震惊，万分沮丧。

最终，令马雷特没能得到这个职位的原因有三点——没有一个是他能够改变的。

首先是他的年龄。莫里兹和杨致远想聘请一位有年纪的首席执行官。一个曾经有过经营大型上市公司工作经历的人。一个华尔街会相信的人。2001年2月，马雷特才三十五岁。一个还不到四十岁的首席执行官，怎么可能拯救雅虎呢？

令马雷特失去机会的第二点是他的野心——他对权力的渴望。1999年，雅虎差一点就能收购那家叫“易贝”的在线拍卖创业公司。易贝的董事会和雅虎的董事会都支持这项交易，但是交易最终还是未达成，因为马雷特要求易贝的首席执行官梅格·惠特曼向他汇报，而不是向库戈汇报。还有传言说，要是哪位雅虎的高管看似会威胁到马雷特对杨致远和库戈的影响力的话，马雷特就会针对他，让他的日子不好过，最终离开公司。从少年时代开始，这种不遗余力的竞争精神曾令马雷特成就斐然——令他在二十五岁的时候就赚到了人生的第一个一百万美元，令他在一家大型软件公司里拥有了一间角落办公室，令他成为了一家市值1280亿美元的公司的高层，然而，这种高度竞争精神，也成了他的悲剧性缺陷。

可悲的是，令马雷特失去成为首席执行官机会的最后一点，是他的身高。身居要职的高管们有时候会到雅虎总部参加会议，马雷特在会议室里等他们，因为他的身材实在过于矮小，大家都会以为他是个实习生——是来帮他们倒咖啡的。马雷特能看出他们的想法。雅虎董事们从来没有互相提起过身高问题，但是他们会这样说：雅虎需要一个一表人才的人。他们不想让这位“活力先生”当家做主。

2月27日晚上，蒂姆·库戈给高管招聘公司斯宾塞·斯图尔特的吉姆·希特林打电话，让他开始寻找一个继任者。

3月7日，美林公司的分析师亨利·布洛杰特写了一篇短文，怀疑雅虎是不是要炒掉它的管理团队。在那一周，美林正在举办一个互联网会议。雅虎的新任首席财务官，苏·德克尔，计划在会上发言。但是突如其来地，她取消了发言。还有传言，那周，在犹他州，杨致远也取消了一个发言的计划。那天上午，刚刚开盘7分钟，雅虎的股价就跌至20.94美元，纳斯达克最终对雅虎停盘。东部时间下午5点，雅虎发布了一篇报道，宣布当天晚上将举行电话会议。在电话会议上，库戈宣布，他将离职。

4月17日，雅虎表示，已经聘用了一名新的首席执行官：华纳兄弟的前任首席执行官，特里·塞梅尔。

5月1日，库戈卸任董事长。他已经做好了离任的准备。他在意大利有一所房子，还有一辆许久没开的奔驰敞篷车在等着他。

而马雷特留了下来。董事会给了他丰厚的股权留住他，让他帮助塞梅尔快速进入状态。另外，马雷特自己也没有准备好离开。他建造了一台大机器，而他希望能使它保持运转。

但很快，塞梅尔就聘用了《读者文摘》的首席执行官格雷格·科尔曼来负责雅虎在北美洲的运营。他让马雷特专注雅虎的跨国业务。

有一天，马雷特发现自己身处瑞士的苏黎世。他刚跟全球足球管理组织国际足联谈了一笔生意。不知道为什么，他有点多愁善感，他开始回忆自己在雅虎做的第一笔跨国业务。回首1996年，他来到加拿大，跟传媒大企业罗杰斯合作。这对于马雷特来说意义重大。现在，五年半后的这一天，身处柏油碎石跑道上的一架飞机里，跟又一个国际大品牌谈成了又一次成功的交易，马雷特感到非常满意。

然而接下来，奇怪的事情发生了。马雷特和飞机上的其他乘客被告知要回到候机楼里。他们的航班取消了。两架飞机撞上了纽约世贸中心的双塔。

马雷特滞留在苏黎世一周。在那周里，他想到了他的孩子们。他思念他们。他想到，他怎样没能陪在他们身边，错过了目睹他们成长的机会。他花了太多时间，每周工作90个小时，来建造起一台巨大的、不断扩张的名叫“雅虎”的大机器。他为他的成就感到骄傲。有时候，像重复一句咒语一样，马雷特会跟自己重复这些数字：10亿美元收益，2.5亿用户，4000名员工。

但现在，操纵着那台大机器的已经是其他人了。有时候，这简直令马雷特不忍卒视。

在苏黎世的那周结束的时候，马雷特想：就这样吧。我不干了。几个月后，他永远离开了雅虎。

尽管如此，在之后的十几年中，马雷特经常午夜梦回，他明白，他一直梦想着能够再次经营雅虎。

# 第二章 大人物特里·塞梅尔

2001年9月11日，当杰夫还在苏黎世机场的时候，在加利福尼亚州森尼韦尔市的雅虎总部里，几个人已经开始工作了。那时，时间才刚过早上6点，人们一片恐慌。

此时，雅虎在森尼韦尔市已经有了新的总部——典型的公司园区，人行道连接着一座座庞大的、盒子一样的钢筋玻璃建筑。

那天早上，管理团队在D栋大楼碰了个头。他们觉得，公司的所有人都该回家，或者直接待在家里，不要来上班了。他们觉得，要是特里·塞梅尔——雅虎的新任首席执行官能发一封电子邮件，就最合适不过了。

这就产生了一个问题。塞梅尔不怎么发电子邮件。他知道不知道怎样使用电子邮件，甚至怎样使用笔记本电脑，都不能确定。

问题自己就解决了：一个名叫香农·斯塔博的公关经理那天到得比较早。她被塞梅尔叫到了办公室。

实际上，那不是塞梅尔的办公室。

那是雅虎的会议室。

但那也是他的办公室。

塞梅尔初到雅虎的时候，有人告诉他，公司前首席执行官库戈跟其他员工一样,在一个小隔间里工作。如果塞梅尔想跟大家打成一片的话,最好也这样做。这对塞梅尔来说很困难。在上一份工作中,他有一间红木镶嵌的、小公寓那么大的办公室。不过,他还是尽力尝试着这样做了。

小隔间里的日子没法忍受,没过几周,他就占据了一间会议室,大会议桌成了他的办公桌,角落里还开着电视机。明面上,这个房间仍然是会议室;可私底下,它就是塞梅尔的个人办公室。

10 点半的时候,斯塔博和人力资源部、公共关系部,还有管理团队的几个人聚集在塞梅尔的会议室里。斯塔博坐在塞梅尔的笔记本电脑前。针对当天早上的全国性悲剧,塞梅尔向雅虎的 4000 名员工口述了一条信息。年长的管理者边踱步边作指示,桌前的年轻女士随之将内容在电脑上敲出来。整个场面看起来非常老派。一点也没有雅虎风格。

塞梅尔的周围经常充斥着这种气氛。考虑到他的背景和年龄,这是很自然的。

2001 年 4 月,特里·塞梅尔加入雅虎的时候,已经五十八岁了——这是雅虎员工平均年龄的两倍。梳理得整整齐齐的灰白头发,小巧、看起来价格不菲的无框眼镜和质量上乘的休闲鞋,使得塞梅尔看起来像一个穿着考究的大叔,或者老爷爷。

塞梅尔以前从没在互联网行业工作过。他对互联网 (Internet) 甚至都不太熟悉,他的布鲁克林口音会把这个词读成"Inna-net"。

塞梅尔成名于电影行业。他起初是美国东部的一名会计。1965 年,他的朋友丹·罗马内利劝他参加一个由大影视公司华纳兄弟组织的销售培训项目。塞梅尔觉得自己天生就是个推销员。于是他就去了。

塞梅尔是对的,他成了一名优秀的推销员。他向全国的院线销售电影,从纽约市到克利夫兰再到洛杉矶。他先后被哥伦比亚广播公司和迪士尼公司挖走,三十二岁的时候,他已经是这两家公司配销业务的负责人。1975 年,他又被华纳兄弟挖了回去。不到五年,他已经跟联合首席执行官鲍勃·戴利一起，经营着整个华纳兄弟影视公司。

在时代华纳总裁史蒂夫·罗斯的领导下，塞梅尔和戴利在之后的二十年中一直管理着华纳兄弟。

在这二十年中，华纳兄弟的收益从7.5亿美元增长到了110亿美元。塞梅尔和戴利除了进行院线销售之外，还将业务进行了多样化。塞梅尔将华纳兄弟不使用的场地出租给了竞争对手们，打开了一条全新的利润流，并且开启了一种新的模式，后来所有的大影视公司都争相模仿。他艰难地进入了视频业务领域。之后，当该行业的其他人都在担心DVD会毁掉视频租赁业务时，塞梅尔继续向前推进，结果使得市场得到了显著扩大，并由此大赚一笔。塞梅尔声名远播——他是一名精明的谈判老手，一个可靠的老板，一位才华横溢的娱乐业高管。梅尔·吉布森和汤姆·克鲁斯等明星都很喜欢他。他斥巨资投资了蒂姆·伯顿的《蝙蝠侠》，通过出售电影玩偶和其他周边产品，华纳兄弟一下子赚得盆满钵满。在电影行业工作的日子，塞梅尔的表现非常卓越，他的手印印在了好莱坞曼恩的中国剧院前的人行道上。

1998年至1999年两年间，塞梅尔和戴利辉煌的战绩画上了句号。其他一些影视公司通过出售小预算电影，如《婚礼歌手》和《惊声尖叫》等的特许权大获成功，华纳兄弟却在一些失败的作品上花费不菲，如凯文·科斯特纳的《邮差》，他们还翻拍了英国电视剧《复仇者》。华纳的游乐园业务和音乐业务经营状况也并不是很好。这份工作让塞梅尔赚了5亿美元，1999年年中，这份工作即将走到尽头，他知道，下一份工作的报酬就不会这么优厚了。1999年7月14日，塞梅尔和戴利走进了时代华纳首席执行官杰拉德·莱文在洛克菲勒中心的办公室，辞去了工作。

塞梅尔并没有退休。他还不服老。他想走出去，赚更多的钱。提前解约意味着5亿美元并不能全部收入囊中。塞梅尔告诉同事们，他要去开启一个新篇章。

一大堆好莱坞的影视公司联系了塞梅尔,问他想不想去工作。他都拒绝了。这些事情,他早已都做过了。他成立了一个叫“温莎媒体”的投资集团,雇用了两个小伙子——杰夫·韦纳尔和托比·科佩尔——来打理自己的钱。温莎在互联网行业做了几笔投资。从无到有,积少成多,渐渐有了规模。

之后,2001 年 3 月,雅虎招募新的首席执行官,几天后,塞梅尔接到了他的朋友杨致远的电话。

塞梅尔是在 1997 年精品投资银行艾伦公司在爱达荷州组织的一次休闲度假中认识杨致远的。他们一直保持着联系,每隔几个月就聚一聚,吃顿饭。严格意义上说还做着第一份全职工作——“雅虎首席”——的杨致远,此时仍在不断学习业务,寻找更多像软银的孙正义一样的良师益友。塞梅尔经营着这份关系,因为他想对“Inna-net”多些了解,他和杨致远谈得越多,就越清楚地认识到它的前景。它将成为世界上最好的内容分销平台——比盒式录像带、DVD 更好,比开车走遍东北部向地方院线卖电影更是好太多了。

2001 年 4 月,杨致远给了塞梅尔这份工作。他希望塞梅尔将雅虎变成新一代的媒体公司。塞梅尔接受了,5 月 1 日,他成为公司董事长和首席执行官。他希望自己能成为好莱坞进入数码时代的桥梁,这是一次足以成为他的新篇章的冒险。

消息传开,好莱坞一片哗然,人们根本无法相信,塞梅尔竟然去经营一家网络公司。他的老东家杰拉德·莱文听到这个消息后哈哈大笑。是那个人吗?他竟然去干那个行当了?

塞梅尔确实考虑过这个问题——对他来说,加入一家互联网公司是不是疯了?他对软件是怎么制成的简直一无所知,也从来没有在真正意义上使用过互联网和电脑。但是,他想:我不知道怎么表演、执导,也不知道怎么操作摄像机,我的电影公司一样经营得有声有色。作为一个互联网的新手使用者，我就跟我们希望能来使用雅虎的所有人差不多嘛。我能更好地设身处地。

塞梅尔来到雅虎，造成了一点文化冲击。与库戈给人的感觉不同，直接走进塞梅尔的小隔间总觉得不大对。塞梅尔不会在大厅里走来走去，会议室变成了他的办公室。人们风传，他不用电子邮件，甚至不上雅虎主页。库戈在雅虎办公区附近有一间单人公寓，而塞梅尔却仍然住在他洛杉矶的宅邸中。他乘坐湾流公司的飞机通勤，每周一次。在城里的日子，他就住在洛杉矶的四季酒店中，每天开着一辆路虎揽胜来公司。

塞梅尔在雅虎赚得不多：每年只有 31 万美元，跟库戈的薪水一样。不过，他要求并得到了很多优先认股权。第一次授权足够让他以 17.62 美元至 75 美元的价格购买 1000 万股，占公司股份的 2%。之后，塞梅尔投下了更大的赌注，他自掏腰包，拿 1700 万美元在公开市场上购买了 100 万股雅虎的股票。他入股的代价并不昂贵。他这次购买的时候，公司刚在一年间萎缩了超过 90%——从 1280 亿美元跌到了 126 亿美元。

大家想的是：如果塞梅尔能扭转雅虎的颓势，使之以适宜的速度发展，那么他就能赚到超大一笔钱。

反过来：如果塞梅尔没能让雅虎恢复增长，那么他离开的时候，就会比现在穷得多了，这也就证明了好莱坞和雅虎那些怀疑他的人是对的，他就是一个老家伙，一个跟不上潮流的勒德分子[①]，只能固守在自己有所了解的行业中。

在接下来的五年中，特里·塞梅尔和雅虎证明了，所有持怀疑态度的人都是错的。

2001 年，他接手这份工作的第一年，雅虎亏损 9800 万美元。2005 年，雅虎的利润达到了 12 亿美元。2001 年，雅虎的市值为 126 亿美元，2006

① 害怕或者厌恶技术，尤其是威胁现有工作的新技术的人。

年,达到了500亿美元,跟迪士尼和维亚康姆持平。2001年到2005年,收益从7.1亿美元增长到了53亿美元。塞梅尔在雅虎工作的第一个月,公司有4000名员工,到2006年,员工总数已经超过了1万人。

塞梅尔的成功秘诀很简单。他乘着互联网普及和互联网广告的大潮,优哉游哉,不慌不忙。尽管雅虎的广告业务随着互联网公司的泡沫一起破碎了,但真正的网络使用者仍然每天继续访问网站。塞梅尔只要将这些关注利用起来,从中建立起传统的广告业就行了。

2002年,他任命丹·罗森斯维格取代马雷特担任雅虎的首席运营官。罗森斯维格的事业起步于兹夫·戴维斯,一家曾在1995年投资雅虎的出版公司。在兹夫·戴维斯,罗森斯维格开始是一名销售员,最后成了《个人电脑》杂志的发行人。后来他发行了一本新杂志《雅虎!网络生活》,这本杂志是由雅虎和兹夫·戴维斯联合经营的。最后,他接管了兹夫·戴维斯一家经营互联网业务的衍生公司,至顶网。他引领至顶网上市,2001年,将其卖给了科技资讯网。

很多雅虎员工认为,在塞梅尔时代,罗森斯维格可以算得上是一位非常有远见的领导。在全体员工会议上,塞梅尔会用毫无起伏的语调说上几句,没人记得住。之后,罗森斯维格会站起来,他是啦啦队长式的人物,很能鼓舞士气。罗森斯维格一头短短的深色鬈发,头顶头发稀疏。他的两颊闪闪发亮,总是眉开眼笑。罗森斯维格在雅虎做的是马雷特之前的工作,他是一个更活跃的运营官,向一位相对被动的首席执行官负责。但是,他对塞梅尔从来没有像马雷特对库戈那样鲁莽固执。

至关重要的是,塞梅尔留用了库戈时代的首席财务官。她名叫苏·德克尔。她是2000年加入雅虎的。在之后十年中的大部分时间,她几乎可以算是对公司最有影响的人。她高高的个子,一头金色短发,神情严肃,几乎总是穿着棕褐色、蓝色或灰色调的职业套装或短上装。

苏珊·琳妮·德克尔生于1962年，在丹佛长大。她在塔夫茨大学读书，修了计算机科学和经济学双学位，在哈佛大学商学院取得了硕士学位。

在读研的第一年，德克尔面试了一家小型投资银行帝杰证券，她在读大学本科和研究生期间没做过全职工作，因此，在简历上，她列了几份她为了赚钱打的零工。其中一项是"职业魔术师"。这有点夸大其词。德克尔曾经为一群六岁的孩子们表演过，还挣了一点小钱。

自然而然地，帝杰证券的面试官问到了她的魔术。

德克尔是一个内向的人。内向的人会逼着自己投入到那些让自己不舒服的情境中，因为他们知道，要想从生活中得到自己想要的东西，唯有这样做才行。

德克尔就这样做了。她对面试官们说："你们想看我表演个魔术吗？"

他们上钩了。德克尔说，她兜里有一副隐形扑克牌。她装模作样地从兜里掏出来，递给其中一个面试官，说："挑一张，随便挑一张。"

然后她问："您挑的是什么牌？"

面试官配合她表演，他编了一张，说："红桃八。"

德克尔从衣兜里掏出一叠真正的扑克牌，摊开——其中只有一张是正面朝下的。她把那张牌翻过来：红桃八。

她得到了这次实习机会。

直到20世纪90年代中期，德克尔都是帝杰证券的分析师，负责广告和报纸行业的股票，以及路透社的那种"信息股"。她仍然性格内向，但很有想法。德克尔养成了一个习惯，强迫自己提出一些大胆的意见。20世纪80年代后期，她看到了报纸行业的低迷，而其他所有人，包括沃伦·巴菲特，那时都认为行情是看涨的。结果，德克尔是对的。她成了帝杰证券的明星，在《机构投资人》杂志上连续十年业内排名第一。

网络公司开始上市的时候，很多投资银行都找分析师来研究互联网股票。美林证券雇用了亨利·布洛杰特，摩根士丹利则将玛丽·米克招至麾下。

帝杰证券认为,分析师们应该从自己的领域出发,来做互联网公司的业务。零售业分析师负责亚马逊,软件业分析师负责网景,而广告业分析师,苏·德克尔,负责雅虎。

1996年,雅虎上市。那时候,德克尔是负责分析这一交易仅有的三个分析师之一,也是唯一一个同时负责广告行业的分析师。直到1998年,德克尔一直在对雅虎进行跟踪分析,那时候她已经升职为帝杰证券的研究总监。1999年,她拜访了杨致远,对互联网行业进行了一次头脑风暴。她问杨,有没有她可以协助经营的企业。2000年6月,她成了雅虎的首席财务官。

德克尔来到雅虎后的所见所闻让她心生警惕。在之前的一年中,也就是1999年,雅虎销售广告的收益是10亿美元,这个数字是很可观的。但有两个问题,第一个问题是,这10亿美元中很大比例来自向互联网公司销售广告——德克尔认为,这些互联网公司的商业模式是很不稳固的。第二个问题是,雅虎没有告诉它的投资人,有多少收益来源于互联网公司。这意味着,雅虎的投资人在毫不知情的情况下,将大量资金投于非常不稳定的互联网公司,德克尔觉得,这是不应该的。

她以雅虎首席财务官的身份做的第一个决定是艰难而痛苦的。2000年第三季度,她第一次告诉投资人,雅虎收益的一半以上来源于单一业务的互联网公司。这次披露严重打击了雅虎的股价。9月26日,股价跌至8.11美元,雅虎的市值跌到了50亿美元——1月份的时候是1230亿美元。

对德克尔的举动,基本没有投资人感到不满,实际上,他们深感钦佩。在之后的一个月里,互联网公司泡沫破碎,雅虎收益缩减,股价下跌本来也是迟早的事。因为德克尔的提前披露,投资人对她和雅虎大加赞扬。对投资人来说,"坏消息"总比"突如其来的坏消息"要好得多。在公司内部,德克尔也因为她保住了雅虎在华尔街的声誉而备受赞誉。

2000年年底，她赢得了更多的尊重，雅虎董事会告诉管理部门，要削减成本。这就意味着要裁员。一位主管看着德克尔，说："不管你认为应该削减的数量是多少，实际上需要削减的都比这个数量更多。"德克尔一点都没有犹豫。她和马雷特一起重整了雅虎的成本结构，2001年，公司的收益减少了4亿美元，在这种情况下，多亏了她的举措，公司的股价得以勉强维持，没有暴跌。成本削减计划进行得很彻底，400人丢了工作。不过，这轮裁员很快就过去了，雅虎的员工们知道，只要熬过去，自己就安全了。

德克尔在2001年大幅削减成本的作为，使得塞梅尔可以快速投资，组建一个销售团队，令雅虎从传统广告销售中获取更多收益。

他任命了格雷格·科尔曼来带领销售团队。科尔曼实际上是库戈最后一次大手笔招聘收入的人才，他于2001年3月20日加入雅虎。科尔曼经常穿一件牛津布衬衫。他圆脸，戴着眼镜，头顶头发稀稀拉拉。像所有优秀的销售员一样，他在跟人聊天的时候总是直呼对方的名字。像所有优秀的销售员一样，他也很有分寸。他会直视对方，让对方觉得他对听到的话心领神会。

科尔曼是从《读者文摘》来到雅虎的，之前他在出版业工作了25年。到了雅虎之后，他简直乐开了花，因为他认为，在这里，只要做些非常简单的事情就能推进业务增长。

首先，他可以雇用一批真正了解顾客的销售员，把广告卖给公司。雅虎之前没有这样的销售员。

更简单的是，他可以雇用一些懂得利用电话进行销售，而不是只会通过电子邮件下订单的销售代表。雅虎之前也没有这样的销售代表。

还有一件对他来说很简单的事情——走出去，向所有人道歉。2001年，广告公司的所有人都对雅虎很不满，因为随着市场崩溃，广告公司希望解除之前在行情比较好的时候跟雅虎签订的长期协议，而雅虎拒绝了。

所以，科尔曼开始四处致歉。为了进一步缓和关系，他雇用了一些颇有声誉，并且在广告界很受欢迎的销售精英。然后，只要向广告代理商和大的广告客户展示一下雅虎的受众规模有多么大就可以了。科尔曼觉得做这些事情充满了乐趣，因为雅虎正在变得越来越强大。1999 年，雅虎每月有 1 亿用户，2002 年，这个数字达到了 2 亿，到 2006 年，雅虎成了全球最受欢迎的网站。

科尔曼喜欢用一个钓鱼的比喻，来描述他刚到雅虎那会儿的情况。他说，在雅虎的头几年，鱼儿们跳出水面，掉落船中。所以公司里没人想学怎么装鱼饵，或者怎么将鱼钩扔进水里。然后呢？市场垮掉之后，鱼儿们不再往船里跳了，但它们仍然在水里。雅虎只是需要一个人，来教会大家怎么钓鱼。这个人就是他。

2002 年，雅虎的收益增长了 35%，差点就再次达到 10 亿美元，之后一路攀升。雅虎的股价也一样，从 2001 年 9 月 26 日的 8.11 美元，涨到了 2006 年 1 月 6 日的 43.21 美元。

塞梅尔在他自己和雅虎身上下了重注，得到了极其丰厚的回报。他通过雅虎给他的认购权，低价买入雅虎的股票，在公开市场上高价卖出，在 2006 年之前，他的银行账户上已经有了超过 4 亿美元的存款。

这些钱永远是他的了——无论之后发生什么事。

2000 年 6 月，山景城一家新创办的小公司的销售负责人辛迪·麦卡弗里，打电话给雅虎的相关业务负责人。麦卡弗里在电话里提出一个请求——一个注定得不到满足的请求。

那是杰夫·马雷特时代的巅峰，那时候，他正利用“点击发现”来决定要给哪个“豆荚组”投资，为雅虎的用户开发新产品和服务。当马雷特发现雅虎的用户们喜欢做某件事情的时候，他就会作出决策，雅虎是准备围绕这件事情开发产品，还是收购一家已有这种产品的公司，抑或是跟生产这种产品的公司合作。比如，当雅虎要开展电子邮箱业务的时候，马雷特决定走收购这条路。于是，雅虎就以9400万美元的价格收购了一家名叫“Four11”的公司，利用其技术推出了雅虎邮箱。

对于麦卡弗里就职的这家山景城的小创业公司，雅虎已经决定要跟它合伙了。

这对这家小公司来说是一个重大的好消息，麦卡弗里和她的老板希望通过这次合作可以大赚一笔。所以她打电话给雅虎，询问能否在宣布这个消息的当天，让雅虎的联合创始人戴维·费罗和杨致远到这家小公司露个面，发表一次讲话。

接听麦卡弗里电话的那位雅虎的女士非常友好，也很有礼貌，不过也很年轻，听起来不到二十五岁的样子。麦卡弗里并未因此打退堂鼓。她对雅虎的这位女士说：致远和戴维跟我们的创始人有很多相同之处，他们是斯坦福大学的校友。我们真心希望他们能来。

雅虎的这位女士说，她会把这件事当作最紧要的事情来办。

不久之后，在与麦卡弗里的又一通电话中，这位二十五岁的雅虎工作人员说：抱歉，致远和戴维那天很忙，不过雅虎愿意派首席技术官佐德过去。

事实上，这位女士的上司并没有多看重这次合作。他告诉她，要礼貌而坚定地拒绝麦卡弗里的要求。

对雅虎来说，这只是一件小事。然而之后，这家小型创业公司成长为互联网行业最令人瞩目、最有价值的公司，它的名字叫“谷歌”。

这已经不是雅虎第一次拒绝谷歌了。

早在1997年，那时，谷歌还只是斯坦福大学的一个名叫“BackRub”的研究项目，它的创立者拉里·佩奇想要以100万美元卖掉它，以继续自己的博士学业，然后当一名教授。佩奇跟杨致远和戴维·费罗见了面。大家相谈甚欢，但是雅虎并没有作出收购举动。

并不是说，雅虎的管理层认为基于算法的搜索不如手工制作的目录好。杨、费罗、马雷特,还有库戈,都赞同前者的优越性。他们只是觉得,雅虎作为一家前端企业——做的是对消费者友好的网络用户界面,是一个品牌。他们认为,像谷歌那样,基于算法的搜索是商品化的、后端的技术。他们认为在未来的几年中,雅虎将从小型、核心、专注做这一块业务的搜索公司获取搜索技术的使用权。他们希望可以随时从其他供应商那里更换更好的技术。就像戴尔和捷威,他们的电脑里装的芯片不是自己制造的,而是因特尔和超微(AMD)做的。

2000年,雅虎的员工规模已经达到了4000人,可其中只有6人做搜索业务。这种情况简直要让乌迪·曼波发疯。作为雅虎搜索团队的主管,他想再招一批人,研发雅虎自己的算法搜索产品。可是,管理人员否决了他的想法。他的工作应该是找到最好的后端供应商。他建议雅虎放弃现在的搜索供应商因特通(Inktomi),和谷歌合作。曼波得到了许可,还有一笔资金。谷歌开始为雅虎提供搜索服务,每次有搜索请求访问服务器,雅虎都要付钱给谷歌。雅虎还允许谷歌把自己的标识放在其搜索结果页面上。

辛迪·麦卡弗里打电话给雅虎的时候,正是这项合作即将达成之际,电话另一端,一位二十五岁的员工拒绝了她。

公告日是2000年6月26日,来到谷歌总部的记者寥寥无几。那时候,《圣何塞水星报》这样的报纸是不会到访谷歌总部的,因为它在101大道上的位置太靠北了。

之后的24个月里,搜索领域发生了翻天覆地的变化。

首先,谷歌用户对谷歌搜索情有独钟。两个月之内,雅虎网站的搜索量增长了50%。

紧接着,谷歌开始以令人难以置信的速度发展起来。

从一定意义上说,这要归咎于雅虎的交易负责人。雅虎搜索的结果页面上显示的谷歌标识无异于免费广告。这让消费者们知道了为什么突然之间雅虎搜索变得这么好用了：哦，原来是因为这个叫“谷歌”的东西啊。数以百万的网络用户开始转战谷歌，再也不回雅虎搜索了。

2000年10月，谷歌利用它不断增长的访问量开始销售广告。谷歌将它的广告产品称为“关键词”。

很快，关键词对市场营销人员来说就成了非常有效的工具，谷歌也因此获利颇丰。关键词广告比互联网上其他广告的点击率高出很多。与雅虎在搜索结果页面上销售标题广告不同，谷歌销售的是文本广告，看起来跟普通的搜索结果非常相像。这样的广告是可以点入的。对消费者来说，让他们更有点击欲望的一点是，这些广告与他们的搜索请求之间相关度很高。这是因为，广告商们可以筛选出能让他们的广告跳出来的搜索请求。比如福特，只要付的钱足够，就可以在谷歌搜索“在售汽车”时，在每一页的顶部生成一条进入它家网站的链接。

谷歌这种卖广告的灵感来自一家名叫“GOTO”的网络公司，这家公司的搜索引擎从1998年就开始做竞价排名。

之后，2001年年底，搜索行业又一次发生了翻天覆地的变化，GOTO改名Overture，并开始为一些大型网站和门户如雅虎提供网络搜索服务。一个巨大的变化是：Overture不向门户网站收费，反而付费给它们。它这么做，可以针对搜索结果提供这种关键词广告，然后将收益与门户网站分享。

2001年11月，雅虎和Overture签订了为期五个月的协议。那时，雅虎已经开始让谷歌提供“自然的”或“编辑的”搜索结果了，它告诉Overture：把你们的广告和现金给我们，我们看看是否中意。

雅虎非常中意。

谷歌搜索和Overture广告的结合，很快就令雅虎在盈亏底线上加了几千万美元，使它很快从互联网时代那些一次性的、盘剥创业公司的交易中恢复了元气。五个月期满之后,2002 年 4 月,雅虎和 Overture 签了一份三年期的合同。

之后的那个夏天,也就是雅虎拒绝麦卡弗里和谷歌的第二年,整个世界都变了。

此时,雅虎认识到:他们得有自己的搜索。

因此,2002 年夏天,塞梅尔又去了谷歌,问它是否考虑出售。

谷歌向他要价 10 亿美元。

塞梅尔跟他的财务团队碰了头,他们开始研究,试图弄清楚这个要价是否合理。事实上,2002 年,雅虎的财务团队所开发出来的各种模型、表格、图形,可以得出高层想听的任何结论。

团队告诉塞梅尔,10 亿美元的要价实在太低了。塞梅尔也同意交易。但是等他回到谷歌,拉里·佩奇说:抱歉,现在价格改成 30 亿美元了。

塞梅尔又一次跟他的团队开会,又一次得到许可,又一次去了谷歌。

这一次,价码变成了 60 亿美元。

听到这个消息,塞梅尔气疯了。

"50 亿,70 亿,100 亿,我根本就弄不清它到底值多少钱——你们也一样," 塞梅尔对员工们说,"见鬼,这事儿压根儿就办不成!"

实际上,雅虎和塞梅尔本可以接受 100 亿美元的要价的,但那个时候,他们已经意识到,谷歌根本就不会出售自己。谷歌的联合创始人拉里·佩奇和谢尔盖·布林愿意让雅虎出价,但最终,他们会让这家公司保持独立。谷歌已经开始疯狂盈利了,董事会也一心一意地准备着公司上市。2002 年,雅虎其实根本没机会收购谷歌。这个机会,只在 1997 年出现过。

对塞梅尔来说,幸运的是,他在 2001 年 4 月份加入雅虎的时候,给苏·德克尔和他从温莎带过来的两名年轻的管理人员——杰夫·韦纳尔和托比·科佩尔分配了一项特殊任务。他希望他们三人注意一下,谷歌在做什么,GOTO 又在做什么,然后弄明白雅虎是否需要自己做搜索,如果需要，该如何做。2001年的夏秋两季，德克尔、韦纳尔和科佩尔在D栋大楼的会议室里做出了一套方案，在谷歌跟塞梅尔要价10亿、30亿，之后又要60亿的时候，他们的计划已经成形了。

现在，是时候将计划付诸实施了。是时候甩开膀子大干一场了。

一开始，他们称之为"教父计划"。

之所以这么称呼它，是因为在电影《教父》里，有这么一段蒙太奇：就在阿尔·帕西诺主演的迈克尔·柯里昂在教堂里为教子施洗的同时，他的打手们将家族的所有敌人一网打尽。

这就是德克尔、韦纳尔和科佩尔为雅虎做的计划。他们打算让雅虎的并购团队一举拿下整个搜索行业——当然，除了谷歌。

雅虎并购部的头儿，凯斯·尼尔森是一个瘦高个儿，他颧骨突出，爱穿运动外套。尼尔森非常喜欢"教父计划"这个代号。每当有人说到这个词，电影《教父》的背景音乐就会在他脑海中响起来。

然后他又忍不住想到：老天，这个代号一旦泄露给媒体，肯定会闹得很难看。它内涵太丰富了。

好吧，于是"教父计划"又变成了"交响乐计划"。它仍然是一项非常激进的举措，计划实施的那几个月是雅虎有史以来最有意思的时期之一。

开始时是这样的：2002年春，尼尔森和他的团队占据了D栋大楼的"鱼食"会议室，雅虎董事会和管理团队的人齐聚一堂。尼尔森在白板上勾勒出了整个搜索行业的情况。

结束时是这样的：2003年7月13日，周日，尼尔森穿着T恤短裤进了办公室，要和Overture做结束收购的谈判，其实要搞清楚的只有几个简单的条款。Overture的团队占据了一个会议室，尼尔森和他的人占据着另一个。本来是很简单的一件事情。

然而并非如此。尼尔森那天没能回家。Overture是一家上市公司,本次交易必须在周一开市之前公布出去。所以,当谈判遇到一些小障碍的时候,并没有人离开。最后,直到周一早上5点50分,一些早起的人已经来到办公室,开始工作了。开市的时间到了又过去,两家公司还没达成一致。最后,在开市的钟声响过5分钟之后,总算结束了。信息公布了出去,有人开了香槟,大家相互握手、碰杯,每个人都还穿着周末穿的那身衣服。

最后,事情接踵而至:2002年11月,雅虎花2.35亿美元并购了因特通。2003年2月,Overture花1.4亿美元并购了远景。2003年7月,雅虎花16.3亿美元并购了Overture。砰,砰,砰砰。

靠着因特通和远景的搜索技术,雅虎认为,自己在自然搜索方面可以跟谷歌平起平坐了。仗着Overture,雅虎相信,自己的广告也能卖得跟谷歌一样好。

但是整个过程中有件事情令人费解:微软用因特通做算法搜索,用Overture卖搜索广告。它怎么会容忍雅虎将这两家公司都收购到自己旗下呢?难道它在计划什么更激烈的事情吗?

同时,在谷歌,雅虎的并购狂欢让人们惴惴不安。联合创始人谢尔盖·布林将几个搜索相关性的工程师挪到了离自己的座位很近的小隔间里。是时候认真对待这场战争了。

在雅虎并购完Overture之后,布林和联合创始人拉里·佩奇去塞梅尔的办公室拜访了他。他们俩问:你这是在干什么?这可是开战啊。

塞梅尔大笑起来。

他说:"那,你们要来轰炸我们吗?"

2007年,塞梅尔从雅虎辞职。《纽约时报》发表了一篇未署名的社论,将雅虎的衰败归咎于塞梅尔没能够正确地应对谷歌。

文章写道:"当然,最重要的原因是,作为雅虎的首席执行官,特里·塞梅尔失职了，因为他没有恰当地应对谷歌的挑战。塞梅尔先生错失了数次买入谷歌的机会。他没能尽早认识到谷歌的核心经营战略——搜索的力量、搜索广告的丰厚利润、在其他网站上建立广告销售网的巨大价值，而且谷歌在运营这样一家大公司的时候，就像是在运作一个由众多大学生创业公司组成的集团一样，这种力量简直令人难以置信。当然，令人难堪的是，雅虎在谷歌成立多年之前，就已经是网络搜索和在线广告的领头羊了。”

不过历史并不应该这么解读。

历史应该这样来解读：塞梅尔试图花费几十亿美元来收购谷歌，可谷歌却没同意。所以塞梅尔着手并购了几家公司，用少得多的钱建成了一个弗兰肯斯坦式的谷歌。并且成功了——在一段时期内。

在八个月的时间里，雅虎搜索的增长速度远远超过谷歌搜索。之后，2004 年秋和 2005 年冬的几个月中，雅虎和谷歌在美国搜索引擎市场上所占的份额不相上下。2004 年 11 月，两者的差别最小，根据网络测算公司康姆斯克的数据，那时，雅虎占有 32% 的市场份额，谷歌占 34.6%。

对雅虎来说，搜索是非常有价值的市场。搜索广告是最完美的广告，它能正好在消费者想找的时候呈现出来。营销者们在搜索广告中投资的速度总是赶不上它发展的速度，雅虎从搜索广告中赚得了巨额利润。2002 年，对搜索进行货币化的第一个整年，雅虎与 Overture 广告一起，收益是 9.53 亿美元。2003 年，雅虎并购 Overture 的那一年，收益增长了 67%，达到了 16 亿美元。2004 年，增长了 118%，达到 35 亿美元。

那几年是雅虎最后的光辉岁月。而到了 2005 年，雅虎的收益增长开始减缓，谷歌在搜索市场所占的份额开始扩大。

从那时起，谷歌持续发展，逐渐成了全世界最富有、最强大的网络公司，2014 年，谷歌的市场价值达到了 4000 亿美元。雅虎则度过了衰退和动荡的十年。这都是因为谷歌赢得了搜索市场，而雅虎输掉了它。

在搜索方面雅虎会输给谷歌,原因有一百万个,但也只有一个:雅虎在搜索结果页面上投放广告的顺序是错误的。而谷歌投放广告的顺序是正确的。

在互联网行业发展之初,雅虎和其他网络发布者是通过累计网络用户浏览广告的次数来向广告商收费的。广告主要是基于“印象”——实际上,是基于“千人印象成本”,也叫做“每千人成本”(CPM[①])——来收费的。他们这样销售互联网广告,是因为电视、广播和印刷广告都是这样销售的。雅虎和其他发布者会累计用户点击广告的次数,不过这主要是用来向广告商们展示广告所吸引的注意力有多少。

然后,1998 年,一个叫比尔·格罗斯的企业家创办了 GOTO 网站,后来发展为 Overture。相对于按每千人成本向广告商收费,它认为按点击次数(CPC)收费是更好的方式。这种方式是正确的。2002 年 3 月,当谷歌将按点击次数收费的关键词投入市场,点击次数成了销售广告的主流方式。

当某一用户搜索一个像“鲜花递送”这样的词条并点击了“1-800 鲜花店”的广告时,谷歌、Overture,以及后来的雅虎,都会得到 1-800 鲜花店,或其他做这条广告的人支付的一小笔费用。广告位购买者对此喜闻乐见,因为这意味着,有愿意进行交易的人访问了他们的网站。这种模式非常有效。

不过这对谷歌来说会更加有效一些。

Overture 和后来的雅虎,会根据广告商为每次点击所支付费用的高低,在搜索结果页面上将广告由上往下依次排列。这是对每一个关键字直接进行拍卖。出价最高的排在顶部,最有价值的位置。

谷歌的排位系统则要更加复杂一些。它根据收益将排列顺序最优化。有时候,它会将出价较低的广告商的广告放在页面的顶部,因为这条广告更有可能被用户点击。谷歌的逻辑是合理的:如果一条单次点击收入 0.55

① cost per mille,以广告每显示千次作为单位来收取广告费用。

美元的广告，能获得单次点击收入1美元的广告的两倍点击量的话，那么前者就比后者更加有价值。谷歌也会这样做：比如奖励出价第二高的广告商头条的位置，广告商们的出价永远不会高于市场价太多，而这会鼓励广告商出高价。谷歌还会对应搜索请求展示不同的广告，而不是像Overture那样，严格按照竞价采用简单处理方法。

本质上来说，Overture是在电子数据表中运行其货币化系统的。而谷歌采用的，则是和抓取网页同样复杂的算法。

原因之一是，作为一家独立的公司，Overture没有做算法。当它还是GOTO的时候，它实际上就将所有搜索结果按每次点击的出价进行排列，不仅仅是在广告方面。在谷歌工作的那些博士和研究人员，Overture根本用不着。

讽刺的是，雅虎内部确实有顶尖的算法天才。“教父计划”的一部分内容就是收购因特通，这家公司里满是才华横溢的搜索专家，绝不输给谷歌的任何一个人。不过，雅虎并不愿意将这些人调到Overture，因为雅虎想让Overture成为一个独立的全资子公司。原因是：Overture最大的客户正是微软旗下的MSN，MSN是一个门户网站，也是雅虎的直接竞争者。雅虎的高管们担心，如果在外界看来，雅虎对Overture的控制力太强的话，微软很可能会撤回MSN的业务。所以，因特通的工程师们原地没动，Overture的那份被谷歌吃掉了。

到2005年，谷歌每次搜索的收益要远高于雅虎。谷歌用这笔额外的资金，在大的分销协议上出价也远高于雅虎，从而大大增加了市场份额。2004年，谷歌成了火狐浏览器的默认主页和默认搜索引擎。2005年12月，谷歌支付10亿美元给时代华纳，提供美国在线的搜索结果和搜索广告。2006年，谷歌同意付给新闻集团9亿美元为聚友网（MySpace）提供搜索和搜索广告。2007年，谷歌同意支付国际汽车零部件集团（IAC）35亿美元，在Ask网站上投放展示广告，Ask也是一个搜索引擎，它的市场份额比谷歌少不到 5%。

那时,谷歌发现,自己已经进入了“收益递增业务阶段”——投入越多,收益越多。

之所以会如此,一个原因是,随着谷歌市场份额增加,搜索引擎营销商们决定,不再把预算拆成两份,分别投入雅虎和谷歌,而是将全部投入集中到一个市场——谷歌的市场上。这使得收益进一步增加,进一步提高了谷歌购买市场份额的能力,循环递增。

在雅虎内部,德克尔勉力寻找能跟谷歌的大规模分销竞标分庭抗礼的方法。但她始终一筹莫展。

最终,雅虎付出了巨大的努力来提升搜索广告的收益。该项目代号“巴拿马”。这是一个多年计划,目标是将算法知识引入 Overture。“巴拿马计划”由雅虎一位资深高管里奇·莱利和搜索引擎科学家陆奇负责。通过“巴拿马计划”,雅虎赶上了一些。雅虎不再只为出价最高者做广告,而是开始接受出价次高的投标。问题是,这一切发生的时候,谷歌已经有 1 万名员工从事搜索广告优化工作,关于增加收益,有着多得多的深入思考。谷歌正将额外收益投资于未来的产品,比如安卓系统和谷歌浏览器,就像分销协议一样,这些使得谷歌搜索能直接面向用户——而且会以一种更加持久的方式。

那时,对雅虎来说,要想在搜索方面取胜已经太迟了。特里·塞梅尔必须得为雅虎未来的发展另寻一条出路。

特里·塞梅尔越琢磨就越是肯定,他对马克·扎克伯格已经十拿九稳了。

这是 2006 年 7 月。在雅虎总部,塞梅尔正等在 D 栋大楼的会议室外。他要在这儿跟凯斯·尼尔森开会,两年前,正是这位瘦瘦的雅虎交易负责人精心策划了“教父计划”。

扎克伯格到达之后，尼尔森和塞梅尔就会走进会议室。然后，塞梅尔会告诉他一些“坏消息”。再之后——塞梅尔相信——他们就可以握手言欢，庆祝雅虎收购脸书了。

想当年，塞梅尔曾经沿着“东北走廊线”向电影院线售卖电影，塞梅尔一直觉得，自己是个谈判大师。在好莱坞二十年的职业生涯当中，他也赢得了谈判大师的名头。实际上，他是如此擅长此道，以至于有一个行业术语，专门形容他的所作所为：“塞梅尔化”。制作人阿尔农·米尔臣曾跟塞梅尔一起拍过40部电影，包括1997年的《洛城机密》，还有1993年的《人鱼童话》，他曾经向一名记者这样形容整个过程。“首先，他会有一段时间不回你电话，于是你就绝望了。然后，他最终同意见你的时候，他会让你先等上两个小时。你被领进他办公室的时候，他会给你一个热情的拥抱，对你嘘寒问暖。你心力交瘁，几乎把来这儿的原因都忘光了。不过，他可没忘。”

雅虎的“教父计划”在2002年、2003年掀起并购狂潮，在此期间，塞梅尔将他的讨价还价技巧运用在了Overture网站的首席执行官泰德·梅瑟尔身上。Overture的总部在洛杉矶，谈判期间，塞梅尔会让梅瑟尔周日到他家里来。他们在塞梅尔豪华的家庭办公室里会面。两个人相谈甚欢，气氛友好。但塞梅尔还会叫上雅虎的首席财务官苏·德克尔。过一段时间，她会给梅瑟尔看一系列财务模型，证明给他看，随着时间的发展，Overture的利润会减少，所以说实话，这家公司并没有他想象的那么值钱。梅瑟尔会坚持他提出的价格。但接下来，三个人在下个周日还会再度会面，下下个周日还会。最终，当Overture卖给雅虎的时候，价格比梅瑟尔最初要求的低了大约15%——节省了3亿美元，雅虎购买因特通花费还不到3亿，那是“教父计划”中收购的另一家重要公司。

这一次，塞梅尔想要把扎克伯格“塞梅尔化”。他将会告诉扎克伯格，看，10亿美元太多了。8.5亿还可以。当然了，扎克伯格一定会接受这个比较低的出价。他才二十二岁。他的董事会希望他出售。即使稍稍降低一些价钱,也足够让他变得非常非常富有了。富有得足以买下一座小岛。

这并不是雅虎第一次注意到脸书。从2004年,扎克伯格在哈佛大学学生公寓的房间里创建这个网站以来,雅虎内部有很多人都曾经考虑过收购脸书。同年,雅虎的一名并购主管迈克·马克斯跟扎克伯格,还有脸书的总裁肖恩·帕克会面,讨论是否可以进行交易。之后,甚至就在脸书接受第二笔大规模风险投资基金之前,雅虎还提出过收购的提议。

这次的行动更加郑重其事。2006年,塞梅尔之所以会产生购买脸书的想法,是因为下级员工的提议。雅虎音乐团队的负责人戴维·戈德伯格给他的老板、首席运营官丹·罗森斯维格发了一封电子邮件。罗森斯维格让他团队里的一名员工——布拉德·加林豪斯对这次收购进行案例分析,做了一个融资演示文稿。他们称之为"兄弟会计划"。2006年春天,加林豪斯将"兄弟会计划"发送给了塞梅尔和他的管理团队。加林豪斯说,他们应该做一下这笔交易,脸书值得雅虎花费多达16亿美元购买。

那时,脸书还只是一个大学生内部的社交网络。罗森斯维格提出,如果向全球其他人开放,脸书将会成为互联网最具价值的资产。格雷格·科尔曼手下的雅虎销售主管温达·哈里斯·米勒德非常中意这桩生意。她不在乎脸书是否会向大学生之外的群体开放。她认为,她可以轻而易举地卖出大量广告,足够平衡雅虎付出的巨大成本。大学生是营销人员很难开拓市场的一个人群。

塞梅尔决定跟扎克伯格见面,后者是脸书的首席执行官和创始人之一,当时年仅二十二岁。于是,2006年6月末的一天,他从洛杉矶乘飞机,落地后开车到帕洛阿尔托市,来到脸书的首席运营官欧文·范纳塔家中,来跟扎克伯格会面。三个人相处融洽,进展顺利。

塞梅尔将雅虎的并购主管托比·科佩尔和凯斯·尼尔森推上前台,来负责这桩交易。

一开始，扎克伯格看起来非常不情愿。他开会的时候来得很晚，之后一直表现得又厌烦又恼火。但是，遇到罗森斯维格之后，两个人可谓一拍即合。共进几次晚餐后，他们谈论，如果雅虎买下脸书，后者将会作为一个从属但独立的子公司，由扎克伯格担任最高负责人。罗森斯维格告诉扎克伯格，脸书可以继续待在它帕洛阿尔托市的总部，也可以保持它的企业文化。仅仅是在需要的时候，它可以有雅虎这样一个背景。

扎克伯格说，他觉得罗森斯维格就是他一直在寻找的良师益友，可以帮他令脸书发展壮大。扎克伯格想集中开发脸书的产品。他不想操心公司经营、服务器基础设施建设，还有管理团队聘用的事。

即便如此，要做这笔买卖，扎克伯格还是不情愿。他想看看，一旦脸书向大学生用户以外人群开放，能成长到多大规模。

扎克伯格的董事会和高级管理层觉得，这种想法简直愚不可及。范纳塔的反对声音特别突出。脸书的第一位外部投资人彼得·蒂尔认为，扎克伯格除非是疯了才会拒绝雅虎。扎克伯格最后说，他会做这笔买卖——但是雅虎必须要出10亿美元才行。

范纳塔将消息传给雅虎：这小子愿意交易，但是要价10亿美元。

这时，似乎做成这笔生意只是时间问题。扎克伯格与范纳塔两人与塞梅尔、科佩尔、戴克还有罗森斯维格在旧金山的四季酒店进行了会谈。扎克伯格要价10亿美元。塞梅尔说，这个价格雅虎可以接受。他们握手成交。脸书要成为雅虎旗下的公司了。

塞梅尔将这笔交易的消息通知雅虎董事会，董事会通过的收购价格高达12亿美元。塞梅尔说，他觉得或许可以把价格再压低一些。几名董事把塞梅尔拉到旁边，对他说：当心点，别砍价砍得太狠了。只管把这笔生意做成就对了。

然而回到雅虎的企业发展部，塞梅尔还是告诉迈克·马克斯，讨价还价到最后，等谈无可谈了，就来告诉他。

就在塞梅尔跟范纳塔和扎克伯格在帕洛阿尔托市初次会面之后大约三周，最后时刻终于到来了。马克斯告诉塞梅尔，差一点就能成功了。塞梅尔跟扎克伯格联系，让他到雅虎来。

此刻，扎克伯格来到了雅虎的园区。

塞梅尔走向会议室。他进门的时候，发现雅虎在脸书内部的最好盟友范纳塔不在场。只有扎克伯格一个人，穿的跟平常没两样，跟个大学生似的。

塞梅尔和尼尔森走进房间。扎克伯格是个不爱寒暄的人，所以尼尔森和塞梅尔开门见山谈生意。然后，塞梅尔开始谈雅虎的经营状况。雅虎刚刚公布了盈利。不幸的是，这份报告有点令人失望，华尔街也对此很不满。塞梅尔说，对雅虎来说，花10亿美元收购一家公司比较困难。

我们想花8.5亿美元来完成这次收购，而不是你想要的10亿美元。塞梅尔对扎克伯格说。

扎克伯格一言不发。他看起来很失望。

尼尔森感到房间里的气氛变得紧张起来。气氛尴尬。他的团队中没有人——或者说据他所知，整个雅虎内部没有人——愿意这样重谈这次交易。就跟出尔反尔一样。

扎克伯格还是一言不发。屋内气氛阴郁。会议持续了不到30分钟，扎克伯格就离开了这栋大楼，离开了雅虎的园区。在接下来的24小时当中，他始终一言不发。

回到脸书的总部，扎克伯格走向达斯廷·莫斯科维兹，跟他击掌致意。达斯廷是一名哈佛的辍学生，也是脸书的联合创始人。他曾经向董事会承诺过，会达成10亿美元的交易。现在，已经没有10亿美元的交易了。这样，脸书就可以保持独立。

第二天，扎克伯格跟雅虎联系，说他不想再谈了。

雅虎内部有点失望，但是并没人太沮丧。就连罗森斯维格也是。脸书只不过是一个大学生的社交网络，它的发展步伐会开始放慢的。一旦对外开放，谁知道它有没有可能成为一个庞然大物呢？10亿美元可是一大笔钱。说不定雅虎这次是躲过了一劫呢。最失望的人是广告销售主管温达·哈里斯·米勒德。

事实是，当时，雅虎的确能吸引到用户来访问网站。1998年，雅虎收购了Four11网站，设立了雅虎邮箱，取得了巨大的成功。每个月有数以亿计的人访问雅虎网站，查阅邮箱，之后，他们会跳转到雅虎网站的其他板块，比如雅虎搜索，还有雅虎财经，这样一来，广告收入就提高了。没人注意到，活力随时可能消失。收购脸书将会有所助益。但是，并没有人把它看成是救命稻草。

几个月后，关于雅虎和脸书之间会谈的消息流传开来。《纽约时报》引用了加拿大皇家银行的一位分析师乔丹·罗恩的话，他反对雅虎花费10亿美元购买脸书。“脸书是一家可爱的小公司。”他说。

罗恩说错了。不到一年之后，脸书就从微软获得了一笔投资，微软对它的估值是150亿美元。2011年，脸书在展示广告市场的份额超过了雅虎。2014年，脸书的市值达到了1900亿美元，而雅虎一直徘徊在350亿美元。

在塞梅尔手下，雅虎差点收购却没有收购，然后眼看着对方成长为商业巨头的创业公司，脸书绝不是唯一一家。雅虎曾关注过领英网，还有推特，2014年，这两家公司市值都达到了250亿美元。雅虎本来还有可能收购YouTube。2006年，其联合创始人想出售这家公司，他们认为相比谷歌来说，雅虎是更理想的买家，因为特里·塞梅尔跟好莱坞有着千丝万缕的联系。或许他可以帮他们进行内容授权交易，避开版权纠纷。而塞梅尔没有接受。尼尔森认为，对方只是想拿雅虎来打掩护。雅虎心不在焉，于是YouTube就以16.5亿美元的价格卖给了谷歌。2013年，YouTube的年度总收益达到了50亿美元。

现在，我们可以轻而易举地回顾这些错过的交易，疑惑塞梅尔和他的团队到底在想什么。确实,有时候,他们没能正确地认识到互联网收购这个二进制世界的特殊性。如果购买脸书是个糟糕的主意,那么花 8.5 亿来购买也肯定是个糟糕的主意。如果收购脸书是个好主意,那么哪怕花上 20 亿美元也值得,何况,当时的价格才 10 亿美元。

但要记得,在一段时期之内,雅虎是一家互联网巨头。塞梅尔和他的团队关注在硅谷进行的每一桩交易。只要有拒绝的可能性,他们就不可避免地会拒绝,哪怕那家公司会成长为一家成功的企业。与此同时,他们也收购了几十家公司,包括一些非常成功的案例,像 Overture 和因特通。

事实是,雅虎偶尔失误的并购决策,甚至连它在搜索方面对谷歌的失利,其实都是雅虎内部弊病的外在症状。

2006 年 10 月 11 日上午,《纽约时报》的科技撰稿人索尔·汉塞尔发表了一篇报道,标题是《雅虎的发展正遭遇新兴对手的削弱》。

这一报道给了雅虎迎头一击。它指出,该年度的股价到目前为止已经下降了 38%。报道暗示,雅虎在能收购的时候没有收购 YouTube,因为动作太慢输给了谷歌。汉塞尔说,谷歌在跟美国在线和聚友网的广告合作方面也战胜了雅虎。文章指出,雅虎的动作过于缓慢,它的不同板块互相拖后腿。汉塞尔怀疑:“因为野心太大,雅虎很可能会摔跟头。在新闻领域,它跟美国有线电视新闻网(CNN)竞争;在运动领域,跟娱乐体育节目电视网(ESPN)竞争;在社交网络领域跟聚友网竞争;当然了,还在搜索领域跟谷歌竞争。它在几十个国家都如此。”

那天下午,在雅虎森尼韦尔园区的 D 栋大楼里,首席运营官丹·罗森斯维格举行周四员工例会。会议室又定在了“鱼食”,这正是几年前雅虎的交易负责人们策划出“教父计划”的那间会议室。

与会人士当中有杰夫·韦纳尔,他曾是个小伙子,跟随塞梅尔从温莎来到雅虎,现在他已经是执行副总裁了。还有迈克·马克斯,他是交易负责人,要不是塞梅尔把事情搞砸的话,他差点就能令雅虎成功收购脸书。

在场的还有布拉德·加林豪斯，他曾经力促“兄弟会计划”。

每个人手里都抓着那篇《泰晤士报》的报道文章。《泰晤士报》对雅虎有偏见。《泰晤士报》喜欢的是谷歌。索尔·汉塞尔不了解雅虎的战略。

最终，加林豪斯开口了。

“伙计们，索尔说的都是真的。”

他说，雅虎现在缺乏重点，同时正在遭受谷歌重创。

这一刻，气氛有点紧张，因为加林豪斯实际上相当于在批评他的老板丹·罗森斯维格，而他就坐在他的正对面。

罗森斯维格缓和了紧张的气氛。

“听着，布拉德。你说得对，”他说，“我建议你拿支笔，把你的观点写下来，关于我们该怎样改进，你是怎么想的。”会议继续。

加林豪斯不确定这项作业是认真的，还是只是用来让他闭嘴的，不过他决定真的去做。

加林豪斯长着一张娃娃脸，胖嘟嘟的脸颊，眯眯眼。在加入雅虎之前，他是一名风险投资人，是一家创业公司的首席执行官。他的商界职业生涯始于“家庭在线”（@Home Network），这是互联网时代众多有线电视公司出资建立的一家大型合资企业。加林豪斯是个行动派，他喜欢刺激。

第二天，加林豪斯和两名属下，肖恩·弗林和埃里克·范米尔滕伯格，占据了一间会议室，他们花了几个小时，思索雅虎存在的问题，写到黑板上。第三天，他们整理出一个大纲。然后，加林豪斯就回家过周末了，他写了一份简报。

他想说，在雅虎，员工们没有足够的责任感，或者主人翁意识。他认为，在公司里很难找到负责作重大决定的人。最重要的是，他认为雅虎当下的自我发展太难以令人信服了。雅虎已经收购了一个图片分享网站Flickr——却又投资了一个名叫“雅虎图片”的产品。这是为什么呢？

写简报的时候，加林豪斯想起去年夏天，他曾经跟同事在经理休息室玩过的一个游戏。房间里有三十个人,他让他们根据他说的内容马上写下一个词。他说"贝宝",大家写下"支付"。他说"易贝",大家写下"拍卖"。又说了几家公司之后,他说"雅虎"。他收起三十张针对雅虎写的纸片。每个人写下的词都不同。雅虎想成为什么?连公司内部的员工都不知道。

最终,周日,加林豪斯写完了简报,他重读了一遍写下的内容。他怀疑这玩意儿很可能会害他被炒掉——如果他敢发出去的话。这简直是对罗森斯维格的一份严厉谴责。

他将这份简报发给了雅虎的联合创始人杨致远和戴维·费罗。两个人都还在公司工作。杨致远是塞梅尔的顾问,他只有两名直接向他汇报的员工。比起其他任何人来,他都更像一个执行主席。费罗依然在小隔间里工作,帮助其他雅虎员工解决技术问题。加林豪斯知道,他们两人都非常关心这家公司,而且他感觉,他们能超脱人际斗争。

不到两个小时,费罗第一个回复了。他问:你把这个给丹看了吗?

加林豪斯深吸了一口气。他将这份简报发给了他的老板。

罗森斯维格没有发疯。实际上,他将这份简报转发给了大约几十个人。周一,他组织了一个委员会,其中包括整个公司各个团队的主管。他告诉他们,他们应该进行改组,将这些想法付诸实现。

但是紧接着,委员会碰了几次头,事情却毫无进展。后来,委员会不再开会了。加林豪斯想:好吧。就这么结束了。

可事情并没有这么结束。

在感恩节之前的那个周六——2006 年 11 月 18 日——加林豪斯的简报刊登在了《华尔街日报》上,还有一幅他的面部点画肖像,占据了报纸的头版。

《华尔街日报》称这份简报为"花生酱宣言",因为在简报中,加林豪斯抱怨道:"我们公司缺乏一个有重点、有凝聚力的计划。我们什么都想做,什么都想干——什么人都想服务。多年以来,我们一直认识到这个问题,也不断地谈论这个问题，但是从来没有从根本上采取措施解决它。我们害怕被遗忘。我们遇到事情作出反应，而不是规划出一条坚定的路线。我们分割成一个个小块，交流得太少。我们交流的时候，不是为了在一个清晰而明确的宗旨下合作，而是为了所有权、为了战略与战术争论不休，相互争斗……

"我听说，有人把我们的战略形容为'抹花生酱'——在网络世界不断发展的无数机会上'抹花生酱'。结果就是：我们做的每件事上面都'抹'了一层薄薄的投资，最终，没有一样是集中精力去做的。

"我讨厌花生酱。我们都应该讨厌花生酱。"

简报说，雅虎缺乏"明确的主人翁意识和责任感。其中最令人痛苦的一点是，公司到处存在着严重的人员冗余。我们现在用于经营的这种组织结构——诚然，这种组织结构是本着良好的意愿建立的——已经变得过于官僚主义了。对绝大多数员工来说，都有其他人在负责与自己的工作极其类似和重叠的工作。这限制了我们前进的步伐，令公司负担了不必要的成本……

"产品、市场、工程管理、公司战略、财务运营……做主（或者认为自己能做主）的人太多了，导致大家根本弄不清楚，究竟有没有人做主。这就导致了决策层层向上推——而不是向下移。这就导致了决策由集体作出，或者按照大家一致的意见作出，抑制了开拓创新……以及打破窠臼。"

简报中说，雅虎缺乏"决断力"，"我们缺乏一个宏观的视角，令我们作出决断，也没有足够的眼光，决定由谁来作出这些决断。我们不断地被富有挑战性的、令人胆战心惊的决策所干扰。我们因为缺乏分析导致手脚被束缚。"

最后，简报还说，雅虎的员工"缺乏主动帮忙解决问题的热情和责任心。我们无动于衷、漫不经心地坐在一边——各个级别的员工都有——员工们可以到处'瞎溜达'。责任心在哪里？还有，我们的薪酬系统，没有跟上我们总体成功的步伐。多年表现欠佳的员工能够得到奖励。很多我们最优秀的员工的努力却没有得到充分肯定”。

说到解决方案，简报指出，雅虎应该“大胆而明确地公布我们是什么，我们不是什么”，还有，“指导方向必须从高层明确向下传达”。加林豪斯说，雅虎应该解雇那些失败商业部门的主管，缩减15%的公司规模。

对加林豪斯来说，周一是怪异的一天。那时，每个人都读过这篇简报了。连他不认识的人都来找他。还有一些人在路上打量他。雅虎上上下下员工们的几百封邮件塞满了他的收件箱，大部分都是祝贺和叫好。那天晚上，记者们开始给加林豪斯打电话，并出现在他家里。

很显然，他触动了雅虎里里外外的神经。这就是雅虎的问题所在，人们阅读这篇宣言的时候，心里这样想。

加林豪斯弄错了一件事。这份简报读起来并不像是对丹·罗森斯维格的控诉。

对于这份简报最位高权重的读者，雅虎股份的大机构持股人们来说，这是对特里·塞梅尔的控诉。

这是他在雅虎末日的开端。

2007年1月7日，周日的上午，在佛罗里达州那不勒斯的一所高级公寓里，一个男人坐在沙发上，对着他面前的一个30美元的摄像头，按下了录像键。

然后，在接下来的七分半钟里，他评论了雅虎。他的声音不大，就像怕惊醒了睡在隔壁的妻子一样。

他讲述了在过去的三年中，雅虎的股价怎样下跌了30%，与此同时，标准普尔500指数上涨了27%，而谷歌上涨了343%。

他列出了雅虎需要自我调整的几个点。他说，雅虎应该重新组织董事会，加入更多的独立董事，最好是对雅虎投资了个人资产的投资人。他说，雅虎必须解雇特里·塞梅尔。

长沙发上坐着的这个人是埃里克·杰克逊。他的视频并不高明：内容粗浅，言辞尖刻。这个视频也成为了一场行动的开始。

埃里克·杰克逊眉毛浓密，深棕色的头发梳向一边，看起来就像电视剧《胜利之光》里的泰勒教练。他也有跟泰勒教练一样的平静语调，不同的是，来自加拿大的杰克逊没有得克萨斯口音。

杰克逊开始关注雅虎是在2006年10月。那时，他在经营一个名叫"杰出表现"的博客。该博客是用来兜售"杰克逊领导体制"的，那是杰克逊的父亲开办的一家咨询公司。从那年7月起，他就一直在写些诸如《为什么聪明的高管会失败》、《一流公司该如何培养领导者》之类的文章。那都是些很无聊的玩意儿，根本没有人会去读。

后来，10月13日，杰克逊写了一篇题为《特里·塞梅尔：雅虎的成功之由，还是徒有虚名？》的帖子。这篇文章确实受到了一些关注。帖子底下有很多评论。他收到了读者的邮件。

杰克逊意识到了这件事的重要意义。他想，也许他终于找到了一个机会，可以涉足他真正渴望的职业领域了。在哥伦比亚大学商学院念书的时候，杰克逊的博士研究方向是策略与管理，他对公司治理[①]做了一系列研究，主要分析什么样的主管、董事长和首席执行官能最有效地引领上市公司股价长期增长。

几年之后，杰克逊遇到一位教授，这位教授告诉他，有这样一种投资模式：人们利用自己的公司治理知识决定是否要对公司进行投资。这种模式叫"维权投资"。投资人在上市公司中占有大额股份，然后向管理层提出建议，指导他们做得更好。如果管理层不接受，投资人就会向公司的其他持股人提建议，努力说服他们选择新的董事长，然后董事会就会聘用新

① corporate governance，是居于企业所有权层次，研究如何授权给职业经理人，并针对职业经理人履行职务行为行使监管职能的科学。

的管理层。

一直以来,杰克逊以为投资就是一种被动的行为,从幕后评价公司。而维权投资似乎是依赖你的研究和分析能力,还有你的说服力。这简直令他着迷。这位教授告诉杰克逊,可以去跟圣迭戈的一名维权投资人拉尔夫·惠特沃思谈谈。惠特沃思的方法给他留下了深刻的印象。当某些维权投资人开始对管理层不满的时候,惠特沃思在幕后默默工作。在圣迭戈会面之后,杰克逊暗自希望,惠特沃思会聘用他做分析师。

而惠特沃思并没有这样做。

所以,杰克逊只好回到加拿大,开办了一家创业公司。这家公司后来并未成功。

杰克逊回到了佛罗里达州的那不勒斯,开始为他父亲的咨询公司工作。最后,他开始写博客。然后他写了那篇关于雅虎的帖子,收到了大量回复。杰克逊决定,对雅虎作进一步的研究。

他深入挖掘了关于塞梅尔本来明明有机会却没能收购谷歌的报道。他得知,塞梅尔跟马克·扎克伯格已经达成了初步协议,然后搞砸了。杰克逊读到,塞梅尔让他的秘书打印出他的电子邮件。随后杰克逊开始深挖塞梅尔的薪资。他浏览了全部文件,画出一个简单的 Excel 表格,显示塞梅尔在雅虎工作的这几年里,拿到了多少现金,多少股份。塞梅尔的总薪酬令杰克逊震惊:6 亿美元。

然后,《华尔街日报》发表了布拉德·加林豪斯的“花生酱宣言”。

杰克逊决定,他要发起一场行动。

首先,他试图将雅虎作为一个维权投资的目标。惠特沃思拒绝了,因为他对互联网公司没多大兴趣。他更中意像废品管理公司这样的企业——对垃圾填埋场这种资产进行估值要简单多了。于是杰克逊又向纽约的卡尔·伊坎的公司兜售他的点子。杰克逊跟伊坎的首席运营官见了面。她也不以为然。

杰克逊决定，单枪匹马来发动一场行动。他思考了佛蒙特州的前任州长霍华德·迪恩曾经依靠草根阶层的资金募集活动，在互联网上发起了一场令人瞠目的总统竞选运动，还有在康涅狄格州，一位名叫奈德·拉蒙特的反战候选人是如何以同样的方式，在初选中击败了参议员乔·利伯曼。杰克逊发现，媒体会喜欢一个人利用社交媒体追踪一家科技公司的故事。他还想到，媒体已经喜欢厌恶雅虎了。雅虎财经留言板上的那些怪咖也会表示支持。

杰克逊为雅虎起草了一个计划，名叫“B 计划”，将计划发布到了他的站点上。然后，就在 1 月份那个周日的上午，他早早起床，坐在客厅里的沙发上，对着一个摄像头将他的博文读了一遍。

许多维权投资人手头管理着价值几十亿美元的对冲基金，而杰克逊所有的只有雅虎的 45 股股份，价值不到 1300 美元。他代表了雅虎股权所有者投票的极小部分结果——连一百万分之一都不到。

不管怎么说，媒体还是注意到了。几天之内，《纽约时报》、美联社，还有科技产业站点“红鲱鱼”都报道了这场针对雅虎的维权行动。千万人观看了他的视频。杰克逊开始收到雅虎员工的信件。很快，全国上下的小股东们开始给杰克逊发邮件，告诉他，他们支持他。最后，杰克逊代表了雅虎足足 5500 万美元的股份。

随着行动的继续，杰克逊给雅虎写信，询问他是否可以与管理层对话——就像惠特沃思他们会做的一样。4 月，他跟雅虎的法律总顾问迈克·卡拉汉开了一次会。杰克逊希望通过会谈，卡拉汉会宣布，雅虎将就杰克逊在他的“B 计划”中提出的九点意见中的两点采取行动。这样杰克逊就可以宣布胜利，继续前进了。但卡拉汉和一个更加没经验的雅虎律师只是坐在那里，礼貌地听他滔滔不绝地讲述。

对有几百万甚至几十亿美元的维权投资人们来说，下一步是发动一场行动，说服其他雅虎股东投票选出新的董事会成员——一场“代理权竞夺”。杰克逊没时间,也没钱做这件事。然而,他能做的是,要求股东们正式对某些股东“拒绝投票”,这些董事就不得不马上下台了。

在5月2日发布的博文里,杰克逊要求股东们在2007年6月12日的雅虎股东大会上“拒绝投票”。不久之后,他又建议雅虎的股东们专门针对塞梅尔和雅虎薪酬委员会的三位董事。

他联合了大批雅虎股东,代表了5500万美元的股份,这听起来很了不得,但是这依然只是雅虎股份的很小一部分。杰克逊明白,他的行动要想有结果,还是必须得到雅虎的大股东们——大型共同基金的支持。

所以,杰克逊跟雅虎十位最大的股东中的八位通话或会面——比如先锋基金、道富集团,还有资本研究全球投资人(Capital Research Global Investors)等共同基金。基金经理们告诉杰克逊,他们永远不可能站出来公开支持他做的事,但是对他的大张旗鼓,他们乐见其成。每个人都说,他们很可能会“拒绝投票”。

杰克逊开始怀疑,说不定他真能做成这件大事。

接下来,2007年6月12日,在雅虎的年度股东大会上,结果公布。

塞梅尔和雅虎薪酬委员会的三位董事每个人都得到了超过50%的赞成票。他们都不会被迫辞职了。

但问题是:上市公司每年都会举行这样的投票。基本上,在职的首席执行官和其他董事只会收到1%到2%的“拒绝投票”。

而塞梅尔和薪酬委员会的这三位董事,每个人得到的“拒绝投票”都高达40%。

这一现象令人震惊,而且令人尴尬。

就在股东大会上,杰克逊站出来,对塞梅尔说,因为他在过去两年半的表现,他应该向雅虎的股东道歉。

杰克逊问塞梅尔:“所以,做搜索引擎界的老二,对你来说很轻松愉快咯?”

塞梅尔说："我觉得你问这种问题很可笑。"

杰克逊问："你对这份工作还满怀热情吗？"

塞梅尔说："那当然。"

然而事实是，塞梅尔并没有什么激情。而且不再会有了。

在雅虎内部，差不多在"花生酱宣言"公布之后，股东们失望的鼓噪就一直都很明显，并且旷日持久。2006 年 12 月，塞梅尔重组了管理团队。曾经大力推进收购脸书的首席运营官丹·罗森斯维格被辞退了。塞梅尔给首席财务官苏·德克尔升职，给她安排了一个运营方面的职位，还负责雅虎的广告业务。她的头衔变成了总裁。

但是，即使做了这么多改变，雅虎 2007 年的第一次董事会会议还是非常残酷的。在塞梅尔任职的最初几年，得益于实施了"教父计划"，并且格雷格·科尔曼发展了网站广告业务，雅虎表现有了反弹，可之后雅虎的股价在过去的几个季度里表现还是很惨淡。压力相当大。

对所有人来说，很明显：特里·塞梅尔的位子已经危在旦夕。

事实是，特里·塞梅尔在雅虎注定会失败。

2001 年，当他加入雅虎的时候，他接手的是一个纰漏百出、遍地开花的产品策略，还有一个巨大而笨拙的机构。尽管在销售方面才干过人，在好莱坞也曾大获成功，但要解决这些问题，塞梅尔却不是合适的人选。

雅虎需要的领导者，要能挑选出一种产品——甚至十几种产品也可以——然后集中全力去做。但是，塞梅尔对互联网缺乏感觉，不管是从工程师的角度，还是从用户的角度。

特里·塞梅尔刚到雅虎的时候，打电话给马雷特，向他询问情况。

"什么叫好友列表？"

"服务器是什么？"

"协议？"

有天晚上,他打电话给马雷特,问他怎么才能登上雅虎网站。

工程师们跟塞梅尔一起开会的时候,总是要很慢才能进入状态,因为他要花很长一段时间,才能弄清楚大家讨论的是什么。1998年收购Four11之后,雅虎邮箱成了雅虎最重要的产品之一。但塞梅尔对电子邮箱的了解一直跟9月11日那天早晨一样,毫无进步。几年之后,罗森斯维格还得向塞梅尔解释雅虎邮箱的用户用来收发邮件的各种窗口。

有一段时间,似乎塞梅尔为雅虎选出了一个领域来重点投资:原创内容。他找来了好莱坞的高管,比如劳埃德·布劳恩,他曾是美国广播公司的电脑程序设计师。雅虎在圣塔莫尼卡市招兵买马,成了互联网领域的顶尖体育新闻网站。但雅虎从来都没一心一意地把媒体业务放在第一位,主要是因为在搜索广告收益面前,传统展示广告的收益相形见绌。

塞梅尔是“技术盲”这个大问题,还在其他方面危害着雅虎。当遇到好点子的时候,他无法采取行动,同样,在听到坏主意的时候,他也茫然无措。在塞梅尔时代,多年以来,雅虎在用户发完邮件之后,会弹出一个确认窗口。这种窗口根本没必要存在,只是用来打广告的。后来,谷歌推出了谷歌邮箱(Gmail),没有这种窗口——用户们就开始转投谷歌的怀抱了。

塞梅尔加入雅虎的时候,还继承了一个问题,就是杰夫·马雷特留给他的组织结构。

塞梅尔来到雅虎的时候,公司里有四十四个业务组,四十四名负责人每个都像首席执行官一样,有着自己的盈亏报表。对马雷特来说,这是一种促进雅虎快速发展的便捷方法,但是长久看来,会使得公司很难持续发展。管理者和团队之间没有很好地合作。有时候他们甚至完全是在竞争。塞梅尔削减了雅虎的业务组数量,减少到四个,但重叠和竞争问题依然存在。雅虎的大众体育新闻站点,链接到雅虎的影视新闻页面,却没有链接到雅虎的常规新闻板块。这是因为,雅虎体育和雅虎娱乐的盈亏由同一名经理负责,而雅虎新闻是另一位经理的地盘。雅虎的网络效应遭了殃。

同时，有一个部门负责推出、运营雅虎图片，而图片分享站点Flickr却属于另一个部门。随着脸书崛起，雅虎投资了一个名叫“雅虎360”的社交网络，还有“雅虎社群”——但是雅虎社交媒体的主管一个都没听说过。直到2006年，雅虎才慢吞吞地推出了YouTube的竞争产品，因为有两个部门都想做。雅虎分类、热门工作、雅虎个人网站和雅虎汽车都是列表服务的产品，但它们都有各自的后台列表技术。

在海外市场，马雷特也使塞梅尔和雅虎处境尴尬。作为一个创立仅五年的创业公司，雅虎的全球化程度令人瞩目，但是这样的成绩是通过与国外合作者组成一系列合资公司达成的。通常，雅虎并不完全跟这些公司分享自己的技术。在2008年塞梅尔离开公司之前，雅虎邮箱并不是一个全球统一的产品。而搜索业务直到2009年才全球统一。

雅虎的产品策略本身有缺陷，而且要操作或调整雅虎无法扩展的组织结构，塞梅尔也不是正确的人选。

马雷特的组织结构那时之所以确实起过作用，唯一的原因是马雷特身处中央，拉动着杠杆，推动着滚轮，以每小时一百万英里的速度飞驰。

马雷特是个精力充沛、爱亲力亲为的领导者。塞梅尔不是。

马雷特还是个独裁者。塞梅尔不是。

或许因为知道自己的局限性，所以塞梅尔通过协商来管理公司。他能在跟所有下属开会的时候，提出一个有争议的问题，让他们讨论，然后得出一个最好的结论，让每个人都满意，每个人都赞同。这意味着，他的直接下属们都喜欢为他工作。但也意味着，雅虎的决策速度通常很缓慢，而且非常厌恶风险。

这令雅虎跟更成功的科技公司截然不同，那些公司的管理者都更加独断专行。苹果有史蒂夫·乔布斯。脸书有马克·扎克伯格。亚马逊有杰夫·贝索斯。特斯拉汽车有埃隆·马斯克。在谷歌，拥有最终决定权的一定是拉里·佩奇。

独裁专断在科技公司卓有成效,并不是因为独裁者们完美无缺。史蒂夫·乔布斯不想把iTunes放到视窗系统的电脑上,他也没意识到苹果手机应用的重要性。马克·扎克伯格向脸书用户推出的几款产品,侵犯了用户的隐私,闹得满城风雨。独裁者们犯错误很快,而好的独裁者们也会迅速从错误中学习,然后继续前进。

6月12日股东大会的窘境过去之后,就在同一周内,雅虎6月份的董事会之前,塞梅尔跟杨致远共进了一次晚餐。他们谈论了雅虎,谈论了未来塞梅尔的角色,还有杨致远的角色。他们作出了一个计划。

在那一周的董事会上,杨致远问塞梅尔,他是否愿意长期效力雅虎。

塞梅尔说,他不愿意,他明白,这意味着他得辞职了。他辞职了,即时生效。他的宏伟新篇章完结了。

然后,杨致远说,他愿意来做雅虎的首席执行官。

杨致远是一个既令人匪夷所思,又理所应当的选择。

令人匪夷所思是因为尽管从他和戴维·费罗开始贴出链接,算起来已经过了十三年,而他们创建雅虎也已经十二年了,杨致远却依然没有多少经营管理的经验。他只有两个直接向他汇报的下属。他在库戈,后来在塞梅尔之下,担当顾问的角色——一个负责鼓舞人心的副手。他会给出意见,而在首席执行官作出选择之后又总会表示支持。

他是一个理应所当的选择,因为显而易见,在互联网时代,杨致远是一个很有远见的人。他是雅虎的联合创始人之一,尽管作为一家公司,雅虎起起落落,但是它仍是一个每月有近10亿人访问的网站。杨致远还是一个睿智的战略思想家。他掌控了公司与孙正义之间的关系,积极促成与软银合资,创建了雅虎日本。

2005年,杨致远的战略思考和远见卓识促使雅虎签署了一份协议,这份协议在未来的某一天将会拯救这家公司,并且为聘用玛丽莎·梅耶尔带来可能性。

那一年，杨致远在著名的高尔夫球场圆石滩遇到了一位中国企业家，他的名字叫马云。跟杨致远一样，马云也获得了孙正义的投资。不久之后，杨致远就派雅虎的高管团队飞往香港，敲定了一笔10亿美元的大投资，投资的对象是马云的公司——阿里巴巴。2007年，阿里巴巴在在线商务网站方面取得了长足的进展，这个网站名叫“淘宝”。

杨致远是一个理所应当的选择，还有一个原因是，他是雅虎的创始人。他对雅虎满怀热情。他是“雅虎首席”。他流淌着雅虎的紫色血液。人人都知道，在接下来的几年中，不管雅虎在前进的道路上发生什么事，他都会比任何人更全力以赴地保卫雅虎，令它保持强大、保持活力。

还有，保持独立。

# 第三章 杨致远拒绝微软并购

2008年1月31日下午5点刚过，森尼韦尔市雅虎总部D栋大楼三层的一台传真机呼呼地响了起来，一张纸从传真机里出来。

那张纸就像一颗炸弹，因为上面的内容直接粉碎了之前六个月里杨致远和苏·德克尔所致力于的一切。

在2007年6月，特里·塞梅尔以首席执行官的身份参加了最后一次董事会会议之后，给苏·德克尔打了个电话，告诉她自己辞职了。他说杨致远将成为雅虎的下一任首席执行官。

对德克尔来说，这是个坏消息。自从去年12月公司重组之后，雅虎内外的人都预测，她会是公司的下一任首席执行官。

现在，她会怎么样呢？

德克尔没有太多的时间考虑这个问题，因为几分钟之后，她就接到了杨致远的电话。

杨致远说："我想让你来做公司的总裁，我们要一起努力。"

她问："我有多长时间考虑？"

"明天早上给我答复。"

第二天早上，德克尔告诉杨致远，她接受了。

德克尔为自己的职业生涯设定了两个目标。第一，她想拥有权力，使她能采取措施，为她工作的地方带来积极的影响。第二，她希望能持续不断地学习——用她自己的话来说，就是“剥洋葱”。德克尔那项分析师的工作，给了她足够多的学习机会，做财务总监也一样。到2007年，德克尔认为自己已经和其他人一样，非常了解雅虎和互联网行业了。现在，她已经做好了行动的准备，凭借她已有的知识来塑造一个组织——产生影响力。这是一项让人心惊胆战的工作，不过距离她当年面试帝杰证券时变魔术已经过去二十年了，德克尔已经习惯了投身于不舒服的情境中。事实上，现在这已经成了她最爱做的事情。

杨致远想证明，他已经做好准备来经营这家他参与创建的公司。回想1994年，当时他还是一个没有正式工作的毛头小伙儿。如今，他仍然在不断提高自己的英语水平。在塞梅尔、库戈、孙正义这些非常厉害的导师的培养下，他已经成为了一名经验丰富的管理者。

2007年6月18日，雅虎宣布杨致远为新一任首席执行官。杨致远表态说，他会在接下来的一百天里重新审视雅虎，并制订出一份计划。

“没有什么是不可置疑的。”他说。

在之后的三个月里，杨致远和德克尔会见了雅虎的高层管理人员，重新考虑雅虎的发展方向。雅虎拥有如此庞大的用户群体。只把注意力放在这方面的增长上就够了吗？雅虎拥有不错的广告技术。就只是做一个向其他公司提供技术的公司吗？还有搜索方面，要跟谷歌竞争。是否值得继续竞争下去？

很快，2007年8月，雅虎就作出了改变。格雷格·科尔曼退出了。这位销售主管教会了雅虎该怎样在互联网泡沫破碎后销售广告。他不喜欢德克尔，德克尔也不喜欢他。反正是不再喜欢了。和其他人一样，科尔曼对德克尔在2000年和2001年所做的工作非常钦佩——后者大胆地将雅虎的问题公布给华尔街，然后雷厉风行地进行了彻底的裁员，使得公司以最快的速度恢复了增长。但他觉得，她在处理在线广告和销售策略的时候是完全没有头绪的。他觉得她太拘泥于抽象的方案，而不关注雅虎业务的实际情况。

2006 年 11 月，塞梅尔将雅虎广告业务的管理权交给德克尔的时候，德克尔把科尔曼叫进一间会议室，讨论广告销售策略。她站在白板前，写写画画，而他坐在桌子后听着。后来，她发现他越来越恼火。

“怎么了，格雷格？”

他说：“你从来没跟我们的客户接触过！”

他问她，这个销售策略的理念是从哪儿得出的。“是从书上看的吗？还是在谷歌上查的？”

会议突兀地结束了。德克尔升职后，科尔曼在雅虎的生涯也画上了句号。

“我觉得，是时候做些别的事情了。”消息传出后，他这样告诉一位记者。

杨致远和德克尔继续关注秋季该怎样处置雅虎的资产。他们开始向公司外部寻求帮助。杨致远去找了史蒂夫·乔布斯，他声名远播，因为他在离开苹果几年之后，又回来拯救了这家公司。杨致远没有像乔布斯那样被驱逐过，但是他看到了两人经历之间的相似之处。乔布斯也有同感。另外，乔布斯在皮克斯公司时就已经认识了德克尔，并且对她非常赞赏，那时她是皮克斯公司的董事会成员。

那年秋天，在一场由雅虎前一百名管理人员参加的远程会议上，乔布斯做了一场演讲。他说到了企业通常会做一个清单，列出每年度最想完成的十项任务。他说聪明的企业会将这个清单上的项目减到三四项。然后他说：“我是这样做的。拿一张纸，问问自己：‘如果我的公司明年只能做一件事情，那这件事情是什么？’然后，我就将其他工作都停掉。”

德克尔和杨致远从来没能令雅虎这么目标集中过。不过，到了那年年底，他们确实从无数的可能性中将公司的目标缩减至三项。目标一：雅虎要成为“网络用户的起点”，就像它成立之初所做的。目标二：雅虎要成为在线广告商的“必买品”。它能成为“必买品”，是因为雅虎可以在自己的网站上和合作商，比如新闻财团的网站上陈列这些广告；它能成为“必买品”是因为它具备将广告与正确的用户匹配起来的能力——根据他们的人口统计学资料、地理位置和无数其他的变量。目标三：雅虎要努力建成一个平台，让开发者愿意在上面建立应用，正如在视窗系统和谷歌地图上建立应用。

长期以来，德克尔一直有这些想法，她想要厘清雅虎应该做什么。这些想法基本上都是她的，不是杨致远的，也不是其他雅虎管理人员的。现在，这些想法就要付诸实践了。

2007 年年底，德克尔和杨致远计划在 2008 年年初召开两场大的会议。一场是雅虎的董事会会议，1 月 31 日召开。在那场会议上，德克尔和杨致远会将他们的计划向董事们——包括公司的新任董事长，罗伊·博斯托克和盘托出。在之后的那周，杨致远和德克尔着手筹备另外一场由雅虎的高层管理人员参加的招待会，这一次他们要将计划付诸实施。

2 月的会议没能召开。

正当 1 月 31 日的董事会会议接近尾声要形成结论的时候，一名助理走进房间，打断了会议。她递给杨致远一张纸条。

他去打了个电话。

电话那头是微软首席执行官史蒂夫·鲍尔默，他想就刚传过去的那份传真谈一谈。

鲍尔默跟杨致远说，微软想买下雅虎。

鲍尔默语气友好，说出的话却饱含威胁——如果用一个词来形容这种情形，那就是“恶意”。

鲍尔默说，目前为止，几年来，微软一直试图跟雅虎友好交易，却毫无进展。这次不一样了,他现在就把出价传真给雅虎。

鲍尔默对杨致远说:“如果你和罗伊告诉我,出多少钱你们愿意卖掉雅虎,那我们的交易就私底下进行,后面几天我们来处理具体事宜。但要是你们不愿意卖,那我们就把出价公开,看看投资人会怎么想。”

杨致远恳求他说:“再等上一周吧,你也不会损失什么的。”

鲍尔默说:“如果你确实不想卖掉雅虎的话,那我也不想再等了。”

杨致远跟鲍尔默说,两天之内给不出答复。

之后,杨致远回到董事会的会议室,将刚才发生的事情告诉了其他董事,董事会成员传阅了鲍尔默发过来的传真。

微软愿意以每股 31 美元的价格购买雅虎的股票,这样,雅虎的总价值就有 450 亿。一半以现金支付,另外一半微软用自己的股票支付。

鲍尔默说,雅虎和微软必须联合起来对抗谷歌。“如今,市场越来越被一个玩家支配,这个玩家通过不断收购巩固自身的主导地位,微软和雅虎合作,可以为消费者、广告商和出版商提供一个可靠的选择。”

然后,在这封信件的最后,鲍尔默清楚地说明了他的威胁。他写道:“鉴于这份提案对你们和我们的股东的重要性,以及可能发生的选择性披露,我们打算明天早上将这封信件的内容公之于众……

“根据你们回复的内容,微软保留采取一切必要措施的权利,以保证雅虎的股东有机会认识到我们的提议的价值。”

在那天早些时候收市时,雅虎的股价是 19.18 美元,微软每股 31 美元的出价中,含有高达 62% 的溢价。这个价格已经相当高了。

在雅虎的董事会会议室“鱼食”里面,董事和经理们立马采取行动。

几分钟后,雅虎在高盛投资公司的银行家们就上了线。他们发来的信息是:这是一场马拉松,而不是短跑。不要过快地回应。收集相关事实,弄明白雅虎的单独估值。因为微软出价的一半以股票支付,要搞清楚两个公司合并后的价值。

德克尔开始思考这个问题。她想：好吧，我们要么卖给微软，要么不卖。如果我们不卖，那就要在公众面前说明原因。

杨致远明白，现在他的工作就是来处理这份出价。公司内部的计划和项目要让路给公司外部的情势和谈判。

而在雅虎这边，还有董事长罗伊·博斯托克。博斯托克的头发快掉光了，只有耳朵上方还剩了一圈花白的头发，像一顶皇冠。他戴着一副硕大的圆框金边眼镜。在公司的证件照上，他笑得特别开心，也可以说一脸傻笑。但是真人看起来很严厉。他长得跟迪克·切尼有些像。

那天的董事会会议，是博斯托克取代特里·塞梅尔，以雅虎董事长的身份参加的第一次会议。之前，博斯托克长期担任雅虎的董事——大家都觉得他是个好董事。他从广告业起家，在联系雅虎和广告客户方面发挥了巨大作用。

博斯托克对自己的新职位非常自豪，并且对杨致远绝对忠诚。

一想到史蒂夫·鲍尔默的所作所为，博斯托克就义愤填膺。他要奋起反击。

微软的巨额报价的背后推手，是一名叫汉克·维吉尔的高管。

维吉尔是一位战略家，他在微软工作了二十年。他是鲍尔默最信任的密友之一。

维吉尔一副圆脸。橄榄色的皮肤与浓密闪亮的银发形成鲜明的对比。他戴着一副时髦的眼镜，穿着昂贵的西服套装和礼服衬衫，领口敞开。维吉尔举止鲁莽无礼，容易生气——特别是对那些不明白他基本想法的人。

比如：在2008年1月31日之前的年月里，维吉尔对管理雅虎的那帮人就非常不满。不知为什么，他们就是不明白，他们需要跟微软合作，否则就会破产倒闭。不知为什么，他们就是不明白这么一个简单的事实：如果微软和雅虎不联合起来，整个互联网就要被谷歌掌控了——永远。

从雅虎起步到成长为巨型上市公司的过程中，维吉尔和微软几次考虑过并购它。不过维吉尔正式作出微软必须买入雅虎这个决定，是在2005年12月19日。

那天，谷歌宣布它将支付10亿美元给时代华纳，为美国在线提供搜索服务以及搜索广告服务。

这个交易本来应该属于微软——更确切地说，那是维吉尔的。微软和时代华纳本来可以创建一家新公司，在美国在线、MSN和其他公司所有的网站上面销售搜索广告和标题广告。直到12月5日，这个交易还是囊中之物。

但是之后，谷歌就带着10亿美元插足进来，只用了两周时间，一切就尘埃落定。

谷歌有能力支付给美国在线的金额证实了维吉尔最坏的担心：谷歌已经开展起了一个递增收益的业务，在其上投入越多，收益越多。谷歌在搜索广告上面赚到的钱比其他公司都多得多，它可以以远高于对手——如微软和雅虎——的出价，在互联网业给它们制造麻烦。维吉尔担心，不久之后，谷歌的市场份额会增长到如此之大，以至于搜索营销商会觉得，他们已经无法继续为了买广告而在其他搜索引擎上面浪费钱，他们只能把预算花在谷歌广告上，以确保自己给出尽量高的竞价。谷歌会在互联网唯一的实际业务模式上，实行有效的垄断。那么游戏就结束了。

私下里，维吉尔担心，谷歌已经是家垄断企业了。他意识到阻止谷歌掌控搜索市场的唯一途径，就是和其他竞争对手联合起来。他知道，微软得并购雅虎，雅虎也需要微软并购自己。他于是着手放风出去，以做成这笔买卖。

美国在线和谷歌于2005年12月签署合作协议之后的一个月，2006年1月，维吉尔在拉斯维加斯的消费类电子产品展销会上见到了杨致远。在本次大会的晚些时候，维吉尔截住杨致远，说：我知道我们之前谈过将雅虎并入微软的事,不过现在该来真的了。我们合并吧。

杨致远对此并不十分感兴趣。虽然雅虎在搜索方面所占的份额已经开始下降,"教父计划"仍然给雅虎带来丰厚的收入。对杨致远来说,搜索大战是否会落败还不确定。并且,微软的文化氛围并不适合雅虎。杨致远很钦佩比尔·盖茨,但是他不欣赏微软的企业风格。雅虎人穿牛仔裤和凉鞋,而微软的高管们穿西装,打领带。这交易根本就没得谈啊。

2007年,维吉尔又做了一次尝试。年初,鲍尔默给特里·塞梅尔发了一封友好的信,暗示微软愿意出40美元每股,甚至更多,来购买雅虎。塞梅尔打电话给鲍尔默说,现在他不想做这笔买卖。鲍尔默撤回了这次试探性的出价。

之后,2007年6月,塞梅尔辞职了。当年秋天,鲍尔默一直跟杨致远联系,不过杨致远断然回绝了他。

最终,维吉尔说服了鲍尔默,面对谷歌,微软现在已经到了存亡之际,必须要并购雅虎,不管雅虎管理层愿不愿意。

这两个人着手策划"熊抱"接管。他们选了1月31日,谷歌发布2005年收益报告的那天。他们相信,华尔街对谷歌庞大数字的预期,会让雅虎的股价跌破20美元。那天收市的时候,雅虎的股价为19.12美元。鲍尔默打电话给杨致远,并发出了传真。战争打响了。

该到爸爸的怀抱里了,维吉尔想。

布拉德·加林豪斯——这位"花生酱宣言"的作者,正跟妻子在塔霍湖享受滑雪之旅,正当他准备上床睡觉的时候,他看到雅虎管理层发来一条信息,通知雅虎前两百名主管做好准备,参加明早的电话会议。

加林豪斯给其他一些高管发了邮件。有人知道发生了什么吗?没人知道。

第二天早上,加林豪斯起床的时候,也就是2008年2月1日,已经满城风雨了。

鲍尔默威胁的目的达成了。东部时间7点30分,微软发布了新闻稿以及给董事会的信。

新闻稿的标题是《微软以每股31美元的出价,提出收购雅虎》。

《华尔街日报》迅速跟进,发表了一篇采访鲍尔默的长文。导语是:"互联网时代的霸权之战进入一个混乱的全新阶段。"

新闻稿发布时,雅虎伦敦办事处的时间已经是下午12点30分了。

消息传来时,雅虎的欧洲业务主管里奇·莱利,一个高个儿金发男人,正坐在销售区内。

突然之间,他发现房间里的所有目光都集中在他身上,看他——方圆五千英里之内雅虎职位最高的主管——知不知道发生了什么。

莱利心想:见鬼,我什么都不知道啊。

美国西部标准时间9点左右,加林豪斯、莱利,以及雅虎的其他五十位高管——从德克尔到杨致远到塞梅尔的心腹杰夫·韦纳尔到交易负责人马奎斯和尼尔森——终于召开了电话会议。

电话会议上,很多主管都觉得,这可能是他们作为独立的雅虎管理层,能拨入的最后几次电话之一了。截至那时,雅虎已经是一家存续了十二年的公司,已经不再是一家高速增长的创业公司了,它曾发展到传奇高度,2000年,市场价值高达1280亿美元。在迅速下滑至50亿美元之后,雅虎实施了"教父计划",市值又反弹至500亿美元。那时,雅虎拥有强大的动力。要将它卖给别人,特别是微软,无论如何也说不过去。但是现在,雅虎的市场价值低于300亿美元,微软出价450亿。看起来,这是一笔很不错的交易,特别是此时正在参加电话会议的很多主管,多年以来薪水都是以股票方式支付的。接受微软的出价虽然不能让他们得到的财富如曾经设想的那般多,但总比什么都没有好。62%的溢价可不是个小数目。

电话会议上还有一些人认为,雅虎应该接受这个出价,因为他们认同汉克·维吉尔的观点:如果雅虎与微软合并,那么在与谷歌竞争的时候,就会占据一个更为强势的位置。

因此,听到罗伊·博斯托克,电话会议上的很多人都还没见过其庐山真面目的董事长,宣布雅虎对微软出价的最初态度——“我们要斗志昂扬地应对”,大家相当震惊。

身处欧洲的莱利,听到这个宣言之后,心想:他刚才是说“斗志昂扬”吧?

通常,当宣布大型兼并的时候,这个公司已经卖出去的股票的股价会涨至与购买方出价相同。有时候,投资人们还会哄抬价格,使之更高。因为他们想让收购对象提出更高的报价,对方同意的话就接受交易。

但在纽交所,2008 年 2 月 1 日那个交易日的最后,雅虎股票的收盘价为 28.38 美元,比微软的出价低了 3 美元。

市场不认为雅虎会接受微软这个超高的报价。

2008 年 2 月 11 日,雅虎董事会正式拒绝了微软——理由是,它严重低估了公司的价值。

然后,2 月 12 日,董事会采取了更激进的措施,提出了一个对微软来说更难接受、更高的要价。雅虎投票通过了新的员工遣散计划,如果公司被并购,所有“有正当理由”辞职的雅虎员工,都会得到一大笔现金津贴和大量股票——如果不辞职的话,他们得工作好多年才拿得到这笔钱。“正当理由”可以是在发生了管理方面的变化之后两年内,职工工作中出现的“任何实质性的不利变化”。考虑到很多雅虎员工的特定责任和资质,很多人都可以在合并后拿到大笔现金和股票走人。

在兼并与收购的世界里,向恶意收购人提出这样一种遣散计划,叫做“毒药策略”——就像间谍被敌人抓到之后吞吃自杀药丸一样。

通过这项计划,雅虎董事会向微软传递一条信息:休想生擒我们!

这使得从一开始，谈判就糟糕得一塌糊涂。

最初，微软的律师在森尼韦尔的一家律师事务所跟雅虎的律师见了面。房间里挤成一团，吵声震天，但什么也没谈成。微软的律师离开旧金山湾区的时候，心想：雅虎的决策人是谁，为什么要开这个会。

提出合并后大约一个月，高个儿、秃顶、大鼻子、仪表堂堂的鲍尔默，终于亲自跟杨致远、费罗和雅虎的律师们见面了。这次会面也效果不佳，杨致远和费罗反应冷淡，满怀戒备。他们对鲍尔默的接管策略并不感兴趣。

事实是，杨致远正在积极寻求一切可能。微软的出价公之于众的那天，他与谷歌首席执行官埃里克·施密特通了电话，施密特说他会尽己所能，帮助他们抵御鲍尔默。在欧洲，雅虎已经将搜索引擎和搜索广告外包给了谷歌，并且做得很不错。对雅虎来说，也许已经到了将这一做法在全球推广的时候。负责策划欧洲事务的莱利，被召回加利福尼亚处理这件事情。

杨致远跟时代华纳首席执行官杰夫·比克斯谈过。用雅虎的股票换美国在线股票是否可行？杨致远和新闻集团首席执行官鲁伯特·默多克也谈过。雅虎和聚友网合并是否可行？

3 月 18 日，雅虎向股东们做了一个情况介绍，论证说：按照去年秋季杨致远和德克尔制订的计划，雅虎在两年内就有能力将净现金流翻倍，从19亿美元增至37亿美元。在他们的计划中，2010年的收益会有88亿美元，而 2007 年是 70 亿。

杨致远说，这一行业的优势就在于展示广告，在这项业务上，雅虎仍然领先于谷歌。

4 月 5 日，灰心丧气的鲍尔默给雅虎董事会发了一封邮件。

他写道："从我们以高出 2008 年 1 月 31 日——我们发表声明的前一天——雅虎收市价 62% 的价格提议收购雅虎到现在，已经过去两个多月了。我们这么慷慨地出价，是为了打好基础，促成快速友好的交易。然而尽管如此，这两个月来进展却一点也不快。”

鲍尔默写道，雅虎的搜索业务在持续衰退，整个宏观经济市场突然之间也看起来不景气了。他注意到，雅虎试图与其他公司达成协议的努力也一直没有成功。

之后，鲍尔默威胁董事会：“如果三周之内不能达成协议，那我们就不得不将此事直接交由你们的股东处理，包括发动一场代理权争夺战，重选雅虎的董事会成员。”

两天之后，杨致远和德克尔回信说：我们可以卖掉公司，但得以更高的价格。

然后，就像是用一个威胁回应另一个威胁那样，雅虎宣布，它要开始试用谷歌搜索广告了。莱利设法推进这一交易——实际上，他差点争取到一笔让美国在线 2005 年从谷歌赚到的 10 亿美元都相形见绌的支付款。

杨致远和鲍尔默再一次会面，这次是在俄勒冈州波特兰的一家律师事务所。再一次，会面以失败告终。杨致远做了一个很长的幻灯片展示，在最后一页，他得出结论：微软的出价严重低估了雅虎的价值。

鲍尔默说：那好，什么样的出价对雅虎来说合适？

杨致远给不出答案。

离开这场满有争议的会议之后，鲍尔默想，微软是不是该直接找雅虎的股东，让他们投票罢免雅虎的董事们。微软的一位高管说道：“要是我们采取了恶意的行动，他们会一把火烧掉自己的东西，他们会毁掉那里。”

不过之后，突然之间，雅虎似乎开始喜欢微软的接管策略了。

4 月 26 日，这是鲍尔默三周限期的最后一天，雅虎董事会又给微软发了一封邮件，强调说，协议可以达成，只不过不是以每股 31 美元的价格。鲍尔默打电话给杨致远，说微软可以出更高的价码。

5 月 2 日，周五，微软的首席律师布拉德·史密斯，打电话给雅虎的一位外部律师罗恩·奥尔森,告诉他微软董事会同意每股提到33美元。

这比2008年1月31日雅虎的股价高出了72%。它使得雅虎的价值达到了470亿美元——比最早的出价高出了20亿。

之后,史密斯向汉克·维吉尔报告了这件事。他告诉维吉尔,根据奥尔森的说法,微软和雅虎要合并了。

维吉尔听到这个消息后,近三个月以来他第一次想:这事儿可能真要成了。

不需要等太久,维吉尔就会知道结果。杨致远和费罗正计划着在第二天——5月3日,周六——飞往西雅图完成谈判。

那个周五晚上,苏·德克尔飞往内布拉斯加。她是沃伦·巴菲特的公司——伯克希尔·哈撒韦公司董事会的一员,现在她要去开公司的大型年度会议。

有意思的是,德克尔在这个会议上会见了微软的联合创始人比尔·盖茨。他也是伯克希尔·哈撒韦公司董事会的一员。她不打算跟他聊合并的事情。

德克尔并不知道雅虎会怎样。那天早些时候,雅虎的董事会碰头讨论了杨致远在周六飞往华盛顿之后,应该向鲍尔默提出什么价位。

听起来那意思好像是,如果微软能出到36美元,或只是34美元,就达成协议。德克尔不确定。

虽然2008年年初,他们制订了很多宏伟的计划,也有一些激动人心的时候,但微软的并购让人心烦意乱。这成了各级管理人员唯一想谈论的话题。

德克尔也担心,杨致远会过于坚定地试图证明,雅虎如果没有微软,自己会发展得更好。然后还有新董事长博斯托克,他在整个事件中的态度都非常暴躁、好斗。好像他和杨致远在背地里谈过很多,他们做重大决定的时候没有经过董事会全体成员。

德克尔非常肯定，他们俩对第二天有所计划。只不过她不知道计划是什么。

截至2008年5月3日早上乘私人飞机飞往西雅图的那一刻，杨致远和戴维·费罗已经合作超过十四年。

他们共同见证了，他们的项目从一个叫做“戴维和致远的万维网指南”的傻乎乎的网站，成为了一家小公司，又成长为互联网最强势的品牌，之后差点破产，但是因为有感情的人对自己创造的东西是充满爱的，经过努力，他们的项目又重获影响力，强大起来。

现在，有史以来第一次，他们之中的一个要操控这样的局面了。

现在，有史以来第一次，他们两个开始认真考虑，将公司卖给一家所有人都得穿西装的巨型企业。费罗，一个在公共社区里成长的孩子，很不喜欢这个主意。

杨致远想尽量保持客观。他知道，作为首席执行官和董事会成员，不受情绪和自尊心影响是他的责任。这很难，但他相信自己能做到。

飞机上没有独立董事。没有任何一个人的工作是单纯地为雅虎的股东们负责。只有两个联合创始人和雅虎一位名叫迈克·古普塔的律师。

杨致远和费罗抵达了波音机场。这是一座位于西雅图城区以南4公里，专门停靠货运飞机和私人飞机的小机场，柏油飞机跑道上寒气袭人，凉风飕飕。雷尼尔山高耸入云。

出了飞机跑道，就进了加尔文航空高管候机楼的机库了，这是一座侧面装有波纹钢的建筑，里面的接待处暖和多了。微软首席执行官史蒂夫·鲍尔默是做销售起家的，他天生喜欢社交。陪着鲍尔默的是凯文·约翰逊，微软在线业务部门的主管。

这群人走进一间会议室。考虑到之前微软的律师与为雅虎的独立董事们工作的外部律师奥尔森之间的谈话,鲍尔默认为,杨致远和费罗会跟他要每股 34.50 美元上下的价格,比之前微软表示自己会支付的价钱高一点点—— 34 美元左右。这比微软最初的出价高出了数十亿美元,在鲍尔默看来,这对一家正在走向衰落的企业来说已经相当慷慨。

鲍尔默错了。杨致远和费罗脑子里想的数字要比这个高得多。他们拿出了鲍尔默在 2007 年年初写给特里·塞梅尔的信。那封信表明,微软曾经愿意出每股 40 美元左右购买雅虎。杨致远的要价是每股 37 美元。

鲍尔默突然想到了什么。

他对杨致远说:我们先撇开价格不谈。假设我们同意了这个价格,你和戴维就愿意卖了吗?你想这么做吗?你们会跟我们同舟共济,向着同一个目标努力,让这事儿办成吗?

不管杨致远和费罗之后说的是什么,鲍尔默听到的都是:不能。

同样是在那个周六,德克尔在于奥马哈市召开的伯克希尔·哈撒韦的年度会议上见到了微软的董事长比尔·盖茨,她走向他,说道:“我们的座位不应该靠得太近。”

盖茨的助手们确保了这一点。

在整场由 3.5 万名股东参加的伯克希尔年度会议上,盖茨坐在会场的一端,而德克尔坐在另一端。

在漫长的会议上,德克尔数次起身,溜到后面,查看手机是否收到有关西雅图进展的新信息。盖茨却没动过,他看起来不怎么关心这事儿。

那天晚上,在与德克尔和其他雅虎高层召开的电话会议上,杨致远告诉大家这个消息:他和费罗传达了雅虎董事会的意思,提出了一个可接受的价格,但是被拒绝了。鲍尔默打算发布一条新闻,宣布微软从收购雅虎的计划中退出。

消息在雅虎传开之后，人们反应不一。一些主管感到十分失望，而很多又欢欣鼓舞，击掌相庆。

雅虎股东们的反应更简单：就是纯粹的愤怒。5月5日，周一，鲍尔默退出后的第一个交易日，雅虎的股价跌了20%，到了每股24.37美元。

5月6日，戈登·克劳福德——这个人的“资本研究”基金控制着雅虎16%的股票——说：“我对杨致远失望至极，我认为他高估了自己，我对那些不对独立股东们的需求负责的独立董事，感到更加失望。”

5月15日，投资人卡尔·伊坎——埃里克·杰克逊在一年半之前的雅虎维权行动中选中了他的公司——宣布他拥有5900万股雅虎的股票。他想让雅虎以微软所出的每股33美元的价格卖出。否则，他就召集雅虎的股东重选董事会成员。

感受到这些猛烈的抨击，几位雅虎的董事在5月17日与微软接触，想看看交易是不是真的破裂了。

是的，交易破裂了。微软说也许它是想要买下雅虎的搜索业务，不过就这样吧。

维吉尔想：我们很认真地对待这件事，可你们却没有。现在你们要付出代价了。对不起，人生就是这么残酷。

整个夏天，微软和雅虎都在谈一个新的“混合”交易。雅虎提议并购MSN，然后将新公司的40%给微软。鲍尔默想要雅虎的搜索业务。

7月份，雅虎与伊坎和解，将他和另外两位董事加进了董事会。在第一次董事会会议，以及之后的所有董事会会议上，伊坎都力促雅虎将搜索业务卖给微软。

谈判还在进行，断断续续——这对投资人来说太慢了。到了9月份，雅虎的股价跌破19.12美元，这个价格是微软初次提出并购那天的价格。

杨致远在雅虎最后的希望也破灭了。

在与微软进行谈判的同时，里奇·莱利继续跟谷歌商谈搜索业务的交易。最终,谷歌同意付给雅虎数十亿美元作为接下来几年的保证金。协议签署了。这是历史性的一天。从此以后,雅虎不再做搜索业务。它突然之间拥有了一大笔收益,用来投资新的项目。

接着,在11月,法律事务部对谷歌提起了诉讼,指控与雅虎的交易违反了反垄断法。谷歌退出了交易。

在这个月中旬,雅虎的股票价格跌破每股10美元。杨致远曾坚持认为,微软450亿美元的出价“严重低估”了雅虎的价值。现在公司只值140亿美元了。

很少有人在这么短的时间里被证明错得如此离谱,并且是以这么昂贵的代价。

杨致远感受到压力,巨大的压力。他想:我压根儿就不是一个好的首席执行官。

10月,他走进苏·德克尔的办公室。这一天,离他打电话告诉她自己将成为首席执行官,并希望她做自己副手的那一天,只过了16个月。现在,他想告诉她,自己要辞掉首席执行官一职了。他和罗伊·博斯托克已经谈过了,这个职位需要一个新人。杨致远说,德克尔将会是这一职位的内部候选人。

德克尔知道,她得到这份工作的概率很小。她在雅虎待了太久,这不是好事。但德克尔不想拒绝,因为拒绝意味着将责任推给杨致远。她像被解雇了似的,而实际上,杨致远只是请她去面试公司的最高职位。

并且,德克尔仍然有想法,她仍然想证明,自己可以重建雅虎。她觉得,迄今为止,微软给出的考验将所有这样做的机会都毁掉了。

她决定竞争这个职位。再一次,她深入研究了各种模式,从头到尾仔细检查了雅虎的业务和市场地位——就像她早在1996年做的那样。在不必担心某个愿景是否符合某个首席执行官口味的情况下,思考公司应该何去何从,这是一件很有意思的事情。

德克尔从未有过胜出的可能性。除了杨致远，董事会中的其他人都没将她看作正经候选人，尤其是博斯托克。当德克尔告诉博斯托克自己关于雅虎对微软应该作何回应的想法时——她想将两家公司的展示广告和搜索广告业务合并成一家合资企业——博斯托克告诉她：请您千万不要将这个想法告诉董事会的其他成员。

2009年1月12日，周一，杨致远打电话给德克尔，告诉她，董事会将聘用一位名叫卡罗尔·巴茨的女士来担任首席执行官。

德克尔感到身心俱疲。她说："好吧，我想辞职了。"

2008年这一年对雅虎来说就是一场灾难。年初，雅虎的市值为340亿美元，年底跌到了175亿美元，从微软提出收购的那一周到12月，雅虎缩水了55%。

在某种意义上，对雅虎来说，2008年比2000年似乎更糟糕——2000年，雅虎的市值缩减了80%。2000年，雅虎对自身的崩溃几乎束手无策。可是2008年，雅虎只需要拿起电话就能解决问题。

几乎在整个上半年，雅虎都可以以450亿美元的价钱卖掉，甚至一度可以卖得更高。

然后出价被撤回了，雅虎崩溃了。

那么雅虎如此严重地搞砸了微软的出价，是谁的责任呢？

该怪谁？

苏·德克尔，她至少要承担部分责任。当微软给出报价的时候，杨致远请她和她的团队确认一下雅虎的单独估值。德克尔汇报的价值大大高于微软的出价。但这个价值包含了雅虎广告业务的一些大的计划——也就是说，雅虎的年度收益将从2006年的70亿美元增长到2010年的接近90亿，同一年，自由现金流将差不多翻倍。回头看这些计划时，雅虎的高管和投资人们都认为，德克尔对过度乐观的雅虎销售人员提出的计划太过信任了。

但是在那时，德克尔的预见可能是正确的，如果房地产市场没有在2007年开始崩溃，市场营销人员没有在2008年经济大萧条的时候严格控制他们的预算。同时，在之前的夏秋两季，德克尔提出了雅虎新的增长计划。当然，她对这些计划很乐观。这也是她将其报给雅虎董事会的原因。

杨致远从最初就走了错招。他让太多的顾问和律师参与其中了。一度有三十多位顾问、银行家和律师齐聚一堂，占据了芒格、托尔斯和奥尔森事务所——雅虎的外部律师事务所的一间会议室。每个人都要做一个幻灯片展示，每个人都有自己的论点。但没有人拍板作决定。杨致远对雅虎的独立一直很自负。更加客观的首席执行官应该在机场飞机库的会议上与鲍尔默对面而坐，告诉他，如果每股给37美元，我们当然可以跟你们同心协力。杨致远做不到这一点。

虽然杨致远真心实意地做了努力，但仍无法做到不偏不倚。他知道雅虎不是他的——雅虎属于股东——但感觉上，雅虎就是他和费罗的。他们对这个地方感情投入太多，有太多的过去。差不多有十五年。将雅虎卖给微软，对他来说，无论如何也不是件容易事。杨致远觉得，微软的产品丑陋而低劣。它西装革履的文化与雅虎的文化更是天差地别。

杨致远真正需要的，雅虎的股东们真正需要的，是坐在西雅图会议室的桌前，代表雅虎的公正无偏、独立自主的声音。

这本来是雅虎的董事长罗伊·博斯托克应该发出的声音。

但是从一开始，博斯托克就表明雅虎对微软的态度应该是“斗志昂扬”。

一群愤怒的股东已经提起诉讼，说博斯托克之所以不想让雅虎接受微软的出价，是因为这会让他丢掉在董事会的位置以及董事长的职位——从2006年到2008年，他在现在的职位上，股票和薪金净赚140万美元。卖给微软之后，他只能赚到9万美元。

在这整个过程中，博斯托克非但没有表现得像委员会主席一样，积极和董事会其他成员沟通，反而有一个坏习惯，他表现得像一个执行官——像一个小独裁者。

特别是对其他董事和雅虎的高管来说，博斯托克和杨致远似乎经常私下交流，作出一些决定，而这些决定本应由董事会集体作出。

科技公司需要一个能够快速决断的决策人。这个人应该是一个经理人——一位首席运营官或首席执行官，可能是执行总裁。博斯托克不拥有其中任何一个头衔。

如果博斯托克带领雅虎走过整个并购过程，并取得好的结果，那么他的行事风格和头衔都无关紧要，但是他没有。

整件事情就是一团糟，而这让雅虎的股东们损失了几十亿美元。

如今，博斯托克挽回之前过失的唯一途径，就是为雅虎挑选一位首席执行官，并证明她是最优选择。

# 第四章 粗口卡罗尔·巴茨

2009年1月13日,雅虎的新任首席执行官在D栋大楼,跟一群雅虎高管第一次见面,互相认识。

每个人脑子里面想的都是:微软的事,她想怎么办?她会尝试重启谈判吗?她会把雅虎的搜索业务卖掉吗?

最后,有人直接问了出来。

新任首席执行官的回答是:“去他妈的史蒂夫·鲍尔默。”

这位就是卡罗尔·巴茨,作为雅虎的首席执行官,她第一次爆粗口。

巴茨一头金发,打扮花哨。她经常穿一件鲜艳的红色运动夹克。她讲话的时候眉飞色舞。她精力充沛,爱用手势,时而指点,时而握拳,时而挥手表达想法、打动听众。她看上去是个很强硬的人。

巴茨在艰苦的环境中长大。她很小,父亲就不在了。八岁时,母亲又去世了。十二岁时,她搬到了威斯康星州乡下的祖父母家。

有一次,巴茨和弟弟在谷仓里玩,听到,随后看到椽子上有一条粗大的眼镜蛇。他们跑去找奶奶。

奶奶拿了一把铁铲,把那条蛇从屋顶上打了下来。那蛇掉到了泥地上,嘶嘶发声。奶奶用铁铲把蛇头铲了下来。

奶奶看着巴茨说："你也能做到。"

高中时，巴茨在当地银行里做出纳员和董事长助理。她每小时能赚75美分。

她在密苏里州念大学，然后转学到了麦迪逊的威斯康星大学，1971年，获得了计算机科学学位。那一年毕业的学生连她在内，只有两名女生。

读书期间，巴茨在麦迪逊打工，做酒吧服务生。她能记住常客的姓名、籍贯还有最喜欢的饮料。毕业之后，她利用同样的人际交往技巧，做了一系列销售工作，包括为亚特兰大的迪吉多公司销售银行自动化软件。

在那里，巴茨第一次坐上了管理职位——从销售员升职为销售经理。她的前同事，一个男人，对她说，"我不想为一个插接兼容的老板工作"——他的意思用大白话说就是：女性老板。

巴茨说："随便，我不会走的。"

最终，她被加利福尼亚州圣克拉拉市的太阳微系统公司聘用。她第一次获得升职，老板度假的时候，她说服了老板的老板，她能做得更好。

巴茨确实表现优异，她一路晋升，登上了全球运营主管的位置。之后，1992年，她成为了一家名叫"欧特克"的公司的首席执行官。欧特克生产计算机辅助设计软件，这种软件是给建筑师和其他设计师用的。20世纪80年代，公司取得了巨大成功，但是1992年，产品发展落后了；视窗系统甚至都用不了这种软件。

来到欧特克的第二天，巴茨得知自己患了乳腺癌。巴茨切除了一侧乳房。术后才几个小时，她刚从病床上醒来就聘用了她的管理团队。

巴茨在欧特克重新开始创新行动，开始推动3D设计。

她还战胜了欧特克广受尊敬的创始人约翰·沃克。大赚一笔之后，沃克搬到了瑞士，把烦人的管理工作都丢给了他从公司会计部门提拔起来的首席执行官。这名会计师失败了，然后在沃克的支持下，巴茨受聘。但是很快，沃克开始反对她。于是，公司内部一大批对他忠心耿耿的工程师也开始反对巴茨。巴茨令董事会将沃克赶出了公司,一起被清理出门的还有他的死党们。

这花了一点时间,但是巴茨最终成功地令欧特克成为一家体制精简、利润丰厚、快速增长的公司。

2002 年到 2004 年间,欧特克的市值增至原来的三倍。在标准普尔 500 股指中表现最为优异。2004 年,销售额超过了 10 亿美元,2006 年达到 15 亿美元。利润从 2003 年的 4700 万美元增长到 2005 年的 3.15 亿美元。

十四年之后,2006 年,巴茨于欧特克卸任,载誉而归。她成为执行主席,有了更多时间和女儿相处。她在斯坦福大学教课。她是因特尔和思科的董事会成员。同事们认为,她很快就会去管理一家硅谷的大型科技公司。

2008 年 11 月,她去参加思科的董事会。会后,董事会同仁杨致远过来找她。他问她,是否愿意接任他刚刚辞去的首席执行官职位。

她看杨致远的表情就像看一个疯子。

她说:“不可能。我不适合。我一点都不适合。”

但是杨致远一再坚持,于是巴茨同意跟雅虎的董事长博斯托克见个面。

博斯托克告诉她,雅虎真正需要的是组织架构。他讲到雅虎是怎样一个乱七八糟的庞然大物,自从建立以来就一直如此。

巴茨回想起,她到欧特克的时候,那里是怎样一团糟。她想:其实,这个我可能真的很擅长。

她说她有兴趣。

博斯托克很激动。他一直在找一个经验丰富、聪慧过人的成人监管。巴茨在欧特克的良好记录给他留下了深刻的印象。在杨致远的附议下,他很快促使雅虎的董事们聘用了巴茨。

博斯托克说,能聘用到她,雅虎实在是走了大运,她这种领导者正是雅虎马上需要的。雅虎濒临分崩离析。比起2007年，2008年的收益几乎没有增长，搜索市场份额还在缩水。微软使雅虎损失的不仅是两名高管，还耽搁了一整年的管理活动。

其他董事，包括软银的代表埃里克·希波，提出疑问，巴茨没有任何互联网公司的工作经历，没有任何面对客户的市场营销经历，也没有广告行业的从业经验，这会不会有影响。

博斯托克说：她会在工作中学习的。这都没关系。

巴茨就这样被聘用了，没有经过任何进一步面试。

巴茨发现雅虎的情况简直令她难以置信。

这个地方并不是像博斯托克形容的那样"一团糟"。

这里完全一片混沌。

两周之后，她想看看雅虎主页和公司其他大板块——像财经、体育等板块的产品预览。她的新下属们全部给她做了展示。巴茨注意到，这些站点并不都是用同一种方式设计的。标题、字体，还有每个页面的风格看起来都各不相同。她说，我们得调整。主要的阻力来自向她展示的主管们。他们说，她要求的事情可不简单，会花费大把时间。所有网站都是用不同的代码编写的——33种不同的代码。

还有其他类似的技术上的不兼容。她得知，雅虎最重要的两种产品——搜索和邮箱——在不同的国家，运作方式是完全不同的。

还有就是，雅虎诡异的运营单位结构。巴茨了解到，运营雅虎主页的人不想将流量引到雅虎财经的页面上，因为运营每个部分的人的目标和责任是分开的。

这一切令巴茨想起了温彻斯特的神秘屋，那座加利福尼亚州圣何塞著名的诡异豪宅。一名寡妇在19世纪80年代建造了这栋建筑，通过温彻斯特来复枪的销售，这名寡妇获得源源不断的巨额收入。这座豪宅曾经有七层。宅子里神秘的走廊是死胡同,房门后头是墙壁。据说宅子里闹鬼。

对巴茨来说,雅虎也是一样:一个复杂而丑陋的庞然大物,建造得毫无规划。

实际上,在雅虎阴魂不散的是杰夫·马雷特遗留下来的那些脆弱的、无计划扩张的“豆荚组”和虚拟七人组体系——十年前,他们草率地被七拼八凑在了一起。苏·德克尔和杨致远曾经试图调整组织结构,但他们的方案是一个同样分散的“矩阵”体系。2月底,巴茨一次性彻底清除了过去的遗迹,将运营单位组成更大的组织,将功能集中化,比如市场和产品发展,都置于一名高管的管理之下。

从多个角度看,直到2009年,巴茨快速地重组之后,雅虎才变成一个真正的、组织架构典型的大公司。组织架构的清晰化激励了公司里的每个人。

这种事是小菜一碟。这样做的时候,巴茨想。

接下来,她得想办法对付微软。来到雅虎的那周,巴茨命令一组高管认真考虑,该如何是好。

几名高管争辩道,对雅虎来说,将搜索外包给微软简直是疯了。他们说,搜索是最棒的互联网业务,能成为仅次于谷歌的第二名,对雅虎来说也是无比幸运的。他们说,有搜索在能令雅虎更容易招聘到顶尖的人才。

这些高管被反驳了。巴茨告诉微软的首席执行官史蒂夫·鲍尔默,要是他能保证给雅虎“整整一条船”的现金,而且雅虎还能继续保有用户搜索,还有用户点击广告和链接的数据,那就可以把雅虎的搜索业务给他。

巴茨的想法是:雅虎在这场搜索之战中赢不了。这是一场军备竞赛,雅虎已经输了。现在的任何一场战争,都像是古巴对美国一样,雅虎是古巴。巴茨可以拿着微软的钱,投资雅虎的个人化技术媒体业务,还有展示广告技术。

这场十年交易在2009年7月29日达成了。

就职六个月后，这场交易以及重组令巴茨在雅虎内外广受欢迎。

在一系列神气活现的公开亮相中，巴茨也因为爆粗口而名声大噪。

在4月份跟分析师们的一次电话会议上，她说，雅虎解雇了700名中层管理者，因为“我们有的是人告诉工程师做什么，但是没人真他妈的去做”。

然后，在D栋大楼举行的一次主题采访会——全数字化大会上，巴茨问她的采访者，《数码天地》(*All Things Digital*)杂志的编辑卡拉·斯维舍：“我们是不是要渐渐引到这个话题：我太老了，也太蠢了，不懂什么是互联网？”

巴茨已经六十岁了，有人说她太老了，不适合雅虎的这份工作，她对此很敏感。

斯维舍说：“没有，我没想那么说。”

巴茨指着斯维舍的搭档沃特·莫斯伯格，说：“因为，顺便说一句，沃特已经六十一岁了，而我才六十岁。”

然后，巴茨身体前倾，凑到斯维舍耳边，用人人都能听见的音量耳语道：“去你妈的！”

人群吹起口哨，大声欢呼。

就职六个月之后，卡罗尔·巴茨感到干劲满满。重组得到员工们的配合，进展顺利。董事会对搜索交易很满意。股价从她加入时的11.59美元，上升到7月底的16.84美元，而且还在持续上涨。

但接下来，在之后的两年中，巴茨遭到了六大全球化趋势的迎头痛击。

首先是雅虎搜索市场份额的持续下降。巴茨加入的时候，雅虎有21%的市场份额。一年之后，也就是2010年1月，这个数字掉到了17%。搜索是互联网上最有价值的生意，雅虎的表现一直在恶化。当然，微软为雅虎保证了一定的收益,但基本上,这种保证只是说,微软会为雅虎带来的访问量给雅虎付费。如果通过雅虎带来的访问量减少的话,微软付的钱也会减少。而雅虎带来的访问量越来越少了。

巴茨在雅虎的头一年,在另一种互联网广告的销售方面,雅虎也迅速被脸书取代:展示广告,又叫品牌广告,有时候也叫标题广告。2009 年第一季度,巴茨加入的时候,康姆斯克的数据显示,在美国,雅虎展示广告印象的市场份额只有不到 15%。雅虎是整个市场中的老大,拥有聚友网的福克斯互动传媒紧随其后,占超过 10% 的份额,脸书排第三,市场份额大约为 7%。到 2010 年第一季度,雅虎的市场份额仅仅下滑了一点点,到了 13%。但是脸书猛增至超过 15%,在整个市场上排名成为首位。这主要是因为脸书吞并了聚友网的份额,聚友网的市场份额跌破 5%。到 2010 年第三季度,脸书的市场份额已经超过了 20%,雅虎一直在 10% 上下徘徊。2009 年第三季度到 2010 年第三季度之间,脸书的市场份额增长了 14%——相当于雅虎的全部份额。

市场份额并不代表一切,经过 2010 年一年,相对脸书,雅虎依然占有较大优势。雅虎每个广告印象收费较高,但是连这种价格优势都在丧失。脸书在全球范围内受到用户疯狂追捧——到 2015 年,用户数量已经达到了 5 亿。所有这些用户在脸书上的点击,意味着脸书拥有大量的展示广告库存可以出售。脸书的增长令展示广告市场存量暴增。2010 年第三季度,康姆斯克数据显示,在线发布的展示广告印象数达到了 1.3 万亿——比前一年增长了 22%。顾客需求的增长赶不上这些新供应的增长——预算的增长速度赶不上脸书的成长速度,而行业平均价格,包括雅虎的出价会骤降。

依然是在巴茨就职的头一年,雅虎最重要的产品,雅虎邮箱,开始显露颓势。1997 年,雅虎以不到 1 亿美元的价格收购了 Four11,这可能是雅虎最成功的一次并购了,火箭邮箱 (RocketMail) 就是 Four11 的产品。巴茨来到雅虎的时候，全球有几亿用户，全美国有超过1亿用户会登陆雅虎网站来查收邮件，顺带还会点击雅虎的其他板块，看看新闻什么的，在这个过程中就会看到广告。每一天公司的服务器都能收到300亿封邮件。雅虎邮箱成为了公司的“保证引擎”。最好的一点是，相对于市场上的其他大公司来说，雅虎占据压倒性的优势，市场份额是微软邮箱（Hotmail）、谷歌邮箱，还有美国在线的邮箱的两倍。

问题是，2010年，整个网络邮箱市场开始衰退。原因是苹果手机和安卓智能手机的兴起。成年人不再用电脑查看邮箱，因为他们已经在手机上看过了，用的是谷歌和苹果提供的默认手机应用程序。青少年根本就不发邮件；他们更喜欢发短信，或者通过脸书发信息。根据网络度量公司竞争公司的数据，美国电子邮件供应商的网络流量在2009年12月达到最高峰，为1.4亿人次，此外还有独家访问者，从那时起，这一数值快速下降。到2010年9月，已经下滑到了1.25亿。访问量持续下降，首当其冲的就是雅虎。2011年到2012年间，雅虎邮箱使用量下降了25%，而苹果手机邮箱的使用量增长了74%，安卓邮箱使用量增加了90%。

巴茨来到雅虎时，正是雅虎的“保证引擎”开始崩溃的时候，崩溃之势简直不可阻挡。很长一段时间，雅虎都在胡乱出击，因为它不像谷歌那样，擅长将巨大的、快速增长的访问量变成真金白银。现在，雅虎遇到了一个棘手得多的问题：它的访问量还是很巨大，但不再增长了。访问量在下降。经过网络泡沫的破灭，经过跟谷歌的搜索之战，经过微软事件，雅虎的问题一直都是：用户这么热爱我们，但我们并没有对此作出足够的回应。现在问题变成了：用户对我们的爱变少了，对他们给予的关注，我们依然没有作出足够的回应。

另一个巴茨无法宣之于口的现实是，以互联网的标准来看，雅虎现在已经是一家老公司了。年纪带来两个糟糕的副作用。第一个是，曾经缔造了雅虎的辉煌的有才能的管理者们都开始离开了。2006年，交易负责人迈克·马克斯离职。2007年5月,技术奇才佐德·纳扎姆离职。特里·塞梅尔从温莎媒体时代起的副手,雅虎的执行副总裁杰夫·韦纳尔在2008年6月离职。同月,广受尊敬的搜索专家陆奇也离开了。还有布拉德·加林豪斯,"花生酱宣言"的作者。苏·德克尔,还有她对雅虎业务深入的分析理解,也不在了。杨致远依然是"雅虎首席",但是他跟巴茨的关系没有跟库戈或塞梅尔那样密切,他也不像以前那样经常到园区来了。戴维·费罗继续待在自己的隔间里,帮雅虎解决问题,但巴茨担心,他会像之前她在欧特克对付的那个多管闲事的创始人一样,所以尽可能当他不存在。

雅虎老龄化的另外一个副作用是,它不再时髦了。2011年,巴茨任职的第二年,一家名叫"预感"的公司做了一项研究,对比谷歌邮箱和雅虎邮箱的使用者。研究发现,雅虎邮箱的使用者大多是胖女人,年龄在十八岁到四十九岁之间,住在中西部,从来没有出国旅行过。他们拥有CD唱片,学历是高中。谷歌邮箱的使用者主要是瘦削的男子,年龄十八岁到三十四岁,大学学历。他们拥有的是MP3。雅虎的使用者喜欢杂志。谷歌邮箱的使用者喜欢博客。巴茨来到雅虎的时候,发送一封简历,邮箱地址写"@yahoo.com",已经开始变得有点蠢了。

雅虎遭遇的这些消极趋势,都不是一朝一夕形成的。追根溯源,责任归于杰夫·马雷特、特里·塞梅尔,还有杨致远——不能怪巴茨。

无论如何,消极因素客观存在,巴茨无法逆转。她会为此付出代价。

2011年6月24日,在雅虎的年度会议上,一名股东站起来,他花了长达五分钟的时间猛烈攻击卡罗尔·巴茨,还有她至当时为止管理雅虎所做的工作。

"这次会上的论调,就好像股价在这五十二周一直居高不下,而不是已经连续三年萎缩一样,"他说,"我想在这里解决问题。我觉得,一大批股东一直在围绕着这一点探讨,却没有宣之于口。"

这名股东抱怨雅虎在展示广告市场上的份额，该市场已经迅速被脸书主宰了。他指责雅虎跟微软的搜索交易，那次交易没能遏制住雅虎在搜索领域的衰退。

他呼吁董事会炒掉巴茨。

“雅虎无法承受人才再一次大批损失了，如果卡罗尔待足整个任期的话，我认为这很可能发生。”

在会上，罗伊·博斯托克为巴茨说话。

“正因为在这个过程当中，胜利很困难，所以董事会才这样支持卡罗尔和管理团队，”他说，“我明确支持巴茨。我们非常有信心，雅虎正在朝着正确的方向前进。”

之后，到了7月份，雅虎公布了2011年第二季度的收益。非常糟糕。雅虎没能达到华尔街作出的销售额3亿美元的预期。

在一场关于收益的电话会议上，巴茨将这次错失归咎于雅虎销售团队重组导致了超出预期的周转率，使得太多顾客无人理会。

但是几天之后，巴茨给博斯托克和雅虎董事会带来了糟糕得多的消息。2011年下半年将是一场灾难。就在5月份，巴茨还对下半年雅虎的广告前景抱着异乎寻常的乐观。所以这种突如其来的转变令人非常担忧。

博斯托克认为，是时候重新考虑巴茨了。他思考了收益问题，他认为，她似乎没有足够的眼光来决定雅虎该何去何从。他想到，她似乎没能处理好雅虎与其亚洲投资的关系。他考虑了雅虎从行业竞争对手和其他企业的并购中所得的利益。他决定，是时候让她走人了。

杨致远最初支持巴茨担任这份工作，他也没有反对博斯托克。他感觉她疏远了他。

2011年9月6日，巴茨身在纽约。她那周的行程是在四方会议中心接受一次主题访谈，并跟对冲基金经理丹·勒布会面。但是在此之前，巴茨看到了手机上博斯托克的来电。

她回拨给他。

他接起电话，开始念一份解雇首席执行官的文稿，很明显，是由律师撰写的。

还没等博斯托克读完，巴茨就打断了他。

“罗伊，”她说，“我猜你是在念稿子吧。为什么没胆量自己告诉我呢。我还以为你能更有种一点呢。”

第二天，巴茨打电话给《财富》的帕特丽夏·塞勒斯，从董事会卸任，最后一次丢下了她在雅虎时代的粗口。

巴茨说，董事会成员是一群“蠢驴”。她说，“这些家伙利用老娘”，因为他们“被扔在全美国最差劲的董事会里，简直要吓死了”。

巴茨挂掉博斯托克的电话之后，马上拿过 iPad，给雅虎的全部 1.5 万名员工发送了一条消息。

致所有人：

非常遗憾地告诉大家，我刚刚在电话里被雅虎的董事长解雇了。能跟大家共事，我感到非常高兴，祝大家未来一切顺利。

卡罗尔

发自我的 iPad

这个消息令雅虎的很多高管非常郁闷。对他们来说，巴茨是个一是一、二是二的人。她有胆量，和蔼可亲。如果你到她家里去，她会带你到花园，炫耀她的菜园子、兰花，跟你讲她曾经种出来的大南瓜。

也就是说，这个消息并不十分出人意料。

每个人都知道，公司的现状什么样，还面临各种不利因素。绝大部分人都认为，尽管巴茨人很好，也很有斗志，但她可能不是雅虎需要的、能消除这些不利因素的首席执行官。

正如埃里克·希波和其他董事会成员从一开始就担忧的那样，她对消费者互联网缺乏经验，或者说对整个互联网行业缺乏经验，这最终成为一个大问题。

雅虎的高级设计师蒂姆·帕西曾经展示过他对雅虎的一些产品设计理念的模型。这些模型很不错，甚至可以说非常漂亮。还做了一点动画效果。帕西像讲故事一样神采飞扬地向巴茨展示这些模型。他喜欢"美妙"这个词。

但是它们是模型——只是纸上谈兵的概念，没有回答一些重要的问题，比如它们在产品上的可应用性如何，甚至它们是否真的可以用，还有怎么才能真的把它们做出来。它们就像概念汽车一样，看起来很酷，但是没有安全气囊、保险杠、后视镜，甚至引擎。花里胡哨的产品模型在互联网行业层出不穷。对那些已经见惯这些的高管们来说，这些东西很难让他们感到兴奋。

所以那天，在场的其他更有经验的互联网高管们感到非常诧异，因为看了帕西展示的东西，巴茨似乎完全被震撼了。她站起来，开始鼓掌——完全像个菜鸟。

2011年，雅虎一位名叫斯科特·伯克的高管，针对雅虎邮箱的现状，向巴茨和雅虎董事会做了一次长长的报告。伯克是一位非常专业，也非常有智慧的管理人，他非常擅长向老板做报告。那天他表现得很干练，也非常令人信服，他说雅虎邮箱需要多得多的投资——需要再招400人，如果可以的话。

在那次报告之后，雅虎的高管罗斯·莱文索恩——福克斯互动传媒的元老，找到首席产品官布莱克·欧文——微软在线集团的元老，对他说："他在胡说八道些什么？邮箱已经完蛋了。我们应该做的是：第一，理清我们有什么；第二，维持运转，把注意力集中在其他方面。"

但是巴茨听信了伯克的游说。她把更多的投资注入这样一个当时已经在衰退的市场。

在这个行业里,绝大部分成功公司的管理者都高瞻远瞩,他们能够从自己公司的产品中看到前途。巴茨就像她的前任特里·塞梅尔一样,作为首席执行官,她要依靠她聘用的人告诉她该做什么。

2011 年年初,巴茨召集她的高管团队来到"鱼食"会议室,她说:"好吧,我们在为了谁先谁后而争吵。除非我们能就一系列优先级问题达成一致,否则我们就待在这间会议室里不走了。"

她让每个人把自己对雅虎应该做什么的意见写在一块白板上。然后每位高管都就自己的规划向房间里的人宣讲。巴茨分发扑克牌筹码。她告诉高管们,用这些筹码来投注,投给他们认为雅虎应该投注的计划。最后,她清点投票,决定雅虎的方向。

2009 年跟微软公司的交易,也令巴茨疲惫不堪。促成这场交易最初的理由是,将微软的市场份额和雅虎的市场份额合并,能够促使广告客户在谷歌的竞标广告上少花一些钱,而更多地购买雅虎和微软的竞标广告,这样一来,就将提升雅虎和微软每次搜索的收益。结果并未如愿——一定程度上是因为,微软的搜索引擎在非基于拉丁文字的字符体系中表现并不好。在日语环境中很糟糕,在中文环境中也很糟糕。所以,这并不是一项真正的全球搜索技术。以前在亚洲,雅虎占有相当大的市场份额,而现在,份额下降了。

实际上,在交易达成之后的最初几年里,微软必须向雅虎支付收益保证金。这笔钱比起没有微软,雅虎只靠自己就能赚到的多一点点。而且,雅虎还能继续在互联网上最好的生意——搜索中占有一席之地。然而,交易之后的最初五年,雅虎丧失了市场份额,而微软有所斩获。

最终,巴茨被解雇是因为那种令她在公开场合爆出粗暴而幽默的粗口的冲劲,也使她在董事会、在雅虎的合伙人和雅虎的创始人心目中,形成了一种好斗的印象。她不怕惹火他们当中的任何人，最后，他们被她惹得太火大了，就让她走人了。

对于雅虎的首席执行官这份工作，卡罗尔·巴茨对杨致远说的第一句话就是："我不适合。我一点都不适合。"

事实证明，巴茨是对的。

现在的问题是：那谁是合适的人呢？

还有一个问题是：谁会愿意尝试呢？

最初几年，雅虎只是一份目录，那几年之后，雅虎一直都是一个张牙舞爪的大公司——人员膨胀，产品膨胀，受众的规模也膨胀。

这种张牙舞爪，这种规模，令雅虎一度值钱得不可思议，同时对那些试图攫取这种价值的人来说，也危险得不可思议。

在成为雅虎的高层之前，特里·塞梅尔一直是一位广受赞誉的媒体高管。而卡罗尔·巴茨之前是位常胜将军，她在太阳微系统公司和欧特克公司出色的管理活动，从未有过败绩。在就任首席执行官之前，杨致远一直是一个饱受爱戴的公司创始人。在升职之前，苏·德克尔一直被当作英雄，因为她在华尔街面前的大胆和在董事会上的审慎。

而在那之后，他们都成为了业界"贱民"，因为没能重铸雅虎往日的辉煌而饱受嘲笑，而且这种嘲笑常常是不公平的。

究竟还有谁会敢于奢望，能做得比他们更好呢？

# 第二篇

# 第五章 羞涩的学生时代

玛丽莎·梅耶尔竭力忍住泪水。

那是2010年,她作为沃索学区的"知名校友"。

衣锦还乡。

梅耶尔要在一个专门为她以及25名退休教师举行的午宴上做演讲。

她站在讲台上,身着一袭由设计师为她量身定做的蓝色礼服,别着一朵黄色胸花。演讲开始,她感谢了自己的恩师,提到"是他们永远改变了我的生活"。

接着,她开始一一说出老师们的名字:"弗里德雷先生、斯德女士、弗拉纳根先生……"她说出这些名字的时候,她的表情明显表现出这些人在她成长的过程中扮演了多么重要的角色。

大约说了六个名字之后,梅耶尔声音哽咽了,她只能停下来,微微吸一口气平复心情。

她强忍着泪水,眼圈红了。

玛丽莎·安·梅耶尔生于1975年5月30日,母亲玛格丽特·梅耶尔是一名美术老师兼主妇,父亲迈克尔·梅耶尔是一名环境工程师。

梅耶尔在威斯康星州的沃索,和她热爱运动的哥哥梅森·梅耶尔一起长大。家里采取的是中产阶级家庭的抚养方式。她收藏了很多娃娃，在公立学校上学，暑假在电影院、杂货店和门窗厂打工。她的家庭有足够的时间和财力支持她参加各种活动。

五年级的最后一天，梅耶尔拒绝离开教室。她告诉自己那来自什切青的小学老师韦恩·弗拉纳根，她不想去中学读书。她担心自己会适应不了，因为将不得不面对很多陌生的孩子和老师。

弗拉纳根告诉梅耶尔："哦，我觉得你肯定能做好。"她是那一学年的明星学生。

但是梅耶尔还是不肯走。最后，弗拉纳根给梅耶尔的妈妈打电话，告诉她梅耶尔在哪儿。

在她上八年级的时候，一个高等数学课的同学打电话给地方电台，对他们说，那天是梅耶尔的生日，其实那天并不是。这个孩子名叫布莱恩·乔吉德，之所以这么做，是因为他对梅耶尔很有好感。他喜欢她坐在教室前面埋头学习，并且无论做什么，都一定会做好的样子。

主持人在广播中讲出了她的名字，梅耶尔非常讨厌这样的恶作剧，她把自己的感受告诉了乔吉德。

上高中的时候，梅耶尔经常身穿 T 恤、运动衫和牛仔裤——都是好衣服，但并不华丽。虽然梅耶尔在大家面前一直表现很好，她的同龄人却不觉得她是一个很外向的人。她不是那种同学们觉得有朝一日可以成为总统的孩子。

卡罗尔·巴茨曾是威斯康星高级中学的舞会皇后。而梅耶尔是念名字的那个人，她负责念那些更受欢迎的、被选为返校节明星的孩子的姓名。

梅耶尔在沃索西部高中的同学爱丽泽·巴茨特说，她对梅耶尔最深刻的印象是她"对每个人都很友善"，但是如果在去学习的路上遇到人，她会尽量避免交谈。

沃索西部高中的课程安排是,不安排短休,而是将一天分为一个个20分钟的“模块”。一堂课的时间为40分钟或一小时,这意味着,每天都有好几段20分钟的休息时间。在这段时间里,大部分高年级的学生都会在学校公共休息室扎堆儿,跟好朋友们吃东西、谈天论地。

玛丽莎却不会。梅耶尔会下楼到休息室,去厨房里或者自动售货机那儿弄点吃的,然后就到图书馆或科学实验室学习去了。她不是能留下来坐着聊20分钟的人。

成长过程中,梅耶尔跟同龄人不是很亲近。她童年的大部分时间是跟一群擅长教育、培养孩子的大人一起度过的,他们当中有教练、老师、辅导员和指导员。

她参加了幼年女童子军。她上过钢琴课。她会打排球和篮球。她学习游泳和滑雪。她在初中和高中的时候,一周上35小时的芭蕾舞课。她的母亲说,芭蕾舞教会了她“批判和守纪,镇静和自信”。

她是校啦啦队成员,也是校辩论队的辩手。她还参加了校舞蹈队。

也许是因为她身边一直有这么多的老师、导师和教练,梅耶尔很早就开始表现得像他们一样了。

梅耶尔小时候的钢琴老师乔安娜·贝克曼记得,梅耶尔跟其他孩子非常不一样。她很会“观察人”,试图“弄明白他们为什么要做此刻正在做的事情”。

“大多数那个年龄段的孩子感兴趣的是自己,”贝克曼说,“而她则是在观察其他人。”

在她五年级的时候,韦恩·弗拉纳根就看出,梅耶尔逐渐发展出教学方面的潜质。他认为,她有一天也许会成为一名教师。

到了高中阶段,梅耶尔对在讲台上向同龄人说话这件事,已经更加习以为常。在参加的每一个俱乐部里,她都担任过领导职位。她是西班牙语俱乐部的社长，是钥匙俱乐部[①]的财务，还是辩论队的队长。

她在沃索西部高中最亲密的一个朋友，阿比盖尔·加维·威尔逊，后来告诉记者："玛丽莎当上啦啦队队长的时候，那群姑娘跟她相处并不融洽。不过，她用了三个方法，争取到她们的支持。

"第一，绝对的天赋。玛丽莎能编出精彩的动作。第二，勤奋的工作。她会安排长达几个小时的训练，只为确保大家的动作整齐划一。第三，公平。在玛丽莎负责的时候，能进啦啦队的一定都是那些舞跳得最好的。"

1993 年，梅耶尔申请了十所学校，都得到了录取通知书，其中包括哈佛大学、耶鲁大学、杜克大学和西北大学。

为了决定选择哪所学校，梅耶尔还自己做了一个电子表格，权衡各学校的优劣之处。

她最终选择了斯坦福大学。她的计划是成为一名脑科医生——这对一个才华横溢却内向的人来说是非常不错的职业。

1994 年，在玛丽莎·梅耶尔前往斯坦福大学之前的那个夏天，她开始问自己一个问题，这个问题指引了她的大学生活，甚至使她终生受益。

祖那如何思考？

那年夏天，梅耶尔参加了在西维吉尼亚举办的国家青年科学营。那里简直是书呆子的天堂。想象一下，一座座小木屋就是科学实验室，掩映在树荫之中。梅耶尔特别喜欢一个实验，他们将水和玉米淀粉混合，做出黏糊糊的泥巴样物体，这东西似乎可以无视地球的引力。

一个名叫阮祖那的耶鲁大学博士后，以客座讲师的身份为营地的学生们做讲座。他用难题和谜语难住了在场的所有聪明孩子。此后许多天，营员们还在讨论他的到访。

---

① 私人俱乐部，不公开活动，其成员各有一把开门钥匙。

最后,梅耶尔的一位辅导员顿悟了。

"知道吗,你们把这件事彻底搞错了,"这位辅导员对梅耶尔和其他营员们说,"重要的不是祖那知道什么,而是祖那如何思考。"

辅导员说道,阮祖那之所以能够让人如此惊叹,不是因为他所知道的事实,而是因为他认识世界、思考问题的方式。阮祖那最令人称奇的地方,在于即使你把他放在一个完全陌生的新环境里,给他一个完全陌生的新难题,仅仅需要几分钟,他就能发现问题的关键所在,并展开正确的观察。

从那一刻起,这句"重要的不是祖那知道什么,而是祖那如何思考"几乎成了梅耶尔的人生指南。

那年秋天,梅耶尔来斯坦福大学报到,开始了医学预科课程。她原本打算成为一名医生,但一年级结束的时候,她开始对这个打算厌倦了。

不过是做记忆卡而已,她想。这很简单,太简单了,不过是死记硬背而已。

梅耶尔希望找到一个专业,能够训练自己批判性地思考,并成为一个善于解决难题的人。她还希望研究人们如何思考,如何推理,如何表达自己的想法。在她的脑海里有个声音翻来覆去地说:不是祖那知道什么,而是祖那如何思考。

然后,她开始回应脑海中的那个声音——找到一门帮助她学习如何思考的课程,就是一门计算机科学入门:CS105。①

在学期当中,为了获得额外学分,她参加了一个全班性的设计比赛。就像她聪明的大脑让她成为了一名出色的啦啦队编舞一样,梅耶尔编写了一个可以喷放烟花的屏保程序。全班300人,她获得了第二名。

这个程序设计得如此精美,以至于梅耶尔CS105课程的教授埃里克·罗伯茨在接下来的几年中,都将这个屏保程序的改编作为作业。

罗伯茨教授对梅耶尔的烟花屏保印象非常深刻,甚至邀请了她和其

① CS是"computer science"的缩写,意为计算机科学。

他几位优胜者到他家里共用晚餐。梅耶尔又结识了一位人生导师。

同时，梅耶尔还发现了适合自己的专业。

她选择了“符号系统”——就是阮祖那脑袋里的那个综合学科，包括语言学、哲学、认知心理学和计算机科学。

符号系统已经成了斯坦福大学非常著名的一个专业。除了梅耶尔，还培养出了包括领英的联合创始人雷德·霍夫曼、苹果 iOS 软件前高级副总裁斯科特·福斯特和 Instagram 联合创始人迈克·克里格在内的多名知名校友。

梅耶尔略带说教的领导才能在她选修哲学 160A 课程的时候显露无疑，后来这门课成了符号系统专业的“淘汰课程”。

在哲学 160A 课上，学生们打散后编为大约六人一组的研究小组，每个小组被布置一些难题。梅耶尔的小组——像其他小组一样——一直将作业拖延到提交结果的前一天。

所以，在斯坦福大学的那个学期，对梅耶尔和很多其他选修哲学 160A 课程的人来说，充满了不眠之夜。在学习过程中，梅耶尔小组的年轻人经常走神聊天，拖延怠工。梅耶尔总是那个说“好了，回去工作，我们把这个做完”的人。

这个小组的交流模式，对梅耶尔来说非常典型。她一如既往地掌控着整个房间——组织她的小组全神贯注地工作——但在其他方面，她还是很害羞，多少有点避着人。

如果回到几年以前，这种组合——像老师一样拥有权威、发号施令的愿望和个人层面上不愿意与同龄人交往的情绪——会让梅耶尔大感头疼。

一名斯坦福大学同学把梅耶尔的害羞描述为“某种傲慢”。

“她会在完成工作后离开，而其他人则留下来，凑在一起，点个披萨。她会因为工作完成了而直接走人。”

确实，在大学里，梅耶尔的社交生活并不太活跃。

梅耶尔的一个大学室友说道，她总是“忙忙碌碌，独来独往，她不是那种能和室友打成一片的人。她总是在做一些比单纯聊天重要得多的事情”。

之后在斯坦福大学读书的日子里，梅耶尔发现，在不怎么互动的小组中，自己感到更舒服也更为亲切。作为符号系统学科的高年级学生，她被安排教授一门课程。

她自然而然地喜欢上了这件事。

罗伯茨教授负责指导梅耶尔教课。在完成春季学期的课程教学之后，罗伯茨对她的学生进行了一次调查。结果令人惊叹：学生们喜欢她——即便是她有时候说话飞快。

罗伯茨邀请梅耶尔待在斯坦福大学，再教授一个夏季班。她欣然同意。

梅耶尔出色地度过了作为斯坦福大学本科生的几年。拿到学士学位之后，她留在学校攻读计算机科学硕士学位，研究方向是人工智能。

在研究生学业即将结束的时候，梅耶尔的教学能力已经广受认可。

此时，她面临一个抉择。

是应该成为一名教师，将全部时间投入这个自己一直擅长的工作？

还是应该挑战自己，在科技行业里闯荡一番呢？

当人们问起梅耶尔，为什么从斯坦福大学获得符号系统硕士学位后，会选择加入谷歌的时候，她喜欢给他们讲“劳拉·贝克曼的故事”——这是她中学钢琴老师乔安娜·贝克曼的女儿的故事。

梅耶尔是这样开始讲这个故事的：“中学低年级的时候，劳拉参加了排球队选拔。在选拔结束时，她面临一个艰难的选择：做校代表队的板凳球员，还是后备队的首发队员。

“大多数人在面临这样的选择时，都会想打球——加入后备队。劳拉反其道而行之——选择了校代表队，做了一整个赛季的板凳球员。

“但后来，神奇的事情发生了。升入中学高年级后，劳拉再次参加选拔赛，成为校代表队的首发球员，而前一年所有后备队的选手，这一年在校代表队坐了一年板凳。

“我记得我问她：‘你怎么知道当初应该选择校代表队呢’？

“她回答说：‘我知道，如果我每天和更优秀的选手一起练习，即便我不能参加比赛，也能变成一个更棒的选手。’”

梅耶尔的故事带给我们的启示是：和最优秀的人待在一起总是好的，他们会给你挑战，让你成长。

“我渴望寻找聪明人，并和他们一起共事，于是我来到了谷歌。”她说道。

这就是梅耶尔加盟谷歌最重要的原因。

但是她差一点没去成。

那是在斯坦福大学的最后一年，4 月中旬一个周五的晚上，梅耶尔坐在电脑前，一边吃着意大利面，一边读着电子邮件。她已经有 12 份工作可以选择，不打算再去找其他工作了。所以当收件箱再次弹出招聘邮件时，她按下键盘上的删除键。

不过她按错了。

她没按删除键，而是按了空格键。邮件打开了。

邮件主题映入眼帘：“想来谷歌工作吗？”

梅耶尔阅读了这封邮件，想起了她和埃里克·罗伯茨的一次对话，在选修了他的计算机科学课之后几年，他仍然是她的良师益友。去年秋天，罗伯茨听梅耶尔谈到她建的一个推荐引擎，告诉她说，她应该见见两位正在相似领域做研究的博士。他们的名字是谢尔盖·布林和拉里·佩奇。

意识到她正想删除的这封邮件来自布林和佩奇新成立的公司，梅耶尔就回复了邮件，表示希望得到面试机会。

她接到了面试邀请。谷歌工程师克雷格·希尔弗斯坦面试了她,并以自己的聪明才智征服了她。如果拿劳拉·贝克曼的故事打比方,希尔弗斯坦就在校代表队。

谷歌向梅耶尔提供了一份工作——确切地说,是一个实习生的职位。

她没有马上答应。梅耶尔已经拿到了咨询公司麦肯锡的一份很棒的工作邀请。在那里,她的客户都是硅谷的公司。她会学到很多东西,那是一份很稳定的工作。

而选择谷歌,就会冒险得多。

梅耶尔决定弄明白到底有多冒险。

她查阅了像谷歌一样的新生企业的一些历史数据。分析了一些数字,得出了一个她认为可以表示谷歌成功机会的数字。

她算出,谷歌有 98% 的可能性会完蛋。

但她还是冒了这个险。

# 第六章 谷歌岁月

1999 年 7 月，谷歌的情况实在是糟糕透顶。在玛丽莎·梅耶尔开始工作的头两个月里，她和同事们常常每周工作近 100 个小时，只为保证搜索引擎不至于崩溃。

梅耶尔开始这份工作的第二天，11 点左右，她去小厨房找点心吃，在那里，她撞见了谷歌的联合创始人和首席执行官拉里·佩奇，他正站在角落里。

“我在这里躲着呢，”佩奇说，“网站要瘫痪了，它完全走入了歧途。”

谷歌刚跟网景签了合同，开始处理来自网景的搜索请求。谷歌只有 300 台计算机处理搜索结果，它曾要求网景只发送一小部分流量过来。但网景无视这个请求，将所有用户都转给了谷歌。

于是谷歌网站就瘫痪了。

梅耶尔回到自己的办公桌前，午饭时间她要工作，晚饭的时候也一样，她一直工作到第二天凌晨 3 点之后——在她进入公司的第一周里，工作到这个时候已经不是第一次了。

对梅耶尔来说，这些本来应该是很糟糕的事情。

但实际上却不是。

这太神奇了。

在经过了令人困窘的小学和中学时光，又经过了稍有改善，但仍不够完美的大学和研究生阶段之后，玛丽莎·梅耶尔终于感到舒服自在了。她找到了自己的同类人，她找到了适合自己的地方。谷歌就像一所超级天才们的寄宿学校那样，大家一起吃饭，一起看电影。人们还经常睡在办公室里。

那年 7 月的一天晚上，夜已经很深了。梅耶尔和她的同事们终于忙活完，停下手头写代码的工作了。他们没回家，而是留在办公室里，因为同事哈利还在做谷歌的网页搜集算法。这项工作需要三五天，包含 500 个步骤，搞砸任何一步，哈利都得从头来过。所以大家都留下了，适时地刺激一下他的工作积极性，并给他冲咖啡提神。他们给他起了个外号，叫“蜘蛛侠”。

夜渐渐深了。一群人在小隔间之间的空地上围成了一个圈，有人坐在地板上，有人坐在色彩亮丽的健身球上，他们聊着未来，聊着谷歌在将来的某一天会成长为什么样子。这情景就像梅耶尔以前在斯坦福大学见到的那种宿舍夜谈，特别是在每年的秋季，新的朋友圈刚刚形成，新生们围坐成一圈，讲述各自的故事，畅想自己在斯坦福大学的未来——畅想他们要怎样度过自己的人生。如今，梅耶尔也成了这种谈话的一员。每个人都有各种各样新奇的点子。甚至有人提出一个非常疯狂的想法，那就是谷歌应该将世界上所有的图书馆都扫描一遍，将有史以来的所有书籍都发布到网上。没有人嘲笑这个想法，大家纷纷为如何实现这个点子献计献策。

这是神奇的时刻。最后，一个叫乔治斯·哈里克的工程师从屁股底下的健身球上跳起来，站在圈子正中间。

他说：“我想大家应该停一下，将这一刻记住，因为不管从今往后发生什么，都不会像现在这一刻这么美好了。”每个人都记下了这一刻——特别是梅耶尔。

她爱上了谷歌，爱上了谷歌的人、谷歌的文化、谷歌的创意。她想象着自己如今的感觉就像是劳拉·贝克曼加入校代表队第一年时的感觉。她惯有的羞涩像是蒸发了。梅耶尔感到了一股强大的力量，驱使自己去证明，她是属于这个神奇的团队的，她会竭尽全力对其有所助益。

因此，二十四岁的玛丽莎·梅耶尔放开了手脚，准备大干一番。她是以程序员的身份被谷歌聘用的，之后投身于一个大项目：为谷歌建立一个系统，可以为合适的人提供最匹配的广告。

不过，之后发生了一件有意思的事。在梅耶尔开始这个项目几周之后，另一位谷歌工程师，杰夫·迪恩，提出对她施以援手。迪恩轻而易举地做出了一个系统，比梅耶尔之前干了几周做出的系统更好。

这件事太正常了。作为该行业的世界顶级编程员，迪恩早已名声在外。当谷歌从数字设备公司（DEC）将他挖过来的时候，他的几个同事根本无法相信，一家刚起步的公司能聘到这样一位天才。很多人深受震撼，便跟着他一起去了谷歌。

梅耶尔编的程序没有迪恩的好，这一点也用不着羞愧。但是对她来说，这证明了一个真理，她意识到自己在编程方面永远也不会像迪恩一样优秀——甚至根本无法进入他所在的等级。最终，谷歌将充满像他这种水平的人。如果她要证明自己是属于谷歌的，就得另辟它径。

谷歌仍然是家小公司，这时候，它需要敢于冒险的人——从协助人力资源经理四处挖人，到利用周末时间安装新的服务器。梅耶尔恰恰满足这样的需求。

她的生活是这样的：每天睡四小时，时间不定，周末的时候绕着斯坦福大学校园玩玩轮滑，骑骑自行车。其他的时间，工作。

人们注意到了梅耶尔，她脱颖而出是因为她是一群男性工程师中的金发女性。他们注意到了她害羞的一面，特别是她在针锋相对、各抒己见的谈话中,不时静静发出的“嗯嗯嗯”的笑声。他们注意到了她的聪明、专注和坚持,他们谈论她如何全力解决谷歌亟待解决的各种问题。

有时候,梅耶尔会介入一些别人已经着手处理的问题。这经常激怒其他人,不过她丝毫不受影响——这可能是因为,她注意不到别人的恼怒。

梅耶尔早期参与的一个项目,是搞清楚谷歌搜索结果页面上的内容应该用衬线字体[①]还是无衬线字体。衬线字体,如新罗马字体(Time New Roman),某些字母的笔画上有一些小细线;无衬线字体,如海维提卡字体(Helvetica),没有这样的小细线,就是基本的线型字母。梅耶尔进行了深入的研究,发现的结果非常有趣:衬线字体更“可读”,非衬线字体更“易读”。

好吧,没得出什么明确的结论,梅耶尔如是想。

不过实际上,结论很明确,她最终意识到了这一点。因为在这句话中,“可读”的意思是,衬线字体在页面上创造了一种水平规则,引导视线,这使得衬线字体更适合长篇内容。非衬线字体更“易读”,是因为没有了小细线,眼睛可以更快地读取和识别字符。在搜索结果页面上,人们主要进行点读。所以实际上选择已经很明显了。嗯嗯嗯。

梅耶尔将研究结果拿给拉里·佩奇,提出建议,说他们应该有所改变。佩奇同意了。谷歌搜索中,字母上的小细线没有了。

梅耶尔找到了自己的容身之所,一个她能够证明自己属于此地的领域:改善和指导谷歌用户界面的开发。这份工作与她人机互动的专业完美契合。

一开始,梅耶尔只是用户界面小组的非全职成员,是谷歌工程部门派过来的代表。她负责处理搜索结果页面的外观,与此同时,另外两个从市场部过来的人监督谷歌页面其他部分的设计。然后这三个人将他们的设

① 衬线指字母主线外起装饰作用的细线,如 I 上下两端的细线,T 左右两端的细线。

计交给佩奇，由他来拍板决定。

但是很快，梅耶尔就从兼职人员变成了团队的负责人。她做了一个"用户界面小组"电子邮件列表，通过网络安排会议、解决问题。她开始主持每周一次的用户界面审查会，昏暗的会议室里，放映机将影像投到白墙上，在漫长的会议中，二十四岁的梅耶尔带着整个团队将每一页上每一个像素的设计都审查一遍——每一列的宽度、每一页上页边、单元间的填充。梅耶尔一直坚持一个原则，任何决定都要以事实和调查为基础。团队不断发展壮大。梅耶尔成了团队向佩奇做报告的主要代表。

之后，2000 年 3 月，拉里·佩奇除了担任首席执行官，又承担了一个新的职责——他做了"产品总监"。他决定跟谷歌的高管们每周碰一次头，做一次产品审查。梅耶尔抓住了在他面前主持会议的机会。不久之后，她就开始安排所有会议的日程了——决定会议上讨论谷歌的哪款产品，邀请哪些人参会。

作为一名初级程序员，被谷歌聘用不到一年，梅耶尔已经主持决定谷歌网页样式的会议，并实际上决定着谷歌产品的上线日程。更为重要的是，她证明了自己是这个团队中的关键一员。

梅耶尔现在已经可以对乔治斯·哈里克说他错了，1999 年 7 月的那晚不是在谷歌经历的最美好的一晚，因为每天都变得更加美好。

梅耶尔对谷歌已经很深厚的感情，在那年的春天和夏天愈发加深了。她不动声色地在非工作场合跟拉里·佩奇越来越频繁地见面。他们像十几岁的少年一样约会。佩奇一头深棕色的头发，接近黑色。满脸真诚的笑容，不带一丝愤世嫉俗的味道。大学的时候，佩奇曾经参与过一个领袖训练营，他一直将训练营的格言铭记于心：人应该"理性地藐视不可能"。梅耶尔觉得，这种态度非常有魅力。她和佩奇一起玩桌面游戏，他们特别喜欢卡坦岛拓荒者游戏。

谷歌的同事们开始听到关于这段关系的一些传言。有传闻说，佩奇和联合创始人谢尔盖·布林被英国女王邀请参加晚宴时,佩奇带的女伴就是梅耶尔。人力资源的同事们对此一无所知,佩奇丝毫没有透露。

慢慢地,每个人都想明白了这件事。在谷歌每周一次的全员大会(称为TGIF)上,佩奇说要和梅耶尔一起参加一个活动。人们看到他们出现在同一场派对上,表现得像一对情侣。他们还在同一时间到公司上班。

当谷歌的人力资源主管希瑟·凯恩斯最终听闻他们的关系时,她想,啊哈,不错。两个沉默的人的沉默约会。

然后她想,这一对儿很合适。他们有很多共同之处。

让大家感到不爽的只有一个小问题,在用户界面审查、产品审查,以及现在两人的关系中,梅耶尔对佩奇的影响,比其他任何人都大——除了布林,当然,还有佩奇最好的朋友撒拉尔·卡曼加。

但在之后的几年中,梅耶尔工作那么努力,贡献那么巨大,所以几乎没有人对她心存嫉妒。

至少在那时候还没有。

玛丽莎·梅耶尔几乎愿意为谷歌做任何事情,但是2001年辛迪·麦卡弗里让她做一件事情,她不那么情愿。

瓦特·莫斯伯格是《华尔街日报》著名的个人技术专栏作家,他来到谷歌总部,谷歌的市场主管麦卡弗里需要一个人跟他坐下聊一聊,告诉他谷歌在做些什么。

没有人比玛丽莎·梅耶尔更合适做这件事了。

自从1999年进入公司,梅耶尔迅速升职成为公司最重要的人之一。首先,她掌管了用户界面会议,每一件谷歌产品都要在会上经过她的审查。进而,她开始负责拉里·佩奇的产品审查会议。之后,梅耶尔创建并开始实施一个新的进程,叫做“发布日程表”。每周,梅耶尔会召集谷歌各个单位的头头脑脑——市场、法律、工程、公共关系等——仔细检查本周将要发布的产品。每个代表都要对即将发布的产品开绿灯。但是梅耶尔做事的风格是——雷厉风行——要每个支持该产品发布的人说出充分的理由。如果工作没做好，那么开发这个即将发布的产品的人就要不好过了。

麦卡弗里相信，除了拉里·佩奇和谢尔盖·布林，可能没有人比梅耶尔对谷歌产品的路线图更加了解。

所以麦卡弗里找上了梅耶尔，问她能否处理一下这次采访。梅耶尔拒绝了。她说那天太忙，有很多会议。对不起，请找其他人吧。

事实是，梅耶尔不只是忙，她还感觉很害羞。那将是她的第一次媒体采访。

最后，麦卡弗里说："如果你去的话，我就给你一张帕洛阿尔托市区水道温泉的礼券。"

梅耶尔说，好吧。她同意在莫斯伯格来山景城时，跟他坐下聊一聊。

在梅耶尔办公室会面的时候，莫斯伯格见识到了真正的梅耶尔。大量准备好的数据、逸事和论点，加上她简短的"嗯嗯嗯"的笑声，一古脑儿地呈现出来。莫斯伯格发现，梅耶尔表述清晰、考虑周到，对自己的工作和公司都无比自豪，令人印象深刻。

就麦卡弗里所知，梅耶尔与莫斯伯格的这次会面非常成功。

梅耶尔做得这么好，有三个原因：

第一，梅耶尔有一种惊人的能力，对谷歌用户们的那些最小的细节，也能够记得一清二楚。比如，在用户界面会议上，梅耶尔不仅可以告诉产品经理用一种蓝色代替另外一种蓝色，她还能引用数据，说明对不同的人群，哪种蓝色能产生最高的点入率。她可以深入地跟莫斯伯格介绍谷歌的技术。

第二，她还是一个年轻人，梅耶尔的事前准备工作做得相当到位。在大型会议、陈述以及面试的时候，不需要任何人催促她干什么。

第三，梅耶尔打从心底对谷歌充满自豪，满怀激情，这让她磕磕巴巴、长篇大论的讲话变得富有吸引力和魅力,而不会让人不愉快。

做完这个采访之后不久,莫斯伯格发表了一篇专栏文章,宣称:“谷歌是搜索引擎的典范:周密、灵巧、迅速、真诚。”

麦卡弗里将梅耶尔放进了她认为可以应付媒体的管理人的名单里。

2002年,玛丽莎·梅耶尔发现,她的新上司并不太懂该如何为谷歌招聘合适的人。

她的上司名叫乔纳森·罗森博格。那一年早些时候,他以产品业务副总裁的身份加入谷歌,在此之前,他做的最重要的一份工作是在Excite@Home,这是一家投入了大量资金,最终却倒闭的小企业。

罗森博格工作很卖力,在他的职业生涯中,他有让老板喜欢自己的天分。而在谷歌他却未能如愿,谷歌进行“家长监督”式管理的新任执行总裁埃里克·施密特似乎还挺喜欢罗森博格,但拉里·佩奇——在幕后做决策的联合创始人——表现得似乎特别受不了罗森博格。

跟佩奇一起开会的时候,罗森博格会展示他那些大公司员工的招数:结构化的议程、市场研究以及产品路线图。佩奇对这些都一笑置之。他会说:我们这里不是这么做事情的。

梅耶尔注意到,罗森博格总是做不好自己的主要工作。他本来应该雇用几个产品经理,让他们来为谷歌正在进行的项目提供指导。

而罗森博格出去招聘的净是些哈佛、斯坦福大学的工商管理硕士。他把他们带给佩奇,佩奇一概拒绝。

最后,梅耶尔给罗森博格出主意。

她对他说:产品经理岗位不要再招聘工商管理硕士了,而是要招聘那些对业务感兴趣的计算机科学专业的毕业生。梅耶尔说:我就是这样的人,看看我在谷歌做得多么出色。拉里也是这样的人。

她告诉罗森博格,斯坦福大学有一门计算机科学课程,这门课程所有的助教都是刚修完这门课的大学生。她说谷歌应该开启一个项目,就雇用这些刚从学校里出来的毕业生。这样的话,就可以把谷歌的管理者对网络、技术和业务的看法塑造成"谷歌型"的。

她想,也许谷歌可以将这些人称为"助理产品经理"。

罗森博格知道,梅耶尔跟佩奇走得很近——她对佩奇的了解不输给谷歌的任何一个人,她的想法一定能得到老板的青睐。

他说:好。我们就这么办吧。你来负责这个项目。

负责这个项目,她做到了。

几个月后,梅耶尔招聘到了她的第一个助理产品经理,一个名叫布莱恩·拉科夫斯基的来自斯坦福大学的年轻人。她把他空降到一个谷歌正在进行的大型秘密项目中:一个基于网页的电子邮箱产品,谷歌邮箱。已经有一群工程师在做这个项目了,他们很反感一个二十二岁的年轻人像老板一样,随随便便就插进来。

梅耶尔对拉科夫斯基说:不要做他们的老板。你不是他们的老板。他们有着比你多得多的工作经验。如果你想让他们做什么,唯一的方法是向他们展示,你有足够的数据来支持你的观点。后来,拉科夫斯基和工程师们打成了一片。

梅耶尔得到了扩大"助理产品经理"项目的许可。

她聘用了更多像拉科夫斯基一样的大学毕业生,将他们安排进谷歌各个工程团队。她每周跟助理产品经理们见一次面,了解他们的工作情况以及他们参与的产品的进展。

最终,"助理产品经理"项目形成了常态——一个四十来位助理产品经理参与的两年项目。在项目的第一年和第二年之交,梅耶尔会带着这些助理产品经理们做一次环球旅行,去看看现实中的人是如何与谷歌产品互动的。

这个项目对谷歌来说很不错,它有一个充满活力、技术精湛的产品组织；对梅耶尔来说也很好，她雇用了一群年轻人，让他们负责整个公司正在研发的产品，让这些年轻人向她汇报。梅耶尔开始在谷歌整合力量，她成了谷歌消费产品部门实际的掌门人。

有时候，谷歌的工程师们会抵制助理产品经理的“入侵”。2003 年，一个叫布雷特·泰勒的助理产品经理第一天到一个新的小组工作，工程经理告诉他说：“你没有用。我不跟产品经理一起工作。”

但是谷歌高层支持“助理产品经理”项目，所以泰勒还是留下了。

梅耶尔知道，她在进行一场地盘争夺战，但是她没将它看成是权力之争，她只是承担起了自己力所能及的事情，并且假定所有管事的人都知道她是出于好意。这就是曾经激励了她的那种渴望：证明自己是有用的，自己属于这个令人骄傲的团队。

梅耶尔热爱“助理产品经理”项目，她曾经在人前很腼腆，但在她的助理产品经理们跟前，一点也不。去国外旅行的时候，她是他们的领队和发言人。在办公场所，他们也会向她寻求个人和工作方面的建议。

并不是所有的助理产品经理都那么喜欢梅耶尔。一些人非常喜欢她，这毋庸置疑。如果一个助理产品经理是她的得力干将，并且能够忍受她尖刻的风格，这个助理产品经理就会喜欢她。梅耶尔跟这样的人会走得非常近。她会谈论自己跟拉里的私人生活，开开玩笑，甚至耐心倾听对方的看法。

不过，如果某位助理产品经理得不到梅耶尔的青睐，她就会在对其工作作出评价的时候显得冷若冰霜。对那些没有什么失败经历的人来说，梅耶尔的风格尤其令人不快。在她掌管这个项目的前三年，大概有十几个助理产品经理，曾经哭着从她的办公室里跑出来。

2003 年，首席执行官埃里克·施密特正式宣布，由玛丽莎·梅耶尔负责谷歌消费产品的界面外观（包括搜索业务），实际上她已经在做这项工作了。2005 年，他任命她为副总裁。谷歌网站放上了她的照片和简历。

从 2000 年她接手谷歌的用户界面会议到 2005 年晋升之后的几年，梅耶尔一直表现特别出色。

谷歌搜索主宰了整个行业。用户蜂拥而至，使用谷歌邮箱、谷歌新闻和谷歌地图。

在相当大的程度上，这些产品是很成功的，因为梅耶尔着迷于简化消费者的"用户路径"——一个普通的网络用户在使用谷歌产品时，所点击的页面和步骤。

这种胜利源于感同身受。

这是非常不容易的，因为从很小的时候，玛丽莎·梅耶尔就不太能体会别人的感受。别人叫她机器人，说她傲慢自大。对她来说，直视别人的眼睛是很困难的。她冷漠的态度令很多助理产品经理感到不快。

然而，尽管在与人相处方面有些障碍，梅耶尔那几年的工作基本上是在跟谷歌数以亿计的用户打交道。

她是怎么做到的呢？

借助于精神框架：程序、规则和模仿。

有一次，一个助理产品经理请她审查某个产品，她对他说："这个页面太乱了，你现在要做的是，看看这个页面上有多少种字体，几个字号。每次有新的颜色或新的字号，记 1 分。我希望这一页的总分数不超过 5。"

这个"5 分"的评论，后来被写进了会议备忘录；之后，它又变成了一条规则——任何页面都不能超过 5 分。

另一条规则是：设计一个"98% 可用"的产品。对梅耶尔来说，符合这条规则的最好例证就是施乐复印机。它可以做各种神奇的事：装订、校勘、复印、传真。当你想让它完成一项任务的时候，只要摁下大绿键，它就能正确完成。梅耶尔认为，每一件好的产品，对于 98% 的使用情况，都应该有这么一个大绿键，使用者只需点击或者轻敲一下，就能获得愉悦、顺畅又简单的体验。

在审查产品的时候,梅耶尔会计算完成一件工作需要按键的次数。次数太多的话,就会要求返工。

梅耶尔从自己惨痛的经历中学到了另外一条规则。2001年,梅耶尔和一位名叫克里希那·博哈拉特的工程师推出了谷歌新闻。谷歌新闻竭力想被用户接受。梅耶尔分析了用户数据。人们上上下下地翻动页面,跳过整个链接部分。很显然,谷歌新闻页面呈现的故事,相关度不够高。所以她增加了一个小部件,让用户动手选择什么是他们希望看到的,什么不是。

拉里·佩奇听说这个小部件的时候,非常生气。他说:我们不该去做这种事!谷歌的产品是机器驱动的。规则是:不需要任何的人为操作,谷歌产品就知道人们需要什么,并提供给他们。

对梅耶尔来说,还有一条附加的设计原则:谷歌的产品必须看起来是机器创建的。不要做任何不必要的设计。保持干净简单。不要让产品看起来像经过了人工编辑。

只有在一种情况下,梅耶尔可以接受打破规则:产品经理提供测试数据,证明应该如此。梅耶尔在早些时候就了解到测试数据的力量,在推出谷歌新闻之前,团队要在两个可能的功能中作出选择。他们应该加上的功能,是让用户可以按日期分类新闻,还是按地点分类呢?团队分成了两派,争论陷入僵局,并且愈演愈烈。最终,梅耶尔说:那我们任选一个发布吧。他们选择了按地点分类,在周一早上发布了产品。下午5点,梅耶尔读到了来自用户的300条信息——几乎所有人都要求谷歌加上按日期分类的功能。

梅耶尔让自己与用户联系起来的另外一个方法是"设身处地"。多年以来,梅耶尔家都没有装宽带,直到大部分美国家庭都安装之后才装上。谷歌首次公开募股的时候,她赚了几百万美金,但她仍然会在周六开车去单位，用工作电脑网购，就因为公司的网速更快。谷歌是一家做安卓手机的公司，而她使用的是苹果的 Iphone 手机，因为大部分移动网络使用者都用 Iphone 手机。

在用户界面审查会上，梅耶尔经常会带上还住在威斯康星的母亲，她要求团队无论做什么样的产品，都要让她的母亲用起来和房间里的其他人一样方便。

梅耶尔的这些优先考虑发挥了很大作用。用户们点入经梅耶尔批准通过的路径，谷歌搜索成了互联网行业有史以来利润最高的搜索；谷歌地图吞占了地图网（MapQuest）的市场份额；谷歌邮箱稳扎稳打地将使用微软邮箱和雅虎邮箱的用户吸引了过来。

大约是 2005 年的一天，梅耶尔面色不悦地走进办公室。她和拉里分手了。在那几天里，她特别渴望跟几个关系最好的同事倾诉。但不久之后，她又表现得若无其事了。

2007 年，佩奇和一个名叫露西·索斯沃斯的斯坦福毕业生结婚了。婚礼在理查德·布兰森的私人岛屿，加勒比海的内克尔岛上举行。

同年，梅耶尔在谷歌的一位同事在电子邮件中跟她说："我想给你介绍一个我觉得你会感兴趣的男孩子。别激动哈。"

这个"男孩子"就是扎卡里·鲍格。高高的个子，黑色的头发，鲍格看起来就像《单身汉》里的明星。他曾经是哈佛大学的足球队员，现在则是旧金山的一位银行家。梅耶尔和鲍格结婚的时候，举办了两场结婚仪式：第一场在加利福尼亚，《时尚》杂志报道了此事，参加婚礼的都是硅谷的亿万富翁精英。第二场在梅耶尔童年时代的教堂——沃索的路德会以马内利堂举行。

关于他们的婚姻生活，鲍格有一次告诉记者说：我们晚上也会继续工作，工作和生活之间从来不是泾渭分明的。玛丽莎的工作就像是她的一部分，工作不是她下班之后就急于摆脱的东西。

梅耶尔为工作付出良多,而她的工作百倍地回报了她。

作为早期员工,在谷歌上市的时候,她得到的钱远比她想象的多——上亿美元。她花500万美元买下了旧金山四季酒店的顶层公寓,还有靠近山景城谷歌园区的另一座宅邸。她开始在两个住处举办高端聚会,涉足旧金山的上流社交圈。到她家做客的人们,可以看到知名艺术家们昂贵的艺术品原作,比如戴尔·奇胡利[①]设计的由400块玻璃组成的艺术品。

梅耶尔在谷歌说话仍然很有分量。她的助理产品经理们分布在公司的各个部门,像以前一样忠诚于她。尽管她跟佩奇分手了,她仍然在一个高管小团体中,这个团体对他和整个公司都有着巨大的影响力。《连线》杂志的记者斯蒂文·利维在他关于谷歌的一本书中,将这个团体称为"秘密集团"。

玛丽莎·梅耶尔拥有了金钱和权力。由于谷歌近期的一次招聘,接下来她还将得到名声。

大约在2007年,一个传言开始在谷歌流传:玛丽莎·梅耶尔特别喜欢被媒体关注,她在谷歌内部成立了自己的公关团队,来提升自己的形象。

不然,该怎么解释《时尚》杂志的报道?

还有《今日秀》节目上的露脸?

还有《纽约时报》,以《敢作敢为,直面谷歌》为标题的个人报道?

梅耶尔有自己的公关团队的传言,正好跟谷歌内部一些小圈子里正在传开的一个与梅耶尔有关,也许有些性别歧视的说法相吻合。那就是:梅耶尔是一个操控者,她汲汲营营于别人的关注和自己的声望,而她之所以能得到自己所渴望的关注,只不过是因为她的容貌、性别还有年龄,而不是因为她是一个优秀的技术专家,或产品开发者。

---

① 美国现代玻璃艺术大师。

实际上，梅耶尔在谷歌并没有自己的公关团队，不过，在谷歌的公关部门里确实有一群人专门为提升她的职业形象服务。他们受负责媒体的高管加布里埃尔·斯特里克领导。

斯特里克是在2006年秋季入职谷歌的。他说话轻声细语，穿着干净利落，秃顶，留着短胡子。他爱穿深色牛仔裤、格子衬衫、运动外套。本来他是被聘来发布谷歌图书的，但他花了大量时间让记者们写一些关于谷歌搜索产品的文章。

2006年和2007年两年间，谷歌迅速成长为全球最受喜爱的技术力量，公司每季度的收益有数十亿美元，并持续快速增长。斯特里克忙于应付想报道谷歌的记者，还有电视制片人。

但是就跟他的前任麦卡弗里一样，斯特里克也很难说动谷歌的联合创始人谢尔盖·布林和拉里·佩奇接受采访。就连谷歌的首席执行官埃里克·施密特也不像以前那么配合了。斯特里克意识到，随着公开宣传的增多，谷歌的三位顶尖管理者以下，上得了台面的人太少。谷歌需要一个说得过去的人来填补这个空位，谷歌需要一个明星。

斯特里克对自己造星的能力一点都不担心，在加入谷歌之前，他从事的是政治助选，他早就学会了如何利用媒体提升形象。不过他担心，谷歌的这帮天才，都像安卓系统的主管安迪·鲁宾似的，跟布林和佩奇一样厌恶媒体，或者像那些不修边幅的工程师们一样，让记者们一看就兴趣缺乏。

然后，斯特里克就开始在谷歌的搜索类产品主管玛丽莎·梅耶尔身上下功夫了。她在记者当中似乎有些知名度。

在谷歌总部他的小隔间里，斯特里克有时会听到同事们试图向记者推销一些内容。

他们会说：嘿，说实话，你该写一篇关于谷歌邮箱的文章啦。

记者会说：听起来不错，我们能跟某位高管聊聊吗？

公关团队的人会说：呃，这位工程师怎么样……

然后,这事儿就黄了。

而斯特里克会打电话给记者,说:嘿,你该写一写关于搜索的很有意思的东西。你知道吗,如果你在搜索页输入一个航班号,真的可以查到有用的结果?

然后记者会说:听起来确实很有趣。

然后斯特里克会跟他们说:这事儿玛丽莎一直负责呢。

记者的口气就变了:哦?我听说过她。她是那个金发碧眼的计算机科学专业美女。

然后这事儿就成了。

斯特里克认识到梅耶尔应对媒体的潜力,是在2007年5月16日。那一天,谷歌举行了一场名叫“搜索技术学”的媒体见面会。会上,三名中年男性工程师走上台,陈述了谷歌搜索的现状。与会的媒体人礼貌地听着。然后梅耶尔上台了,听众们立刻打起精神。他们被她讲的笑话逗得哈哈大笑。在开始的两分钟里,她的讲话不时地被照相机的闪光灯打断。

当然,斯特里克看到的正是梅耶尔擅长的领域:站在教室前,面对一群崇拜她的学生。

斯特里克开始给她更多机会,得到的回馈令人难以置信。不久之后,记者们打电话给谷歌的时候就开始点名找梅耶尔了。媒体反映的是消费者的好奇,而消费者被二十几岁、很上镜的金发美女可以成为技术专家、极客这种事深深吸引。他们对梅耶尔奢华时尚的品位也非常感兴趣。梅耶尔符合所有条件。

《今日秀》节目的经纪人对梅耶尔尤其喜欢。每次谷歌展出新产品,她都会到场。《时尚》上有介绍她的文章,《旧金山》上介绍她的文章将她称为“谷歌女郎”(Googirl)。2008年,《纽约时报》刊登了她的长篇介绍。《新闻周刊》将她列入“未来十大科技领袖”。《商业2.0》把她列入“硅谷梦之队”。现在已经倒闭的科技新闻网站“红鲱鱼”将她选入“值得关注的十五位女性”。

梅耶尔处理媒体的得心应手，以及她对媒体的吸引力，给斯特里克留下了深刻印象——但仍然没有梅耶尔想要处理这些事情的愿望强烈。很多行事低调的谷歌高管很想高调起来，但很少有人在经过了白天繁重的工作之后，还有时间继续做这个。梅耶尔就是一台机器。她在《今日秀》的常规行程尤其疯狂。如果周四早上她要到纽约，那么周三梅耶尔就会在加利福尼亚的谷歌办公室工作一整天。然后她会乘坐那天晚上的红眼航班，直接去《今日秀》的工作室接受采访，之后去谷歌纽约办公室工作一整天，然后飞回家。自从飞机上可以无线上网之后，在回家的航程上她也会一直工作。在做这些事情的时候，梅耶尔从来都不是无精打采的，她一直保持着一贯的高效风格。

梅耶尔从未要求斯特里克建立一个公关团队，来处理那些来自外界的关注，或者寻求更多被报道的机会。但在这些报道中，斯特里克做得非常出色，久而久之，他就得到了建立自己团队的权力。团队的任务之一是提升几位高管的形象，比如说桑德尔·皮查伊，谷歌浏览器分部那位讨人喜欢的主管。但是没人赶得上梅耶尔。所以团队花了大量时间巩固成果：将玛丽莎·梅耶尔塑造成世界闻名的科技高管。

这就是她有自己的公关团队这个传言的起源。

传言不断扩散，因为在谷歌内部，怨恨、嫉妒梅耶尔的敌人越来越多。

玛丽莎·梅耶尔在谷歌的工作风格，为她赢得了名声、权力、财富——还有，从一开始就有的，敌人。

她在谷歌积极投入处理那些需要解决的问题——即使有人已经着手解决了——的方式，尤其惹恼了谷歌的老员工道格拉斯·爱德华兹。

爱德华兹之前在《圣何塞水星报》工作，后来到谷歌做销售员。开始的时候，事情很不顺利，因为谷歌的联合创始人谢尔盖·布林和拉里·佩奇觉得,任何对市场的投资都有违背公司的著名规则"禁止恶念"的风险。不过最终,爱德华兹在谷歌有了一席之地。他负责谷歌网站,特别是首页的文案。谷歌获利丰厚的搜索广告产品——关键词(AdWords),就是用他的名字命名的——因为这个名字就是他起的。[①]

2004年,谷歌上市,在此之后不久,爱德华兹就辞职了,原因有二:第一,他已经赚得盆满钵满,不需要再工作了;第二,对于跟玛丽莎·梅耶尔就谷歌首页进行的斗争,他已经倍感厌烦了。爱德华兹认为,这是他的领域,但一次又一次地,他发现梅耶尔不跟他商量就改变了主页内容,就因为她有了某个主意,跟拉里·佩奇谈了谈,就决定改了。2001年的一天早晨,爱德华兹醒来后发现梅耶尔在谷歌网站的主页上,发布了谷歌员工从加利福尼亚到弗罗里达的骑行游行程。他简直气疯了。梅耶尔最终胜出。

几年之后,爱德华兹和梅耶尔绕着谷歌总部边走边聊,进行了一次长谈,试图好好讨论一下他们两人之间的分歧。

他对她说:"你是知道的,玛丽莎,我对你完成的工作,还有对谷歌作出的贡献,一直心存钦佩,我觉得你做得特别棒。我只是希望,我们可以多加交流,同心协力共同完成工作。"

梅耶尔似乎也同意这个说法。但是几天之后,她又恢复原状,单方面行动了。

很多梅耶尔的敌人,正是跟她最密切地一起工作的人:设计师。好些人对她规则至上、数据依赖的做法感到不满。

一个著名的例子是:首席设计师道格·鲍曼正是为此从谷歌辞职了。

在自己博客上的辞别信里,鲍曼写道:"谷歌的一个团队为选择两种蓝色中的哪一个争执不下,然后他们测试了两种蓝色之间的41种渐变效果,看哪种效果更好。我最近还参与了一场关于某个边界应该是多宽的讨论,是3、4、5号像素中的哪个?甚至还被要求证明自己的观点。我应付

① Adwords 和 Edwards 在英语中发音几乎相同。

不来这样的工作环境，也厌倦了讨论这些鸡毛蒜皮的设计决定。有的是更加令人兴奋的设计题目等着去处理呢。”

于是鲍曼跳槽到了推特。

还有一些为梅耶尔工作的设计师，不喜欢她的风格的原因恰恰相反。他们觉得，她实际上正是根据自己的直觉，来对一些设计方案作出决定的，她还会独断专行地炮制出一些规则，要么就是后期对数据进行调整，以得到她想要的结果。

梅耶尔掌控着谷歌一些产品的生死大权，也使她失去不少朋友。

在很多年里，新产品得到用户关注的唯一方法是在谷歌搜索结果页面上一块叫做“Onebox”的屏幕上展示，梅耶尔在谷歌树敌很多，因为她经常告诉产品小组：对不起，如果你不按我想要的方式修改的话，我就不会给你在谷歌搜索结果页面上设置链接。

有一次，有一个三四位工程师组成的小团队，因为想到了一个产品创意而激动万分，这个产品叫做“谷歌音乐”，用户可以搜索艺术家，在搜索结果的顶端就能看到这位艺术家的一些歌曲的名字，链接到可以购买这些歌曲的网上商店。工程师们利用私人时间做好了这个产品，谷歌产品部门有不少人觉得不错。

做好之后，他们拿去给梅耶尔审查。

得到的回应却是：“这有什么好？这个比在下面显示搜索结果好在哪里呢？”

于是产品胎死腹中。

梅耶尔的同事萨拉·卡曼加对她的行事风格尤其抵触。卡曼加是谷歌的第九名员工，曾经负责起草最初的商业计划，并处理财务和法律方面的事务。卡曼加比梅耶尔年纪小，与梅耶尔几乎同时在谷歌起步，但没有梅耶尔那么引人注目。

梅耶尔和卡曼加经常爆发冲突。

梅耶尔有个特别的习惯，就是说话语速特别快，卡曼加几乎没有插嘴的机会，这简直要把他逼疯了。

梅耶尔和卡曼加的关系一度剑拔弩张，卡曼加在她之先晋升为副总裁，梅耶尔以辞职做威胁，几个月之后也得到了晋升。

梅耶尔赤裸裸的野心，也让很多人无法接受。很多谷歌的老员工觉得，梅耶尔急于将别人设计的，或别人在后端建成的产品的功劳，一把揽到自己身上。

从 2001 年开始，梅耶尔和一名在谷歌深受尊重的搜索科学家克里希那·博哈拉特组队创建了谷歌新闻。博哈拉特是跟随杰夫·迪恩从数字设备公司跳槽到谷歌的几名工程师之一。博哈拉特以他在信息处理和信息检索方面的工作而闻名——这是让搜索引擎得以工作的真正的、基本的技术。

博哈拉特对新闻——还有文本语义分析很感兴趣。这个兴趣使他建立起了一种技术，这种技术最终发展成了谷歌新闻的核心基础。他和梅耶尔一道，致力于将这项技术转化为一种普通用户可以接受的产品。在他们两人合作时，她提出了一些见解，关于如何让用户真正对谷歌新闻感兴趣。

在很长一段时间里，两个人的关系都维持得不错。之后谷歌新闻变得广受欢迎。这是谷歌第一款达到了“逃逸速度”的非核心搜索产品。理所当然地，博哈拉特和梅耶尔就像这个产品的父母一样，倍感自豪。不同之处在于，博哈拉特就像很多其他工程师一样，表现得低调而理智。而梅耶尔更像一个自我推销者，并且她还有一些对外的责任。在媒体、会议，甚至在斯坦福大学的讲座中，她偶尔谈到谷歌新闻，都说得像是由她领导完成的一样。时间久了，博哈拉特就觉得，梅耶尔将整个创意据为己有，将谷歌新闻成功的功劳全部揽到自己身上。这样，两个人的关系就变得糟糕起来。

梅耶尔还有一个习惯令同事们倍感头疼。她将学术界的那一套直接搬到了公司。在谷歌多年，梅耶尔一直坚持一个规则：如果同事想要见她，那只能在她的“办公时间”内。[①] 梅耶尔会在网上发布一个电子表格，要求想和她谈话的人在表格上登记，每人 5 分钟的时间。

每到下午，梅耶尔的“办公时间”渐近尾声，她的办公室外就会排起长队，附近的沙发上挤满了人。

“办公时间”在学术环境中很容易被接受，因为权力格局非常清晰，学生要服从教授，因为他们通常更加年长，并且是他们的导师。

但梅耶尔的“办公时间”并不仅仅针对下属，同事也一样要遵守。

所以，在那些等着见梅耶尔，以讨论最新任务或者去苏黎世的学习之行的助理产品经理之中，有时会坐着一位副总裁——和梅耶尔一样老资格的人，有的负责的工作和她的同样重要。

作为一名高管，梅耶尔的这些举动也没有什么特别令人厌恶或不正常的。她固执强势、睥睨一切、自我推销，有时伤害到他人的感情，自己却一无所知。科技行业里很多成功的高管都是这样。史蒂夫·乔布斯以其任性的长篇攻击性演说而闻名。拉里·佩奇从不费心说客套话或照顾别人的感情。有一部电影据说就是根据马克·扎克伯格的背叛行为拍的。比尔·盖茨进行产品审查的时候无情到令人发指，他经常大吼：“糟透了！”

公平地说，很多针对梅耶尔的不满有着性别歧视的色彩。尽管不喜欢梅耶尔的人男女参半，不幸的是，女人跟男人一样，通常也不喜欢强大的女人。脸书的首席运营官谢丽尔·桑德伯格关于此事写过一本书。事实是：谷歌基本上还是男人的天下，穿着奥斯卡·德拉伦塔的时装、在其中出类拔萃的梅耶尔，成了众矢之的。

---

① 英美大学的教授们，每周会为选他们课程的学生安排几个小时的见面时间，学生们如有问题请教或提出建议，必须在这一时段来办公室找教授。

梅耶尔为人处世的方式不讨人喜欢，无论公平与否，这种做法令她四处树敌。当这些敌人还只是不满的设计师、产品经理，或者——特别是——像道格拉斯·爱德华兹一样从事市场业务的人的时候，还不会对梅耶尔产生什么影响。她为了融入谷歌而勤奋工作，这些人无法撼动她的地位，无法将她赶出顶端的“秘密团体”。

当她树敌的类型变得多种多样的时候，问题就来了。

2006 年 5 月，玛丽莎·梅耶尔跟很多其他在谷歌工作的人有一个共识：谷歌的旗舰产品仍然有很大的缺陷。

那个月，梅耶尔在斯坦福大学做了一次客座演讲。在最后的提问环节，有人问她，未来搜索会是什么样子。梅耶尔用她一贯的打连珠炮似的说话方式，回答道：“我在谷歌工作了好几年，其中大部分时间都负责谷歌网站的界面外观，我的亲戚朋友们经常让我为难。

“他们说：‘是你在负责谷歌的界面外观喽？’

“我说是的。

“他们说：‘但是看起来都一样啊。’一记重击。‘你整天都在做些什么呢？’”

梅耶尔“嗯嗯嗯”地笑着说，也许她的朋友们是对的。

梅耶尔告诉斯坦福大学的学生们，谷歌要做的，不仅仅是对用户输入的每一条搜索请求给出十来条链接。如果某个用户问：“怎样杀鸡？”谷歌应该为这个用户给出一个视频。如果一个用户输入：“小甜甜布兰妮长什么样子？”谷歌应该给出一张她的照片。

梅耶尔所说的是，谷歌应该创建一个混合搜索引擎——除了文本之外，还能展示图片、视频和地图。

在谷歌内部，从 2001 年，梅耶尔就提出这个想法了。

那时候，谷歌首席执行官埃里克·施密特向梅耶尔和其他几个人征求有关搜索的好创意。

梅耶尔做了几个模型。其中一个她称为“通用搜索”。

那是针对“小甜甜布兰妮”这个搜索请求的一个模拟搜索结果页面，页面上不是只有10条蓝色字体的链接，而是有新闻、图像、组合，以及链接。

施密特——更重要的是，拉里·佩奇——十分喜欢这个模型。

之后的几年中，佩奇推动谷歌围绕通用搜索重建搜索引擎。

最终，2006年，谷歌为其搜索质量小组聘用了一个新主管，乌迪·曼波，他是雅虎搜索的一位前负责人。通用搜索项目开始如火如荼地开展起来。到2006年，谷歌的工程师们建成了一个可以对整个网络——不仅仅是文本，也包括视频和图像——进行索引的引擎，剩下唯一的挑战，就是搞明白怎样排列并展示这些结果。

这个任务最终落到了两个人——工程师艾米特·辛格哈尔和谷歌负责搜索产品和用户体验的副总裁梅耶尔——以及他们各自的代理头上。负责统筹这个项目的是比尔·卡夫兰，谷歌负责工程的高级副总裁。

艾米特·辛格哈尔圆脸，戴着椭圆边框眼睛，他是曼波团队中最厉害的工程师——也是整个谷歌最有天赋的搜索工程师之一。辛格哈尔在印度长大。20世纪70年代后期，他家里买了一台电视，这台电视只能收到两个台。一个台播出的是农民培训节目，另一个台不断重播《星际迷航》剧集。辛格哈尔将《星际迷航》看了一遍又一遍，他对进取号上携带的计算机着了迷——在柯克船长绕银河系飞行的时候，无论他有什么问题，计算机都能解答，这是怎么回事？辛格哈尔在康奈尔大学读研究生的时候学的是搜索，然后去美国电话电报公司实验室做了一名研究员。2000年，克里希那·博哈拉特说服辛格哈尔来到谷歌工作。

他的加入很快就带来了成果。入职后不久，辛格哈尔就发现，谷歌用来处理搜索结果排序的代码需要全面修改。这个代码是谢尔盖·布林写的,马马虎虎。辛格哈尔两个月之内重写了全部代码,在关联性和速度方面都有了重大的改进。2006年,辛格哈尔得到了"谷歌人"(Google Fellow)的称号,这是一项附有几百万美金奖励的荣誉称号。公司里的人给他起了个外号:"排序之王"。

辛格哈尔的成功,使得他原本就相当良好的自我感觉变得更加良好了。辛格哈尔在2006年和曼波及梅耶尔在混合搜索项目中共事之前,他觉得,谷歌搜索就像他自己的孩子——在谷歌工作的人都了解,并且尊重他的这一想法。

卡夫兰意识到,辛格哈尔和梅耶尔之间的合作,将会是一场"自我"之战。不过这种事情在谷歌已经习以为常,他自信不会让他们掐死对方。

有一段时间,他是正确的。

2007年5月14日,梅耶尔在谷歌的官方博客上发布了消息,将通用搜索公之于众。从那时起,谷歌搜索的结果就结合了谷歌图像、谷歌地图、谷歌图书、谷歌视频和谷歌新闻的内容。

梅耶尔写道:"虽然,今天的发布对更加容易地获取信息来说是迈了一大步,但这只是迈向通用搜索梦想的第一步。敬请期待。"

谷歌信守了梅耶尔的诺言。

在接下来的三年中,谷歌对自己的搜索作出了巨大的改变,与上一个十年里所呈现的东西完全不同。

2009年12月,梅耶尔、辛格哈尔和另外一位叫维克·贡多特拉的高管,举行了一场媒体发布会,公布了"实时搜索"——通用搜索发展之后的产物,其内容包括了推特,还有其他社交网络上的相关内容更新。

之后,过了不到一年,2010年9月8日,梅耶尔和一名叫做本·戈梅斯的搜索工程师举行了另一场发布会,这次是公布"即时搜索"。即时搜索在设计上有了根本性的变化,现在,搜索真正可以按照用户输入的请求展示结果了。

这是玛丽莎·梅耶尔在谷歌搜索项目上做的最后一件事情。

几乎从通用搜索项目刚开始，辛格哈尔和梅耶尔之间就不太对付。

他们两个在界面问题上的最大分歧是：谷歌应该仅由算法来决定搜索结果的排序，还是可以加入一些人为的编辑来辅助排序？辛格哈尔支持前者，而梅耶尔支持后者。

为了说明自己的观点，梅耶尔最喜欢举的例子是："自杀念头"的搜索请求。按照纯粹的算法排序，谷歌的结果里是不会显示"全美预防自杀生命线"这个条目的。而梅耶尔认为，这个条目理所应当包括在结果之中，并且要排在页面顶端。谷歌为什么就不能将其包含在内呢？谷歌难道不应该提供最好的搜索结果吗，即便里面有人工编辑的成分？

这个想法大大地激怒了辛格哈尔。显而易见，梅耶尔意识到，她的这种编辑的结果，无论如何也不能像他的算法结果一样，能够进行测算衡量。

在谷歌园区43号楼灰色的会议室里召开的产品审查和发布日程会议上，他们唇枪舌剑。几年以来，梅耶尔一直主导着这些会议，但是辛格哈尔来了之后，她遇到了一个在自我意识方面跟她不相上下的人。跟梅耶尔一样，辛格哈尔背后有谷歌的大人物支持，他是不会让步的。

有时候，辛格哈尔和梅耶尔也会通过各自的代理陈述意见，梅耶尔麾下的产品经理们四处宣扬她的观点，辛格哈尔的工程师们则力挺他。对两边的员工来说，这就像是不同谷歌信仰之间的部门大战——"正统算法对创新编辑"之间的大战。

除了搜索结果之争，辛格哈尔更厌恶的是，当他的团队准备推出新东西的时候，梅耶尔坚持要先进行她的用户界面审查——这个过程要耗费几周的时间。

最终，辛格哈尔和梅耶尔之间的较量不再针对某一个问题，而是变成了权力之争。

辛格哈尔和曼波认为,建立了谷歌搜索核心技术的工程师们比处理用户界面设计的人重要得多。画个模型能费多少工夫?比写算法简单多了。最终,辛格哈尔和曼波希望,由工程部掌管谷歌产品,他们觉得梅耶尔是整个过程的瓶颈,如果没有她,产品更新会更快。

与此同时,梅耶尔觉得很多出色的产品都是她提出来的——比如她2001年就提出了通用搜索的点子。为什么不能让她直接控制谷歌工程部的资源来实现自己的想法呢?

在卡夫兰管理大型技术部门的这么多年里,这样的权力之争他见的多了。产品管理和工程之间有一种天然的张力。在谷歌,这种张力是被刻意培养出来的。拉里·佩奇一直喜欢以这样的方式管理公司:让直接向他报告的人激烈地争论,这样,对某个问题,他就可以了解到双方的观点,然后作出选择。

几年之间,卡夫兰和谷歌的两位联合创始人就这样控制着辛格哈尔和梅耶尔之间的争斗。也许某一天,他们会选出一个做产品主管,但不是现在。

2010年,拉里·佩奇感觉谷歌的发展速度太慢了,他希望整个公司像安卓和谷歌浏览器一样,快速发展。

促使他作出这个决定的是谷歌一位名叫乌尔斯·霍泽尔的元老人物的备忘录。备忘录提醒每个人:社交网络,尤其是脸书,已经成长为网络的主导力量。谷歌对脸书上的知识几乎视而不见。霍泽尔请求同事们关注社交媒体,否则公司会在即将到来的浪潮之中粉身碎骨。

佩奇将这句话记在了心里,然后让维克·贡多特拉负责开发谷歌自己的社交网络。这个项目代号"翡翠海",是根据一幅日本画作起的名字。在那幅画作中,一条小船在狂风巨浪中摇摇欲坠。贡多特拉的团队在100天之内就作出了一个样品。

这样的速度给佩奇留下了深刻的印象。他意识到一个问题:安卓、谷歌浏览器和“翡翠海”项目的共同之处，就是他们都有一个单独的负责人。他想，现在是不是已经到让一个人负责搜索的时候了呢。

佩奇与卡夫兰商量了这件事情。卡夫兰说，他已经无法继续在辛格哈尔和梅耶尔日渐升级的敌对关系中做和平调解人了。卡夫兰说，这两个人每周都去他的办公室找他好几次，抱怨对方，并要求领导整个部门。

“我们必须得选出一个人来了。”他对佩奇说。

因为“翡翠海”项目，贡多拉特获得了一些影响力，他大张旗鼓地宣扬自己不喜欢和梅耶尔合作，她的各种审查和程序严重地拖慢了进程。

佩奇展望了谷歌的未来，也回顾了谷歌的历史。对他来说，公司的力量是它能让机器了解到人类的需求，并加以满足。他认为，辛格哈尔对驱动这些机器的技术有更深的理解，他更有能力推动谷歌产品，达到其技术极限。

佩奇没让卡夫兰公布这个消息。他单独见了梅耶尔并告诉她，她以后不用负责谷歌搜索了。

2010年10月，这一消息正式公布。梅耶尔被调离谷歌搜索部门的高层，被安排负责谷歌地图和其他“本地”产品。

从技术层面上来说，这即使不算升职，也该算是一次平调，因为梅耶尔还保留着副总裁的头衔，同时还是谷歌运营委员会——那时的谷歌首席执行官埃里克·施密特的公司高管圆桌会议——的成员。

而实际上，这是一次实实在在的降职。梅耶尔不再负责谷歌重要产品的形象及其运营。在谷歌，全部的营收和利润几乎都是搜索业务产生的，剩下的才是其他产品。负责谷歌搜索，梅耶尔就管理着全世界最重要的互联网公司最重要的产品。而负责谷歌地图却不是。

不过，令梅耶尔欣慰的是，她还在运营委员会，还继续直接向首席执行官埃里克·施密特汇报工作。

杨致远和戴维·费罗创建雅虎，并不是为了发家致富或经营一家公司。《致远和戴维》，雅虎拍摄，来源：Flickr。

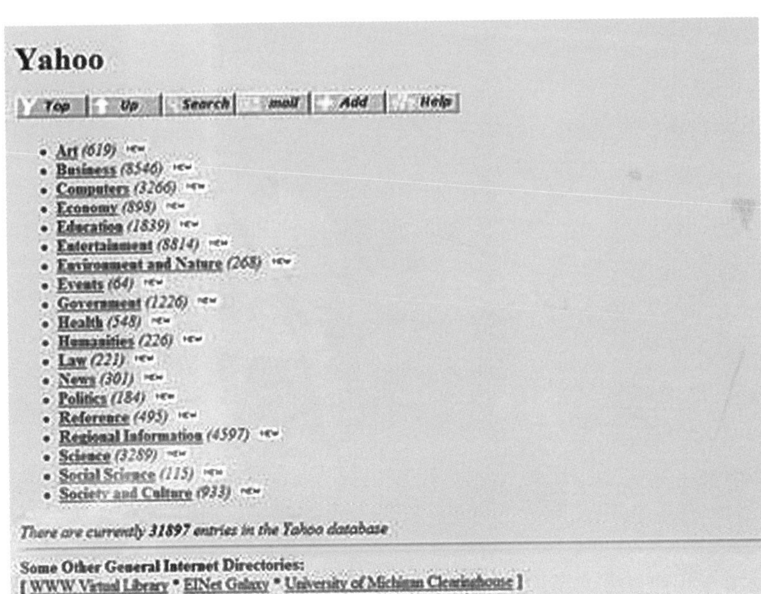


1995年，雅虎主页只能链接到31,897个网址。不过那几乎就是整个互联网了。《我们1995年的主页》，雅虎拍摄，来源：Flickr。

特里·塞梅尔将雅虎从“.com”破灭的浪潮中拉回来，但他在收购脸书和YouTube的交易中一败涂地。《特里·塞梅尔@ web 2.0》，克里斯·克鲁格拍摄，来源：Flickr。

苏·德克尔曾任雅虎首席财务官，后升任总裁。微软的出价和之后发生的传奇故事基本宣告了她雅虎生涯的终结。《总裁》，雅虎拍摄，来源：Flickr。

苏·德克尔、卡罗尔·巴茨和杨致远。巴茨到来后，德克尔就退出了雅虎。巴茨并不信任杨致远等联合创始人。《站在雅虎员工面前的苏·德克尔、卡罗尔·巴茨和杨致远》，雅虎拍摄，来源：Flickr。

卡罗尔·巴茨和微软首席执行官史蒂夫·鲍尔默。巴茨因与微软签署一项搜索协议而声望倍增。而数年之后，此事却被视作大错。《史蒂夫·鲍尔默签署微软-雅虎协议》，雅虎拍摄，来源：Flickr。

埃里克·杰克逊发起了一场互联网行动，抨击特里·塞梅尔；后来又将世界的注意力转到雅虎持有的阿里巴巴股票的价值上。来源：埃里克·杰克逊。

玛丽莎·梅耶尔于2012年7月加盟雅虎，员工在墙上张贴写有“希望”的海报。他们模仿了谢泼德·费尔雷为巴拉克·奥巴马制作的著名竞选海报的风格。来源：亨特·沃克。

斯科特·汤普森在雅虎的任期并不很长，这全归因于他与丹·勒布的明争暗斗。《首席执行官斯科特·汤普森在森尼韦尔总部向员工致意》，雅虎拍摄，来源：Flickr。

丹·勒布与雅虎首席执行官斯科特·汤普森和董事长罗伊·博斯托克两人展开较量并最终获胜。来源："第三点"基金。

玛丽莎·梅耶尔及其丈夫扎卡里·鲍格。2012年梅耶尔出任雅虎首席执行官数月，他们就生了小孩。《谷歌副总裁玛丽莎·梅耶尔及其丈夫》，罗伯特·斯科布拍摄，来源：Flickr。

科技博客网作家格雷格·普姆帕拉克、雅虎移动部门负责人亚当·卡汉和玛丽莎·梅耶尔。梅耶尔让卡汉在雅虎内部组建一支移动开发团队。《2014年2月10日于旧金山举办的第七届科技博客网年度颁奖仪式》，科技博客网史蒂夫·詹宁斯拍摄，来源：Flickr。

雅虎在“网址”餐厅召开全体大会已经有十多年了。《在首席执行官斯科特·汤普森参加的首次全体大会上，雅虎员工对他表示欢迎》，雅虎拍摄，来源：Flickr。

雅虎董事长罗伊·博斯托克对微软采取了“剑拔弩张”的姿态。2008年，后者曾开出高溢价来收购雅虎。《董事长罗伊·博斯托克欢迎首席执行官斯科特·汤普森》，雅虎拍摄，来源：Flickr。

雅虎在加利福尼亚州森尼韦尔市的总部。《雅虎园区》，雅虎拍摄，来源：Flickr。

汤博乐首席执行官戴维·卡普和雅虎首席营销官凯茜·萨维特。梅耶尔本来聘用萨维特来负责雅虎的营销，但萨维特最终接手了雅虎的媒体业务。《雅虎/汤博乐白宫记者晚宴》，雅虎拍摄，来源：Flickr。

玛丽莎·梅耶尔和雅虎董事会并未经过足够审查，就聘用了亨里克·德卡斯特罗。而他就任不到两年即离开雅虎。NRKbeta.no拍摄，来源：NRKbeta.no。

可是,连这个权力也被剥夺了。

2010 年 12 月,佩奇宣布,时隔十年,他要从埃里克·施密特手中接回谷歌帅印。

2011 年 4 月,佩奇正式接管谷歌,随即解散了运营委员会,设立了新的高管会议,直接向他汇报工作。这就是著名的“T 小组”,而梅耶尔却不在其中。

对梅耶尔来说,更糟糕的是,佩奇安排另一名谷歌高管杰夫·胡贝尔负责“本地和地理”,即梅耶尔几个月前刚刚接手的团队。梅耶尔现在需要向胡贝尔,这位 2003 年(晚于梅耶尔四年)才加入谷歌的同事汇报工作。

对梅耶尔来说,失去运营委员会的位置是最大的打击,比失去搜索更甚。她从管理谷歌的秘密集团中被除名了。1999 年 7 月的那天晚上,梅耶尔唯一的愿望,就是加入这个充满惊人天才的团队,如今,十一年过去了,梅耶尔感觉自己被驱逐了,她开始心慌意乱。

之后的一年中,她埋头工作,希望熬过这一关。但梅耶尔是一个有野心的人,她知道,自己在谷歌已经没什么前途了。不再有了。

2011 年 9 月的某一天,梅耶尔有了主意。

灵感来自加布里埃尔·斯特里克,那个从政界来的说话慢声细语的公关经理,他成功地塑造了她的形象。

在山景城谷歌总部,她跟斯特里克坐在一起,他们正在准备一个会议。

斯特里克看了看梅耶尔,问她知不知道雅虎的新闻:卡罗尔·巴茨被解雇了。

梅耶尔说,听说了。

斯特里克压低声音说:“你该去争取那个职位。”

他说,你正是雅虎一直需要的那种技术专家。

梅耶尔说:“我会争取的。不过雅虎的董事会很麻烦,我不会那么容易成功。”

梅耶尔听说过罗伊·博斯托克，雅虎那个顽固不化的董事长的所作所为，如果要在他手下工作，她无论如何也不会去雅虎。

梅耶尔不知道的是，就在那个时候，三千英里之外，西装革履、权力在握的丹·勒布，正准备打响一场全面战争——如果他赢了，就可以将博斯托克逐出雅虎，为新的首席执行官玛丽莎·梅耶尔扫除上位之路上的障碍。

# 第三篇

# 第七章 三赢的阿里巴巴交易

埃里克·杰克逊在香港下了飞机。此时是2010年12月，距离他发动那场成功将特里·塞梅尔赶下台的网络行动，已经过去三年半了。

杰克逊这几年过得不错。趁着塞梅尔辞职事件的余势，杰克逊成了一个小商业媒体名人。彭博资讯在他佛罗里达的公寓外面派驻了一辆卫星车，这让一些邻居深感不满。同年，杰克逊试图再展身手，对摩托罗拉的管理层搞一场行动。媒体注意到了这一点，摩托罗拉的管理层却没有。杰克逊只好在三个月之后放弃了这次努力。

一位曾在纽约大型对冲基金公司工作的朋友鼓励杰克逊开一家自己的公司，他听从了。他筹集了500万美元的资金，在2008年2月份进入了市场。这家名叫"智治基金"的公司，在2008年春季曾持有雅虎的股票。但是当杨致远和罗伊·博斯托克拒绝微软收购的意图已经很明显的时候，杰克逊卖掉了手头的股票。他觉得，自己可能永远都不会再跟雅虎有什么牵连了。

如今，他拖着行李走在香港国际机场，对此又不是那么确定了。原因是：他计划在香港跟蔡崇信见上一面。

蔡崇信是阿里巴巴的首席财务官和副总裁，阿里巴巴是中国网络行业的新秀，2005年，雅虎为其投资了10亿美元。

蔡崇信于1999年加入阿里巴巴。当时，他在瑞典的一家投资银行工作，一位朋友说，他应该去中国杭州走一趟，见见一个名叫马云的疯狂企业家。

1999年5月，蔡崇信登上飞机，在马云的公寓里跟他见了面。他没发现什么值得一提的东西。马云没有自己的注册公司，他什么都没有，只有一个英文网站，应该是在做联系西方企业和中国工厂的工作。马云就在一台调制解调器只有56K的个人电脑上运行整个网站。他用传统的簿记员分类账法追踪订单。因为网站只有2.8万注册用户，所以这种方法还可以用。

蔡崇信对这种经营方式没什么感觉，不过，他很喜欢马云这个人。他喜欢马云的长期规划、他帮助中国小企业跟西方建立联系的那种激情、他大公无私的领导技能。当时在马云公司工作的16个人，都是以前选修过马云的英语课的学生。马云把他们都称为联合创始人。

他告诉蔡崇信，他正在寻找一个能帮他将这个网站做成企业，并能筹集到资金的人。不过，马云说，他不想聘用从台湾、香港或上海来的人。他不喜欢这几个地方的人那种耍大牌的态度。蔡崇信心想：那我完了。他在台湾长大，生活在香港，父母的祖籍是上海。这几个地方他都占全了，然而7月份蔡崇信就成了阿里巴巴的第18位联合创始人。

蔡崇信的首要工作是创立一个公司法人实体。他需要一位律师，一位朋友向他推荐了泛伟律师事务所，这是硅谷的一家著名律所。于是，蔡崇信就给这家公司的一位合伙人，乔尔·科尔曼打电话。

蔡崇信说："我们是一家企业间电子商务公司（B2B），总部在杭州。"

科尔曼问："哪里？"

这通电话结束的时候，科尔曼说："崇信，非常感谢你告诉我这些。我保证我们可以提供帮助，我非常感兴趣。但是实话说，我并不知道你是谁。不如你寄一张 2 万美元的支票作为预付金吧，然后我们再接着谈。”

蔡崇信寄了。他拿出私人支票簿，写下一张给泛伟律师事务所乔尔·科尔曼的 2 万美元的支票，寄了出去。后来，科尔曼和蔡崇信成了非常要好的朋友。那年夏天，当马云和蔡崇信一道来到硅谷的时候，科尔曼带他们见了很多风险投资人——不过没有像红杉或凯鹏华盈那样著名的公司，因为这些公司对马云和阿里巴巴并不感兴趣。

大部分会面是在帕洛阿尔托市的一家三明治店进行的。科尔曼说，那里就是风险投资人见面的地方。蔡崇信觉得那个地方有点低级。有不少人愿意投资，但蔡崇信不喜欢这些投资，因为风险投资人想得到作为投资人的各种特权。他们想要一种“参与优先股”。基本上，这表示，阿里巴巴一旦上市，风险投资人就会得到比与风险相匹配的回报高得多的收益。

风险投资人告诉蔡崇信，这是此类交易的惯例，他们并没有骗他。不过，蔡崇信计算了一番之后说道：我不管。从一开始，阿里巴巴就要尽己所能，以有利于管理的方式融资，即使这意味着无视行业传统。

蔡崇信告诉马云，他们应该向不同类型的投资人寻求资金支持。不过，他们虽然大范围地撒了网，却一无所获，蔡崇信和马云便回到了亚洲。

之后，1999 年 8 月，蔡崇信在一个紧邻交易广场的办事处的大厅里，偶然遇到了自己在投资银行界的一位老友——高盛集团的林雪莉。蔡崇信并没有向高盛集团寻求投资，因为高盛做的一般是大型私人股本交易。不过，林雪莉说她最近正在硅谷寻找一些可以投资的小企业。

高盛集团在 1999 年 10 月向阿里巴巴投资了 500 万美元，这是阿里巴巴得到的第一笔来自国外的资金。比风险投资人愿意出的投资额少一些，不过没有什么“参与优先股”之类的破玩意儿。

蔡崇信觉得，在一段时间之内应该不需要再筹集资金了。可他错了。

10 月份，跟高盛的交易刚完成后不久，他接到了一通来自杭州的电话。是马云。他说："崇信，我们得去趟东京。"

马云和蔡崇信被叫到了日本电信集团公司软银的首席执行官孙正义的办公室。孙正义是高盛集团的客户。得知高盛在亚洲最近一笔投资后，他表示想见见马云和蔡崇信，可能也会对阿里巴巴进行投资。孙正义每三个月接待 200 名企业家，对此他颇为自豪。

蔡崇信在电话中跟马云说："我们刚募到一笔钱，不需要资金了。"

马云说："不行。孙正义让我们去东京，我们就得去。"

"好吧，"蔡崇信说，"那行。"

1999 年 11 月，他们在东京会合。

在孙正义的办公室外，一个高盛集团的人把蔡崇信拉到一边，帮他做会面的准备，还给了他一些警告。

他说："这个人非常不一般，大部分人在他面前都会溃不成军。不要放弃。无论发生什么事，都不要妥协。"

蔡崇信说，好，没问题。他一点都不紧张，他其实都不知道孙正义是何方神圣，也没听说过他的赫赫声名。

马云和蔡崇信走进孙正义的办公室。办公室非常大。很有日本特色嘛，蔡崇信心想。屋里有一张长会议桌，孙正义坐在一边，他的左右两边各有五位西装革履的高管。马云和蔡崇信面对他们坐下。

马云描述了他对阿里巴巴的愿景。他说完之后，孙正义拿出一个老式会计用大计算器，他敲进去几个数字，然后说："我想投资 3000 万美元，要公司 40% 的股份。"

马云低声下气地说："哎，正义，这太多了。"

"那好。"孙正义说。他稍微往下降了一点。不过还是太高了。

蔡崇信看到马云如坐针毡。他想起了那个高盛哥们儿的话：不要妥协！

蔡崇信插话进来，他说："正义，我甚至都用不着把你的这个提议交给我们的董事会决策。此时此地,我们就可以否决了,就我和马云。”

孙正义愣了一会儿,他两边的西装男们都震惊了。人们一般不会这样跟孙正义说话。

孙正义说:“哦。好吧。”

他又拿起那个大计算器。

“2000 万美元,公司股份的三分之一如何?”

成交。到了 12 月,尘埃落定。到了 2000 年 2 月,这笔资金就汇进了银行账户。

而在几周之后,纳斯达克崩溃,互联网泡沫破灭。一度,蔡崇信对阿里巴巴是否真正需要孙正义的这笔钱并不确定。如今,他庆幸自己有这么一笔钱。市场崩溃之后,像阿里巴巴这样的小企业根本不可能筹集到这么多的资金。蔡崇信心想:幸亏遇到了雪莉。

在之后的三年中,马云用孙正义的这笔资金努力实现着自己在西方和中国之间建立 B2B 门户网站的构想。

2002 年,易贝 (eBay) 收购了中国互联网公司 EachNet——这是中国的易贝网。在易贝网上,消费者可以将东西卖给其他消费者。这次收购事件刺激了马云,他认为,阿里巴巴需要进入易贝个人间电子商务 (C2C) 的业务领域。蔡崇信觉得马云疯了,阿里巴巴对易贝的商业模式一无所知。这个想法被搁置了。

后来,有一次去东京出差结束,马云在去往机场的路上接到了孙正义的电话。

“马云,你在哪儿呢?”孙正义问。

“呃,我实际上在——我就在东京。来回比较匆忙,非常抱歉没能去拜访您,我正在去往机场的路上。”

“取消你的航班,我得跟你聊聊。”

马云让司机折返回来。

到了孙正义的巨大办公室，软银的这位首席执行官告诉马云，关于阿里巴巴，他有一个想法。阿里巴巴需要开展C2C电子商务——做成中国的易贝。孙正义说，他和雅虎的合资企业雅虎日本，正在做这项业务，在很短的时间内，就创造了公司经营利润的60%。

马云说："你猜怎么着？我刚好也在考虑这件事。"

他们都兴奋起来。

当马云把这件事情告诉蔡崇信的时候，蔡崇信仍然担心，阿里巴巴对C2C业务了解得不够，如果在这个新项目中折戟，阿里巴巴之前蓬勃发展的业务也就完蛋了。他建议，阿里巴巴和软银成立一家合资企业，软银提供资金，由阿里巴巴运营。这样的话，如果新公司失败了，对阿里巴巴的资金链不会造成影响。马云和孙正义都同意了蔡崇信的计划。

2003年，这个C2C业务网站正式启动。它的名字叫做"淘宝"。淘宝做得相当不错，以至于2004年年底，易贝的三位高管飞往杭州，面见马云和蔡崇信，他们高举白旗，付了一笔钱，并签署了合作协议。

易贝派出了负责北美地区拍卖业务的比尔·柯布、首席财务官拉吉夫·杜塔和领导易贝企业发展团队的交易负责人比尔·巴米尔三员大将。

在阿里巴巴总部的一间会议室里，会议开场，柯布就列举了几个数字。他说："听好了，我们才是中国市场上最大的玩家，而淘宝还是个小朋友。我们的用户是你们的七倍，交易量是你们的十倍。"

接着，他又列举了四五个数字。在说完淘宝是多么微不足道和无关痛痒之后，柯布提出，易贝想要收购淘宝。

他转向巴米尔，跟他描述了一下收购计划。但是巴米尔的电脑在来时的飞机上坏了，他手头没有相关的数字。他提了一个听起来比较合理的出价：1.5亿美元。

马云和蔡崇信到隔壁的会议室讨论了一会儿。他们认为，1.5亿美元是一个虚报的低价，他们必须得回应一个更高的价位。

回到会议室，马云回应了柯布在会议开始的时候说到的一些数字。他说，虽然易贝确实占有 C2C 业务 80% 的市场份额，但中国的网民仅有 8000 万，他们之中只有 10% 在网上购物。这意味着还有 7200 万网民没有在淘宝或者易贝网上买过东西。除了他们之外，还有 13 亿人根本没有开始使用网络。他说：你今天所占的市场份额根本不值一提。

然后蔡崇信说出了淘宝的要价：9 亿美元。

易贝的账房先生拉吉夫·杜塔闻言立马站了起来。他说："非常感谢你们在百忙之中跟我们见面，令人倍感亲切。我们去吃晚餐吧，这个话题不需要再讨论了。"

几个月之后，易贝想要重启对话。这一次，它只想对淘宝进行投资。但那个时候，蔡崇信和马云已经迅速地跟另一家美国网络公司——雅虎——达成了交易。

马云跟杨致远第一次见面的时候，阿里巴巴还不存在，那时，马云还是中国长城上的一位导游。他们两人第二次见面是在 2005 年 3 月，在另一处世界名胜——圆石滩，北加利福尼亚的一个高尔夫球场上。

两人的良师益友孙正义一手撮合了这次碰面。他觉得，这两个人可以通力合作。

马云需要资金。而杨致远需要对外投资。

马云之所以需要资金，是因为淘宝正在起步，他们很快就发现，设立合资公司不是个好主意。他的管理团队全力以赴地将淘宝做大——淘宝确实在不断壮大——但是他们所创造的价值有一半进了别人的腰包。他迫切希望，软银能将持有的淘宝股份卖给阿里巴巴。问题是，孙正义不想便宜卖掉这些股份。

与此同时，杨致远想让雅虎投资一些中国的网络新秀企业。雅虎已经两次尝试进入中国市场，但都以失败告终。第一次，雅虎收购了一些本地小企业，作为自己的全资子公司进行经营。不过在回报封顶的情况下，本地的管理团队并无忠诚可言。于是雅虎推出了雅虎中国，但也没多大进展。当马云和杨致远在太平洋沿岸一起打高尔夫球的时候，杨致远和雅虎的其他管理层人员都觉得，雅虎成功进入正在成长的中国网络行业的唯一途径，就是在欣欣向荣的本地企业中购买数量可观的少数股权。

一如既往，孙正义是正确的——雅虎在阿里巴巴购买数量可观的少数股权，对杨致远和马云都是一件很有意义的事情。2005 年 5 月到 7 月，蔡崇信和雅虎的交易负责人凯斯·尼尔森在经过了长达六周的谈判之后，敲定了合作细节。谈判的最后几个晚上是在帕洛阿尔托一座办公大楼的 11 层度过的，每天晚饭吃的都是塔马里尼餐厅的寿司。

8 月，两家公司公开了协议：雅虎付给阿里巴巴 10 亿美元，并允许其使用雅虎的技术，并用雅虎中国交换到阿里巴巴 44% 的股份。阿里巴巴用这笔钱的一部分买断了早期阿里巴巴投资人所持的股份。之后用了 3.6 亿美元——其中一部分为阿里巴巴的股票——买断了软银在淘宝的投资。

对于这笔交易，最满意的人莫过于孙正义了——他坐在巨大的办公桌跟前，拨弄着那个会计用大计算器。

首先，他从阿里巴巴得到了一大笔钱。他对淘宝的最初投资额为 8000 万美元，两年之后，他就得到了 400% 的回报。这可相当不错呢。其次，这笔交易也使得阿里巴巴变得更加强大，它现在全资拥有了淘宝。孙正义对此很满意，因为软银仍坐拥阿里巴巴三分之一的股份。并且，阿里巴巴更加强大，对于雅虎也有好处——雅虎是软银投资中的另一个大户。对孙正义来说，这就是个三赢的局面。

在之后的三年半中，蔡崇信对软银、阿里巴巴和雅虎之间的健康友好关系大为赞赏。淘宝发展得如此之好，以至于监测其发展进程这件事都变得无聊起来。

在一次董事会会议上,蔡崇信正在回顾又一个表现出色的季度,马云从椅子上站起身来,开始打太极拳。几分钟后,蔡崇信还在继续说,杨致远又站起身来,拿起一支高尔夫球杆,开始练习挥杆。最后,孙正义也站起来。他踱到一个武士刀架旁,抽出一把武士刀,嗖嗖地挥了起来。

这种百无聊赖又神奇美妙的和谐场景,持续了相当长一段时间——从 2005 年到 2008 年。

与 2009 年一起到来的,还有雅虎的新任首席执行官:卡罗尔·巴茨。

2009 年 3 月,马云、蔡崇信和约九名阿里巴巴高管去了森尼韦尔市。杨致远在雅虎总部接待了他们,他已经不是雅虎的首席执行官了,不过还是阿里巴巴董事会中雅虎的代表人。他领着阿里巴巴的高管们穿过雅虎办公楼的大厅,将他们带到 D 栋的“鱼食”会议室。

然后,一件诡异的事情发生了:杨致远将巴茨介绍给他们。马云和蔡崇信本来以为杨致远会坐下参加这场会议,但他没有。他尴尬地托辞离开了——好像一刻也不想待在这里。蔡崇信很快就明白了这是为什么。

大家都就位之后,阿里巴巴的高管们向巴茨介绍了公司的情况。淘宝正蓬勃发展,它已经摧毁了易贝在中国的努力,成了中国最具主导地位的电子商务网站。马云和他的团队都非常笃定,巴茨会对他们的工作大加赞赏,并对他们为雅虎挣到的数倍于其 10 亿美元投资的钱表示感谢。

但是巴茨没有这么做。

她认为,马云和他的团队应该为没能为雅虎中国做贡献而感到羞愧。

她说:“我希望你们将我的名字从那个网站上撤下来,因为名列其上太丢人了。糟透了。”

诚然,雅虎中国做得不怎么样。但是,在阿里巴巴接手的时候,它在中国就已经是排名第六的门户网站了——它简直就是个注定的失败者。阿里巴巴的高管们无法相信,巴茨竟然看不到更为宏大的蓝图。他们也无法相信，巴茨对中国商场的规矩竟然无知到这种地步，她竟然当着马云麾下一群高管的面——其中一位还是他的妻子——那么严厉地批评马云。按照中国的商场文化，就算巴茨要指责马云，更合适的做法也是在众人会议之后让他单独留下。这样，她既可以表达自己的意见，也不会伤到马云的面子。

马云急切地说："既然这样，何不让我们——如果您愿意的话，我们可以将改善这个网站的战略规划展示给您看。"他将这些规划过了一遍，会议在友好的氛围中结束了。

但内心里，马云却在强压着怒火。

他的愤恨助长了另一个不断增强的渴望，那就是：就像他们曾经想买断软银在淘宝的股份，让淘宝产生的价值更加直接地在阿里巴巴累积一样，如今，他们也想买下雅虎在阿里巴巴的那部分股份了。对此，蔡崇信也抱有相同的看法。

2009 年年底，蔡崇信对巴茨提出了一项友好的交易，如能达成，阿里巴巴的管理部门可以更大比例地掌握公司所有权，而雅虎可以就其 10 亿美元的投资得到一大笔回报。蔡崇信觉得，考虑到雅虎核心业务日渐削弱的状况，巴茨可能会赞成这个提议。雅虎可以用这笔钱收购企业，也可以将其分给股东。但巴茨没有上钩，她认为，蔡崇信和马云正试图让雅虎在阿里巴巴的股份贬值。

2010 年，蔡崇信和雅虎首席财务官蒂姆·莫尔斯致力于一笔交易。问题是，他们永远无法就阿里巴巴的价值达成一致意见。阿里巴巴飞速增长，每到签署协议的关头，要么就是阿里巴巴的销售数字增长到了一个新高度，要么就是某家情况差不多的企业成功上市，要么就是雅虎听到另一家中国网络公司经营得如何出色，然后价格就会上涨，蔡崇信就得重新要价。

2010 年 12 月，蔡崇信与莫尔斯的谈判产生了更大的分歧。软银的人提出了一种交易方式，可以帮雅虎规避巨额收益的税金。蔡崇信对这项交易的前景不是很乐观。

那时，蔡崇信已经认识到了一个事实，那就是，随着阿里巴巴的价值不断增长，雅虎完全没有压力出售。

如果想让交易达成，得有人施加压力。

蔡崇信想知道，谁会成为那个人。

然后，他就收到了一封来自埃里克·杰克逊的电子邮件，表示希望跟他见上一面。

蔡崇信、杰克逊和杰克逊在智治基金的合伙人张冠邦，在香港湾仔区阿里巴巴的办公室里谈了一两个小时。

蔡崇信将淘宝的规模和增长情况，以及巴茨的一些表现介绍给了杰克逊和张。

蔡崇信还说明，在淘宝推出之时，中国只有8000万网民，其中只有800万人在网上购物。他说，如今，中国的网络用户有大约5亿，其中有2.5亿在网上购物。他告诉杰克逊，淘宝的资产比中国其他任何一家电子商务公司都多，它通过两种方式成功地搭乘了这股潮流——不向买家和卖家收取费用；开创了支付宝服务，在卖家发货之前，由第三方保管买家支付的货款。

他解释了淘宝是如何赚取利润的，淘宝基本上就是一个跟谷歌类似的大型搜索引擎，只不过所有的搜索条目都是要买卖的物品。这就使得淘宝的搜索结果页面对广告非常具有吸引力。

蔡崇信告诉杰克逊，他和马云在巴茨那里是多么挫败。他说，阿里巴巴差不多要准备上市了——这将为雅虎和其他股东创造巨大的套现机会，但是阿里巴巴有这么多股份都是外资持有的，只要不改变这种现状，上市就是不可能的事情。他说，阿里巴巴想买回一些雅虎的股份——也就是说要支付给雅虎几十亿美元，从而调整所有权的混合比重，步入上市的轨道。他问杰克逊，巴茨处理问题的方式、她采取的行动是不是真的考虑了股东的最大利益。

杰克逊也认同，巴茨并没有考虑到普通股东的利益。

但是，这不是他在这次会上最大的收获。

他最大的收获是：雅虎拥有一家大型互联网公司44%的股份，却没人知道这一点。

杰克逊和张走出蔡崇信的办公室的时候，他转头对他的合伙人说："伙计，我们得立马去买些雅虎的股票了。"

之后的那个月里，杰克逊埋头做调查。他找到了一篇艾瑞咨询关于中国电子商务市场状况的一份很棒的报告。他读了关于淘宝的本地新闻报道，并让一位名叫玛丽安娜·沃尔克的分析师对此进行了深入研究。

他认为，仅淘宝的价值最低就有500亿美元，也可能达到了1000亿。

750亿美元的估价意味着，雅虎所持有的40%的股份的价值就高达300亿美元。因为雅虎得对它卖出的每一支阿里巴巴股份支付大量税金，同时雅虎也根本不可能在一笔交易中将这么多股份全部卖出去，杰克逊将那300亿美元打了40%的折扣，也就是180亿美元。

与此同时，雅虎还拥有雅虎日本——它和软银的合资公司——35%的股份，雅虎日本是一家公开上市交易的公司，所以很容易算出来雅虎持有的股份价值超过80亿美元。

雅虎在另外一家上市公司——B2B门户网站阿里巴巴网（不要跟阿里巴巴公司混淆）也有股份，市值30亿美元。

然后还有雅虎账户里的现金，加上递延收益，总共为43亿美元。

将所有这些数字加总起来之后，杰克逊震惊了。

他意识到，雅虎的资产——不包括正由卡罗尔·巴茨管理的雅虎网站这一核心业务——总值大约为350亿美元。

这个数字让杰克逊欣喜若狂。因为在2011年1月，雅虎的市值仅为240亿美元。不知道因为什么——可能是无知——市场忽视了淘宝的价值。

杰克逊买入了大把雅虎的股票。

2011年2月23日，杰克逊公开了这一情况。他在华尔街网站上写了一篇文章，做了分项加总的估值，得出的结论是，雅虎在那天收市的时候每股价值16.58美元，实际上价值应该为31.04美元。

“几乎所有人都认为，雅虎的股票价值不可能高过2008年微软的出价，”杰克逊写道，“但是，通过分项加总，我相信，从现在开始到2012年年底，这个价值是非常现实的目标。我喜欢巴茨想要有所作为的态度。如果她和软银决定与阿里巴巴管理层进行交易的话，最终结果就是一个漂亮的三赢局面。

“与此同时，手里拿着用55美分换来的价值1美元的资产，我很乐意耐心等待。”

在之后的六个月里，埃里克·杰克逊利用他能调动的各种渠道，对市场低估了雅虎的价值这件事大力宣扬。

但无人关注。

杰克逊在他的博客里、华尔街网站上或《福布斯》杂志上写过关于苹果的文章，美国全国广播公司财经频道的制片人就打电话给他，请他来就相关问题谈谈看法。他还写了一些关于脸书或谷歌的东西，也是一样。但他们从来没有邀请他谈雅虎。

同时，在差不多整个春天里，雅虎的股票都没什么起色。

5月，悲剧终于发生了。雅虎宣布，阿里巴巴分拆了其支付服务——支付宝。支付宝如今由阿里巴巴管理层拥有，而不再属于阿里巴巴的股东们了。令人诧异的是，雅虎说，阿里巴巴在没有告知雅虎的情况下，于2010年8月份就完成了分拆。

阿里巴巴在声明中说道，分拆支付宝是迫不得已，因为中国政府不允许支付公司由外资所有。

这一丑闻引发了各种问题，比如：阿里巴巴管理层会不会将淘宝也据为己有？阿里巴巴的管理层和雅虎的关系到底糟糕到何种地步，以至于雅虎对这件事情竟然毫无所知？

雅虎内部的共识是，阿里巴巴管理层分拆了支付宝，目的是迫使雅虎重回谈判桌，让阿里巴巴可以买回一些股份。

雅虎的股票开始大跌了。

杰克逊想的是，雅虎的股东们需要的是一个积极的投资人，这位投资人买下大量股票，然后要求雅虎的董事会跟阿里巴巴做成交易。

2011年夏天，杰克逊来到潘兴广场资本管理公司——这是由比尔·艾克曼经营的一家对冲基金公司。他见了艾克曼的一个助理保罗·希拉勒。

希拉勒对杰克逊说："我这里每周都会来很多人，让我选择雅虎。拜托，跟我说点我不知道的事情行吗。"

潘兴广场不感兴趣。

整件事情快把杰克逊弄疯了。他把数字看了又看。它们没法更清楚明白了。即使在支付宝被分拆出去之后，雅虎股份的价值也比雅虎的市值高很多。

然而，杰克逊感觉，没人关注他和他的假设。

他真是错得太离谱了。

# 第八章 丹·勒布的维权行动

丹·勒布坐在派克大街的办公室里，这里离中央车站往市郊方向去十个街区远。勒布注意到，雅虎的股票大跌。又一次大跌。

此时是2011年8月。4月以来，雅虎的股票下跌了37%——从每股17.70美元，下跌到了每股11.08美元。

勒布发了一封邮件给他手下的一名分析师，蒂姆·赖什。

“依我们现在看，雅虎怎么样？”

赖什快速地做了个各部分的加总估计，将雅虎的核心业务和亚洲资产的价值加到一起。他使用了埃里克·杰克逊对阿里巴巴的估值。于是，就跟之前杰克逊的估计一样，赖什认为，市场低估了雅虎的价值。

赖什发邮件给勒布：现在是11美元。风险回报似乎会很不错。我觉得，股价肯定会升到14到15美元。

勒布表示赞同。他开始买入雅虎的股票。大量买入。

勒布清楚，他的下个决定要艰难得多。

他真的要重操旧业，发送大规模杀伤性信件吗？

他的选择将对雅虎和玛丽莎·梅耶尔产生一系列重大影响。

丹·勒布是个典型的华尔街人，他西装笔挺，八面玲珑，一表人才。

短短的斑白头发，故意弄得有点凌乱。他其实是南加州人，却不总是喜欢冲浪的感觉。

勒布小的时候，偶尔会因为仗义执言惹上麻烦。他会对学校里的小霸王们直言指责。

小霸王们不喜欢这一套，他们决定胖揍这小子一顿。

勒布感受到了即将到来的威胁。他找到学校里块头最大的孩子之一，每天付给他一个25美分硬币，请求他来保护自己。大块头同意了。

勒布将他的安排公布于众。小霸王们再也没来找他。勒布得到了一个永生难忘的经验：一点小钱加上如簧巧舌，能在很多斗争中立于不败之地。

丹尼尔·赛斯·勒布，生于1961年，在南加州长大，他的父母会在家里谈论生意。他的父亲是一名企业管理方面的专门律师。他的姨母露丝·汉德勒是芭比娃娃公司的创始人，还建立了美泰玩具公司。

勒布很小就开始喜欢投资。十几岁的时候，他开始交易期权。上高中的第一年，他就来到潘恩·韦伯公司工作。读大学期间，他买卖股票，从哥伦比亚大学毕业的时候，他的银行账户里已经有了12万美元的存款。

诸事如此顺遂。

然后，一切都变了。

大学毕业后，勒布将全部积蓄投资了一家公司：医疗器械制造商泰科星辰公司。然后，美联社报道，几起死亡事故跟泰科星辰公司的仪器有关。于是勒布的全部积蓄付诸东流，还欠了父亲7000美元。

商场出师不利，勒布开始重操旧业。他在一家投资银行华平投资公司工作，之后供职于小岛唱片公司的企业发展部。1991年，勒布以分析员的身份入职杰富瑞投资银行。1994年，他开始为花旗售卖垃圾债券。

这并不是他想要的工作。他羡慕尼尔森·佩尔兹和卡尔·伊坎这些大牌“公司掠夺者”。他想做他们做的事。

1995年,他开始朝着这个目标努力。他用自己的34万美元,还有从亲戚朋友那里筹措的300万美元,创办了“第三点”基金,这是一家对冲基金。开始的两年中,“第三点”基金基本都在交易不良债权——勒布从花旗掌握垃圾债券信息。1997年,勒布开展了一种新的贸易类型——风险套利交易,他会购买企业并购商谈所涉公司的股票。“第三点”基金依然是一家规模比较小的公司。

1999年,勒布开始尝试一种新的战略。他找到他认为一定会失败的上市公司,进行投机博弈,卖空它们的股票。为了加速这一进程,勒布注册网上的投资人论坛,蓄意中伤这些公司。

2000年,“第三点”基金的运营资产已经增长到1.36亿美元。跟勒布创业时相比,已经是很可观的一笔财富了,但是,跟佩尔兹和伊坎运营的几十亿美金比起来,这依然微不足道。

然后,勒布发现,他可以将这种造势的行为更进一步。

2000年3月,一位名叫罗伯特·查普曼的对冲基金经理,购买了美国公共资产信托公司5%的股份。美国公共资产信托公司是一家上市公司,所以美国证监会要求查普曼填写一份“13D明细表”,公布他所购买的5%股份。通常来说,13D明细表是有正规格式的。但是查普曼发的不是标准的13D表格,他发了一封恶狠狠的邮件给首席执行官,嘲笑了他的管理风格,要求对方作出改变。邮件起作用了。美国公共资产信托公司非常尴尬,他们作出了改变,公司的价值提升了,这是查普曼的胜利。

2000年,勒布也尝试了这种策略。他购买了农标公司超过5%的股份。农标正以每股39美元的价格向莱康公司售卖股份。勒布发了一封13D邮件,指责农标的首席执行官比尔·斯特里兹,说他贱卖股份是为了给自己谋利,而不是出于农标股东们的利益。农标很紧张,他们再次出售,最终找到了一个新买家,愿意以每股54.50美元的价格购买。显而易见,勒布是对的,他为他的基金赚了一大笔钱:不到几个月,就赚了2000万美元。

勒布从中又学到了一个道理。当年在学校里他遇到的小霸王们，现在长大了，变成了上市公司假公济私、不称职的首席执行官、董事长，还有董事会成员，他们不肯，或者不能关注到股东们的权益，而他们本来有义务对股东承担信托责任。勒布明白了，你还是可以通过一张利口，还有一点小钱战胜小霸王们，而且在这个过程当中，你还能大赚一笔。你要做的只是让自己也成为大股东，辱骂那些小霸王，直到他们尊敬你为止。还有，你得是对的。

于是，丹·勒布开始在小上市公司的世界中横冲直撞，纠正那些他察觉到的错误，在这个过程当中赚得盆满钵盈。他开始将附带着13D表格发送的邮件称为“大规模杀伤性邮件”。

在一次严酷的行动中，勒布的攻击对象是艾里克·赛文，他是明星天然气合作公司的首席执行官，他让他七十八岁的老母亲成为了董事会的一员，给自己支付巨额薪水，开着昂贵的公司用车四处转悠，单独保留下公司的附属业务，给亲戚朋友提供工作机会。

勒布称赛文是“全美国最危险、最不称职的高管之一”。

勒布告诉赛文：“你压根儿就不配做首席执行官，也不配做董事。你该下台了。这样，你就可以去做你最擅长的事：回汉普顿的海滨豪宅里打网球，跟你的小伙伴们扯闲篇。”

通过2002年的这些维权活动，还有信贷风险领域的一场豪赌，“第三点”快速成长为勒布梦寐以求的那种基金。2003年，基金增长了50%。2004年，增长了30%——很快就达到了10亿美元的规模。新的投资蜂拥而至。

2005年，“第三点”基金管理的资产超过了50亿美元。勒布缩窄了战略范围，只针对一种类型的交易：事件驱动的投资。“第三点”基金会投资那些勒布发现的、因某些特殊原因被低估的公司，在接下来的六到十二个月里，将会有某个催化事件改变市场认知。有时候，这种催化剂就是勒布本人,他会煽动一个"事件",比如选举新的董事会。

由于基金的规模,还有他尖刻的邮件,勒布在对冲基金行业变得臭名昭著。他和查普曼闹翻了。双方对簿公堂。人们窃窃私语,说他自称唐·柯里昂[①]。勒布开始听到各种诡异的传闻,关于他是什么样的人,他的动机是什么。

勒布意识到,这样频繁地对他人进行言语攻击也会招致对他的反击。

2005年、2006年、2007年,舆论还无所谓。"第三点"的市值飞涨。勒布乘坐私人直升机和私人游艇环游世界,去国外冲浪、练瑜伽。他毫不理会流言蜚语。

然后,到了2008年,"第三点"基金走到第十三个年头的时候,差点破产。那时,"第三点"已经有了两支基金。其中一支基金缩水了32%,而另一支缩水了37%。很多对冲基金只允许投资人收回小额投资。"第三点"不是,因此公司管理的资产骤然缩水。

勒布的回应是:从聚光灯下撤回,使"第三点"成为一家更加机构化的公司。2009年,"第三点"开始投资他更为熟悉的市场:高风险不良债务。在大萧条时期,有的是债务可以用来豪赌,因为政府和整个行业都在寻找高息贷款的紧急援助。勒布在信贷方面下大赌注。他不再坚持行动主义。2008年,他犯下的错误众人皆知,损失了几十亿美元,是时候安安静静地做正确的事了。

这种脚踏实地的方法很有效。2009年,"第三点"基金增长了38.5%,2010年增长了34.5%。

此时是2011年8月,勒布面临着一个艰难的选择。

经过对雅虎历史的大量研究,勒布认为,他终于遇到了董事会终极小霸王:雅虎的董事长罗伊·博斯托克。

在勒布看来博斯托克错误地对待微软的要价,拒绝跟阿里巴巴交易,

---

① 电影《教父》中教父的名字。

这简直是犯罪。最糟糕的一点是，博斯托克聘用了卡罗尔·巴茨，一个在勒布看来根本没有经营互联网公司经验的高管。

勒布越是研究雅虎，就越是相信，这是一个完美维权行动的目标。但是2008年后，勒布花了几年的时间才刚刚恢复声誉。他真的又想冒险了吗？

跟投资债务相似的是，通过维权行动来赚钱是一件很困难的事。勒布投资债务的时候，一旦失败没有人知道，他可以通过别的交易赚到足够的钱，没有人会介意。

而在维权行动中，你会成为公众目标。如果最终证明你是错误的，那么全世界都会知道。

勒布的英雄偶像之一卡尔·伊坎警告他别动雅虎。2008年，在微软事件之后，伊坎曾经发起过一次针对雅虎的维权行动。他成功地加入了董事会，但他的经历非常不愉快。他说，雅虎的内部人士永远不会听勒布这种华尔街外人的话。

最后，勒布认定，他必须勇往直前，开展活动。

“第三点”基金的基本战略还是事件驱动的交易：如果一家公司即将发生某个事件令它真正的价值公布于众的话，基金就会针对这家公司下注。从2011年年中看来，这似乎会是比较风平浪静的一年。经济从大衰退中慢慢恢复的过程还很漫长，所以不良债券并没有什么机会。但是公司已经跃跃欲试，想将资金花在企业并购中。发动一场维权行动，就可以自己创造一个催化事件。

快8月末的时候，“第三点”基金已经收购了雅虎10亿美元的股份，磨刀霍霍，准备发动攻击了。

尽管勒布一直认为，最该为2011年8月份雅虎的困境负责的是博斯托克，但他的攻击邮件还是把目标对准了雅虎的首席执行官卡罗尔·巴茨。

勒布认为,巴茨不称职,因为她缺乏互联网领域的经验,还有她的暴脾气。他认为她的粗口一点都不有趣、不好笑。他认为这种话让她听起来像个女疯子。他听到一些关于她的很糟糕的传言。

他要公开严厉谴责她。

不过他从没得到机会。

2011 年 9 月 6 日,罗伊·博斯托克在电话里解雇了卡罗尔·巴茨。

勒布重新写了一封邮件,在 9 月 8 日公布出来。

在邮件中,勒布谴责博斯托克,因为一开始聘用巴茨的正是他,2008 年,他拒绝了微软每股 31 美元的出价,也是犯了"极大的错误"。

然后,勒布大开杀戒。他写道:"我们认为,由于支持聘用巴茨女士,以及主导反对微软的交易,博斯托克先生应该立即从董事会辞职。"

他以一个威胁总结全文:如果雅虎董事会拒绝合作,在明年夏天的雅虎年度会议上,"第三点"基金将会提名新的董事,让股东来投票。

"雅虎是时候该换个新的领导者了,"勒布写道,"雅虎的投资人、员工、客户和用户应该拥有新的领导者。"

几天后,勒布跟博斯托克和杨致远通了电话,杨致远 2008 年辞去首席执行官的职务之后,仍然是雅虎的董事会成员。

这次通话很随意。杨致远听起来很放松。他甚至还说:"嗯,我确实不是一个好的首席执行官。"

而博斯托克就不那么令人愉快了。他明确表示,他不想回答勒布提出的任何问题。但是勒布继续施压。他问博斯托克:"作为董事长,你之前的表现怎么能服众呢?"

博斯托克挂断了电话。

9 月 14 号,勒布又采取了一项新行动。他又发了一封邮件,这次是发给杨致远。

这封信的开头很坚决地表示，勒布、杨致远和博斯托克——“一个价值毁灭者”，没能好好打完电话，是因为“博斯托克先生突然唐突地挂断了电话”。

然后，勒布请杨致远做他未来的盟友。

“作为公司创始人和重要股东，当今管理者惨不忍睹的表现一定令您个人无比痛心，同时对您的净资产也造成了严重的损害。在此我们敦促您，为了全部雅虎股东，作出正确选择，推动亟需的管理层变革。我们将随时对您表示支持，提供建议或者候选人来促使雅虎回归正轨，重回世界顶尖数字媒体和技术公司之列。”

杨致远无意加入勒布的宏图大业。事实上，他正忙于自己的事。

2011 年，意识到阿里巴巴的巨大价值并且意识到目前这种价值还没在雅虎的股价中反映出来的人，不止埃里克·杰克逊和丹·勒布。

这是一个典型的事件驱动的套利机会，在市场尚未察觉的时候低价买入，当市场察觉之后高价卖出，轻而易举就能赚到一大笔钱。对捕食私募股权的这群鲨鱼来说，市场的这种无知就像水中的血腥。

那年春、夏、秋三季，超过五家私募股权公司表示了兴趣，想大量买入雅虎的股票。它们分别是：得州太平洋集团、百仕通集团、普罗维登斯资本、贝恩资本，还有银湖公司。

普罗维登斯资本最早发现了这个机会，一定程度上是因为他们公司里有一位曾经的雅虎内部人士：雅虎曾经的交易负责人迈克·马克斯。2006 年，眼睁睁看着特里·塞梅尔搞砸了脸书的并购交易之后，马克斯就离开了雅虎，来到了哥伦比亚广播集团互动媒体公司。在那里，他遇到了昆西·史密斯，哥伦比亚广播集团的部门首席执行官。几年后，史密斯和马克斯离开了哥伦比亚广播集团，建立起一家名叫“代码顾问”的投资银行公司。代码顾问公司里有个名叫彼特·彻宁的员工，他是新闻集团的前任首席运营官。

马克斯做了一次展示——这种展示在企业并购界被称为“工作簿”——表明雅虎有望成为下一代媒体公司,如果它能接受这种定位,引入个性化的大媒体和受欢迎的内容,收益会再次开始增长。在他看来,像雅虎邮箱这种产品的目的就是让用户们每天再次来到雅虎,直到他们最终自己开始关注雅虎的内容。马克斯称,雅虎在阿里巴巴和雅虎日本的股份给雅虎设定了一个价值底线,而现在,雅虎在公开市场上的交易价格已经低于这个底线。

彻宁很欣赏这个计划,将其带回了普罗维登斯资本,他是该公司的一名顾问。那年夏天,他的团队一直在接触杨致远,看他是否愿意跟他们做这笔交易。

彻宁的团队遇到的问题是,那年夏天,马克斯的“工作簿”已经广为流传了,私人资本公司得州太平洋集团也得知了。前任雅虎交易负责人凯斯·尼尔森在该公司任职,他是“教父计划”的策划人。除了这些私募股权公司之外,新闻集团也表现出了跟雅虎交易的兴趣。

事实是:雅虎的董事会炒掉卡罗尔·巴茨的一大原因,就是有太多人希望购买雅虎并且炒掉她。所以,博斯托克先发制人,解雇了她,聘用了高盛集团和艾伦公司提供咨询,帮助雅虎开始企业并购程序。

秋末,杨致远和雅虎的董事会将目标集中到得州太平洋集团和银湖公司。两家公司都来到森尼韦尔,跟雅虎的高管们会谈了几个小时。银湖公司请马克·安德里森帮忙计算雅虎究竟价值几何。二十年前,安德里森发明了马赛克浏览器,激励杨致远和戴维·费罗创建了雅虎,如今,安德里森是硅谷最炙手可热的风险投资人之一。他的结论是:雅虎是一家跨行业公司,它唯一擅长的业务就是搜索,而这项业务已经外包给微软了。雅虎唯一的出路就是调整或者终结那笔买卖,然后炒掉上万名员工。

得州太平洋集团和银湖公司想做的事叫做“公开资本私人投资”(Private Investment in Public Equity,简称 PIPE)。他们会一次性购买多达 20% 的公司股份，相应地建立起新的组织结构和管理制度，令他们有效地掌握公司主要控制权。

得州太平洋集团和银湖公司都想确认能跟杨致远一同来管理公司——这就是 2011 年秋天杨致远不会投入勒布怀抱的原因。

11 月份，当勒布读到关于“公开资本私人投资”交易的新闻报道的时候，他写了一封公开信，谴责杨致远。在信中，他说，银湖公司和得州太平洋集团是想以低于破产清算价的价格，从雅虎的普通股股东手中偷走雅虎。他说，杨致远跟他们沆瀣一气。

最让勒布生气的是，2011 年秋天，对雅虎感兴趣的每一方——他认为也包括杨致远——都想让雅虎看起来不堪一击、不值一钱，这样他们就可以很便宜地收购它，还有它在阿里巴巴的股份了。

2011 年秋天，当这一切发生的时候，蔡崇信和孙正义坚持不懈地向雅虎董事会施加压力。他们提出一种交易方式，软银和阿里巴巴可以以一个较低的价格向雅虎购买其在阿里巴巴和雅虎日本的股份，雅虎将不必向美国政府支付几十亿美元的利润税。这种交易叫做“现金充裕剥离”。简单说来，软银和阿里巴巴将联合购买公司——他们在考虑美国国家气象频道或者葫芦网——用这些公司来交换雅虎在亚洲的资产。

局面错综复杂。最终在 12 月份，罗伊·博斯托克和雅虎董事会说：我们受够了。因为担心勒布对于“公开资本私人投资”交易的义愤，董事会通知得州太平洋集团和银湖公司取消交易。现金充裕剥离交易也化为泡影，但是博斯托克表示，雅虎愿意出售部分亚洲的资产。博斯托克认为，雅虎最优先发展的应该是核心业务，如果出售部分亚洲的资产能促进融资，调整该项业务，那就可以出售，即使这意味着卖掉一份不断增值的资产，还要交一大笔税金。他希望这次交易能平息围绕着雅虎的一部分争议——来自媒体的，还有来自勒布的。

随着 2011 年临近年末，对勒布和他“第三点”基金的团队来说，四年内的第一场维权行动结束,其实是他们乐见的。没错,博斯托克还待在雅虎的董事会里,这确实让人失望。不过至少,关于“公开资本私人投资”交易和阿里巴巴,他做了正确的事。而且更棒的是,因为人们一再疯传雅虎的亚洲资产有多值钱,雅虎的股价由8月份的每股11.08美元,一路攀升到了年末的每股16.00美元。四个月就赚了这么多,这可真是一笔好买卖。

12月的一天晚上,“第三点”基金的分析员蒂姆·赖什在他郊区的家里回味他对于雅虎投资的愉快心情。这是他全程参与的第一次维权行动,已经给公司赚了近3亿美元。

赖什思考着事情的来龙去脉。私募股权投资公司已经出局了。巴茨也走人了。雅虎很快就会有一笔钱,可以投资核心业务,或者回馈股东了。

赖什想:你知道,现在唯一剩下的风险,无非就是博斯托克再去聘用一个糟糕的首席执行官了。

# 第九章 斯科特·汤普森简历丑闻

尽管2011年秋季对雅虎来说可谓跌宕起伏、不得安宁，但公司内部其实还是宁静祥和、卓有成效的。

首席财务官蒂姆·莫尔斯是一位出色的临时首席执行官。他对公司以及公司的财务状况了如指掌。他知道自己不是无所不知，也没有一直占据这个职位的野心。他做决策时，特别倚重两位高管。

第一位叫罗斯·莱文索恩，雅虎美洲地区的主管。他在圣塔莫尼卡的雅虎办公区工作，有那种西海岸行政长官的做派，拍照的时候他会手指镜头。他笑容满面，梳着背头，西装笔挺。艾伦公司在太阳谷会议上为媒体大亨们发放了拉链羊毛背心，他穿在身上非常帅气。

2010年10月，莱文索恩以“美洲”地区业务执行副总裁的身份加入了雅虎。这意味着，他要总管雅虎的媒体部门和销售部门。之前，他经营着一家由他和美国在线前首席执行官乔纳森·米勒共同创办的风险投资公司。在这之前，莱文索恩是新闻集团网络部，后来的福克斯互动传媒的总裁，那时，莱文索恩向首席执行官鲁伯特·默多克和首席运营官彼得·彻宁汇报工作。莱文索恩在新闻集团的主要业绩是：他曾用5.8亿美元购入了聚友网，然后在2006年以9亿美元的价格将其广告库卖给谷歌。

巴茨被解雇之前，莱文索恩在雅虎工作了才十个月。但在雅虎2011年的年度股东大会上，他描述了将雅虎建成“世界第一数字媒体公司”的蓝图，给股东们留下了深刻的印象。

莫尔斯倚重的另外一名高管是布莱克·欧文，雅虎的首席产品官。欧文的头发全掉光了，下巴上留着一小撮胡子。他是从微软跳槽过来的，当时，他管理着微软的在线业务。自从2010年5月加入雅虎，欧文最重要的任务之一就是整合支撑雅虎多款产品的相关技术。自从杰夫·马雷特的“七人小组”模式之后，雅虎在世界各地的产品都是在眼前的短期技术基础上建立并运营的。到2011年秋季，欧文的这项工作取得了显著进展。

莫尔斯、莱文索恩和欧文的关系，之所以能在雅虎2011年秋季的动荡期内仍然保持良好，其中一个原因就是，巴茨走后，这几个人都不是空缺的首席执行官职位的候选人。莱文索恩和欧文觉得自己可以胜任这项工作，但他们也想到，博斯托克和雅虎董事会可能会聘用一个大人物来担当此任。莱文索恩想，可能像他的前老板——前新闻集团首席运营官彼得·彻宁——那样的人才能得到这个职位。

那之后，2012年1月4日，罗伊·博斯托克在一次电话会议上宣布，雅虎的新任首席执行官将是斯科特·汤普森。汤普森是贝宝——易贝的一家子公司——的总裁。就像之前的卡罗尔·巴茨一样，他没有一点互联网广告的从业经验。

雅虎和整个硅谷的反应都是：“这人是谁？”

当“第三点”基金的蒂姆·赖什听到这个消息的时候，他心想：见鬼。

赖什的老板丹·勒布也赞同这一评价。

从秋天起，勒布一直在硅谷活动，询问那些产业大亨对下一任雅虎首席执行官人选有何意见。他们都说，雅虎需要像马克·扎克伯格、杰夫·贝索斯或拉里·佩奇这样的人——一个天生的网络人，有着创始人的光环和直觉。

推特的联合创始人杰克·多尔西告诉勒布，雅虎需要像谷歌的某位高管那样的人。

勒布听说过玛丽莎·梅耶尔吗？

她将是最完美的候选人，多尔西说。

可惜她是不可能接受这份工作的。

勒布看着汤普森——他跟雅虎所需要的人恰恰相反。他开始计划除掉他。

首席执行官走马灯一样地换，雅虎的老员工们已经习惯了。

每一次，大家都会欢欣鼓舞一阵子，希望这回来的是正确的人，公司终于可以向着正确的方向前进了。

再一次满怀着这样的乐观心情，雅虎的高管和员工们非常努力地要喜欢上斯科特·汤普森。

一开始，他们确实蛮喜欢他的。他看起来和蔼可亲，浓密的胡子有时候留成山羊胡，笑容质朴羞涩，说话带有波士顿口音。所有人看到汤普森都会想到20世纪80年代播出的情景喜剧《欢乐酒店》中的邮递员克里夫·柯莱文。

这种良好意愿没能持续。

一个问题是，汤普森似乎并不了解雅虎的业务。

工作的第一天，汤普森在于“网址”餐厅召开的全员会议上，向众人做了自我介绍。之后，罗斯·莱文索恩问他是否愿意和他一起去见一见埃培智集团的高管们，莱文索恩告诉汤普森，埃培智集团是世界上最大的四家广告代理商之一，也是雅虎最大的客户之一。汤普森一口答应，和莱文索恩一起去了“鱼食”会议室。

会见时，汤普森将几分钟前在楼下做的演说重复了一遍。还算不错。最后，汤普森接受提问。

埃培智集团的一位高管昆廷·乔治问:“你觉得在这一行业中,未来代理商将扮演怎样的角色?”

汤普森应该给出的正确答案是:代理商是雅虎的伙伴或合作者,毕竟,通常是代理商,而不是代理客户决定了大品牌在何处花钱。

汤普森没有给出正确答案。

他说:“这个,在贝宝,我们一般会将中间人从合作中剔除。”

莱文索恩感觉自己跌坐在了椅子上。他想:你他妈的是在逗我玩儿吗?这个人到底是怎么得到这份工作的。

让雅虎的高管们觉得汤普森很古怪的另外一件事是,他有时候会表现出一种奇怪且过分的男子气概。每次他走进会议室,只要看到有比他个儿高的人在场,他都会走到人家跟前说:“你是个大块头。不过,我可不怕什么大块头。”

汤普森在公司各部门进行自我介绍的时候,这种男子气概更是表露无遗,激起了一些不友好的反应。

那天,汤普森跟每一个会见的人说:“上一个季度你们做了什么?我怎么一点新鲜东西都看不到。一点创新也没有。我看不出来下一个季度你们能有什么起色。你们在这儿是干什么的?”

他说的倒是没错。在一次这样的会议上,一位高管想。就是表达的方式不对。

每当出现丹·勒布的名字,汤普森的男子气概就会发挥到极致。

汤普森接手这份工作后不久,勒布向雅虎董事会提名了四个候选人,分别是勒布自己、前音乐电视网总裁迈克尔·沃尔夫、前美国全国广播公司老板杰夫·朱克和扭亏转盈的专家哈利·威尔逊。

勒布和汤普森通了一次电话,讨论了这次提名。汤普森说,勒布想进入雅虎董事会是不可能的。他说勒布“不够格”。

然后汤普森就挂了勒布的电话。

“这家伙他妈的吓不住我！”汤普森跟雅虎的一位高管如是说，后来又告诉了其他人。

“他休想吓住我，我他妈的挂了他电话！”

这种耍大牌的态度还通过其他奇怪的方式表现了出来。汤普森控制着D栋大楼十字旋转门的门禁，除了有开门磁卡的高管，其他人都不能进入。这家公司的首席执行官曾经在小隔间里工作，其中一个身家过亿的创始人仍然在小隔间里工作，在这样一家公司里，这扇大门是如此格格不入。

4月，汤普森开始实行一个在波士顿咨询公司的协助下为雅虎量身打造的计划，他称其为“阿尔法计划”。

“阿尔法计划”要求雅虎进行大幅度的缩减。数据中心将从31个缩减为6个。搜索业务也要卖掉，谷歌将接手销售大量雅虎广告。

汤普森将一个名叫“雅虎实验室”的部门，裁员70%。“我们要这么多博士干什么？”他说。

汤普森开始进行一次莫名其妙的裁员计划，很多人当时就丢了工作，还有很多人被告知，他们会在之后的6到8个月内被裁。一时间士气低落。

汤普森宣布，雅虎将对脸书的专利侵权提起诉讼。这个举动让雅虎的工程师和在雅虎工作的媒体人深感尴尬。前者认为这样的行为是对付巨怪的，而后者要依靠与脸书之间的合作渠道建立读者群。

对雅虎的很多高管来说，“阿尔法计划”看起来太武断了——并且带来了难以想象的毁灭性灾难。

首席产品官布莱克·欧文尤其厌恶汤普森的裁员计划，并且用一系列干脆利落、直截了当的方式表达了他的不满。欧文于4月5日辞职。

雅虎的其他高管日子也不好过，他们要么只能选择屈从，接受汤普森未来更多年的领导，要么在制订自己的离职计划。公司里一片愁云惨雾。

这种萎靡的氛围一直持续着，5月3日，雅虎的前三十位高管在圣何塞附近的洛思加图斯酒店召开一系列公司外会议。会议的任务是按照“阿尔法计划”的标准审查雅虎的一些产品。那天早晨，高管们聚集在这家酒店二楼的一个会议室里，他们围坐在一张U型桌旁，汤普森坐在U字底部的座位。

11点45分，会议无聊到让人无法忍受了。雅虎总编杰·辛格和产品主管戴维·博顿斯陈述着他们对雅虎主页的计划。

辛格和博顿斯说着说着，房间里的气氛发生了微妙的变化。

有什么事情发生了。

U型会议桌的一侧，罗斯·莱文索恩看着自己的手机，瞪圆了眼睛。雅虎负责基础架构的高管戴维·迪布尔拿出了手机。桌子的另一侧，雅虎媒体小组的主管米基·罗森也拿起了手机。蒂姆·莫尔斯盯着手机，人力资源主管戴维·温德利也盯着自己的手机。不一会儿，桌上的所有人都盯紧了自己的手机屏幕。

悄无声息地，他们将这条刚刚由《数码天地》的记者卡拉·斯维舍发布的新闻互相转发。他们简直无法相信读到的内容。

汤普森对正在发生的异常一无所觉。他还在盯着辛格和博顿斯做陈述。

最后，雅虎的公关主管萨拉·贝特科特·戈尔曼将自己的手机递给了他。

读着屏幕上的内容，斯科特·汤普森脸色变得很难看。

他站起来，离开了房间。

房门在汤普森身后一关上，会议室里的所有人都拿出了自己的笔记本电脑。他们一遍又一遍地读这段文字，房间里鸦雀无声。

这段文字是卡拉·斯维舍写的导语：“在写给雅虎董事会的一封信中，‘第三点’基金的维权股东丹·勒布宣称，公司的新任首席执行官斯科特·汤普森简历中的计算机科学学位是不真实的。”

5月3日，勒布将这封大规模杀伤性邮件的终稿在证券交易委员会备了案。

这封邮件指出，在雅虎网站上登出的，以及在证券交易委员会中备案的斯科特·汤普森的履历中，雅虎说汤普森有会计学和计算机科学的学士学位。

这很奇怪，因为汤普森的母校石山学院，直到1983年——汤普森毕业四年之后——才开始颁授计算机科学学位。

勒布写道，汤普森在石山学院读书的时候，学校只开设了一门计算机科学课程：计算机科学简介。

"想必，汤普森先生是选修了这门课吧。"勒布尖锐地说。

勒布写道，如果汤普森确实修改了他的学业记录，这就破坏了他作为一名技术人员的信誉，也反映出他人格的低劣。

勒布说，这种伪造也让人怀疑这样一个问题："董事会是否未能进行适当的尽职调查，在完成其最基本的任务方面——鉴定并聘用首席执行官——有所疏忽？"

勒布和"第三点"基金关注这条信息已经好几周了。通过谷歌搜索，他们轻而易举就找到了它——并不比"第三点"基金招人的时候做的基础调查复杂。网络上汤普森的履历，一半说他有会计学位，另一半说他既有会计学位，又有计算机科学学位。只要给石山学院打个电话，就能知道真相。

真相是，不知道从什么时候开始，反正汤普森开始让人们相信，他受过的教育比实际情况更多。汤普森从未纠正过这个错误——甚至在一次采访中，记者问到他的学历的时候也没有。

勒布将发布这条消息的时间推迟了一些，因为在2月份，罗伊·博斯托克、杨致远和其他两位董事，出人意料地宣布从雅虎董事会辞职。这意味着董事会中有了几个空席，也意味着勒布已经击败了他原本的攻击目标——横行霸道的博斯托克。勒布希望能从他选定的候选人中找几个人填补这些空席——这样他就可以对汤普森的决策施加影响了，即或不然，也可以不必让他名声扫地，就将他排挤出董事会。

一开始，好像勒布的美梦就要成真了。雅虎董事帕蒂·哈特打电话给他，说雅虎愿意面试他提出的候选人。十天过去了，没有任何一个候选人收到雅虎的消息。当勒布询问原因的时候，哈特说，她没有这些人的电话号码。勒布就给了她电话号码。

之后的几天里，雅虎董事们联系了朱克、威尔逊和沃尔夫，草草地面试了一回。

汤普森和勒布打了几次电话，结果令人深感挫败。一开始，汤普森打给勒布说，董事会不可能邀请"第三点"基金的候选人加入——不过，让"第三点"基金审查一下雅虎心仪的候选人倒是可以，勒布说他们不能接受。之后，汤普森又打来电话说，雅虎愿意接受威尔逊，不过仅此而已。勒布仍然表示不够满意——他自己想加入董事会。他的公司对雅虎投资了10亿美元，他想照管好这笔钱。

勒布提议，得让他和威尔逊都进雅虎董事会，这样才行。汤普森说，没门儿。然后他说了几句话，让勒布大为光火。

汤普森说勒布不够格。实际上，汤普森的原话是，雅虎的候选人比他更符合条件。不过勒布理解的是，汤普森说他不具备应有的资格。

有资格？勒布想，你有什么资格？你石山学院的计算机科学学位？你编出来的那个？

勒布决定公布这封信件。他一边公布一边想：给你这小子一点颜色看看。

5月3日信件公开之后，整个下午，汤普森都在酒店的庭院里跟妻子聊天，雅虎董事会成员以及他的公关团队则绞尽脑汁地想该如何回应。

那天晚上，其他高管都出席了先前安排好的晚宴。

晚宴开始两个小时后，令大家惊讶的是，汤普森现身了。

"没事儿，"他边说边坐下来，"一切都好。"

一切都不好。反正对汤普森来说，很不好。

到第二天早晨，这件丑闻已经在国内和国际上引起轩然大波。美国有线电视新闻网、美国全国广播公司、美国全国广播公司财经频道和《商业内幕》报道了此事。英国的报纸也报道了。

汤普森否认了这些指控。他尽己所能，跟雅虎的众多副总裁会面，告诉他们，他并没有就文凭撒谎。他开始将这个丑闻归咎于他的老东家——贝宝的公关人员。他说是他们伪造了学位，他从未发现。

他开始表现得很偏执。他将手下所有的高管都叫到离他办公室两门之隔的一间空办公室里，说自己没做错什么，希望在场的每个人都能支持他。

他问："你们支持我吗？"

高管们都不吭声。大部分人都觉得，丑闻刚爆出来的时候，汤普森就该不失尊严地辞职。而现在，他们则认为，他应该马上辞职。

最后，传出消息，汤普森开始将作伪事件归咎于将他招进贝宝的那家公司。勒布推荐的董事候选人兼盟友迈克尔·沃尔夫看到了这些报道，转发给了汤普森暗示谴责的猎头公司，海德思哲国际咨询公司。

"我觉得他说的是你们。"沃尔夫写道。

海德思哲彻底整垮了汤普森。它发给雅虎董事会一批封存的文件，包括汤普森加入贝宝之前发给该公司的电子邮件，里面就有他造假的文凭。

5月12日和13日那个周末，雅虎董事布莱德·史密斯和戴维·肯尼联系了勒布和"第三点"基金，对他们同事的所作所为表示歉意。他们说，董事会已经做好了让步的准备。

五名董事当即辞职了。汤普森也辞职了,声称是因为健康问题。罗斯·莱文索恩被任命为临时首席执行官。勒布、威尔逊和沃尔夫在董事会得到了一席之地。雅虎同意负责“第三点”基金维权行动的花费。“第三点”基金同意不再购买更多雅虎的股票,同时也同意如果他们在雅虎的股份跌到 2% 以下,勒布、威尔逊和沃尔夫就离开董事会。

新的董事会针对汤普森的聘任展开了一场调查。最终,他们调查出,一些董事会成员在汤普森被正式聘用之前,就对他档案里的问题心知肚明。

最终的结果是,“第三点”基金的董事们掌管了雅虎关键的董事委员会。勒布将担任董事会交易委员会的主席,这意味着他掌握了买卖雅虎最具价值的亚洲资产的大权。

沃尔夫将主管遴选委员会。寻找雅虎的下一任首席执行官成了他的任务。

他的心中已经有了人选。

在沃尔夫开始寻找下一位首席执行官之前,发生了一件震撼人心的大事。这件事无疑使得寻找首席执行官的工作简单了很多。

雅虎的首席财务官蒂姆·莫尔斯向新董事会汇报说,经过四个月的努力,他和阿里巴巴的蔡崇信最终达成了一个协议。

谈成的条件是,雅虎立刻以 71 亿美元的价格卖掉在阿里巴巴的一半股票。此外,阿里巴巴将支付 5.5 亿美元,不再使用雅虎的技术。

也许最重要的是,这个交易开始了阿里巴巴上市的倒计时,大概在两年之后。

对雅虎的股东和“第三点”基金来说,这是大好消息。雅虎可以将 71 亿美元中的大部分返还给股东们,将剩余的投资在其核心业务上。

更棒的是，在之后的两年中，对世界各地的投资人来说，在这个举足轻重、发展迅速的中国互联网公司上市之前，雅虎几乎是对其进行投资的唯一途径。

这件事情肯定能提高雅虎的股价。多亏了丹·勒布的活动，埃里克·杰克逊对雅虎分项加总的估值变成了现实。

不管沃尔夫找谁做首席执行官，暴涨的股价都意味着，在之后的整整两年内，都可以对雅虎的核心业务进行调整，而免受公开市场的正常审查。

# 第十章 完美的首席执行官候选人

2012年7月12日，周四上午，时任雅虎临时首席执行官的罗斯·莱文索恩还深信自己是公司正式首席执行官的不二人选。

只要再来一个会议就行了。

那是将要在加利福尼亚森尼韦尔市雅虎总部二层的会议室召开的董事会会议。巨大的会议室里，有一张马蹄型的大会议桌，墙上装着屏幕。

会议议程是：莱文索恩向董事会简述他为雅虎制订的发展计划，讨论他是否能被任命为首席执行官。

莱文索恩走进会议室，各位高管紧随其后。

他们中有莱文索恩的首席交易负责人吉姆·赫克曼，他已经和微软就一笔交易斡旋数月；雅虎负责产品管理的高管沙希·赛斯，他已经开始筹划对雅虎邮箱和主页进行重大升级；首席财务官蒂姆·莫尔斯，他刚刚完成向阿里巴巴出售一部分雅虎子公司的关键交易；新闻集团老将，被莱文索恩聘来管理雅虎媒体业务的米基·罗森；还有新任首席营销官莫利·斯皮尔曼。

赫克曼、赛斯、莫尔斯、罗森和斯皮尔曼数位高管和一干人等坐在旁边。

所有人都认为，这个会议就是走走形式——莱文索恩转正一事已经是板上钉钉了。

他们这样想是有充分的理由的。就在两个月前，雅虎董事会的新任董事长弗雷德·阿莫罗索还明确表示，他将尽一切可能确保莱文索恩和他的团队在不远的未来可以管理公司。

在私下里，阿莫罗索对莱文索恩是这么说的。在5月份召开的全体员工大会上，他也宣布了此事。他甚至还打了一通销售电话，毫不掩饰地向雅虎的广告客户表达了对莱文索恩的支持——董事长亲自做这样的事情让人有些摸不着头脑。

6月，阿莫罗索协助莱文索恩成功地将颇具知名度的谷歌高管迈克尔·巴雷特招在雅虎麾下。在洽谈过程中，阿莫罗索曾向巴雷特保证，莱文索恩“临时首席执行官”的头衔只是暂时的，暗指离开谷歌是安全的。

莱文索恩充满希望的另一个理由是：在过去的几个月里，他一直和雅虎最重要的两位新任董事丹·勒布和迈克·沃尔夫保持着联系，几乎一天都没落下。

莱文索恩开始了陈述。本来这会是一次非常精彩的陈述，因为他计划大刀阔斧地改变雅虎的发展方向。

他希望雅虎停止与谷歌和微软这样的科技企业进行竞争，而应该像迪士尼、时代华纳和新闻集团一样，着手做媒体和内容业务。作为转型的一部分，莱文索恩计划分拆、出售或关闭几个雅虎业务单元。这样一来，可以为雅虎减掉多达一万名员工，而息税前利润最多可以增加50%。

实际上，在陈述中，莱文索恩说，他和他的团队已经沿着这条路线着手改革了。

莱文索恩告诉董事会，在他的授意下，赫克曼已经开始与微软接触，商讨用雅虎的搜索业务来交换微软的门户网站MSN，并让其支付大量现金。莱文索恩和赫克曼还开始跟谷歌高管亨里克·德卡斯特罗洽谈移交雅虎广告库的问题。另外，他们还想将雅虎面向企业的广告技术业务剥离出来,和总部设在纽约的广告技术创业公司 AppNexus 组成合资公司。

讲到这一部分的时候,莱文索恩开始感觉到,首席执行官的职位似乎悄悄地溜走了。

房间里的其他人也有一种不祥的预感。

负责招聘正式首席执行官的遴选委员会的掌权人沃尔夫,开始质疑这个交易的明智性。

沃尔夫尖刻地大声问:“我明白,对微软来说,这项交易大有油水,不过这对雅虎有什么好处呢?”

勒布推举进董事会的另一位董事哈利·威尔逊也向莱文索恩发难,批评其采取的措施是“短视”的。

他们对这项交易的诘问最终归结为一个问题:莱文索恩和赫克曼有没有对微软和谷歌作出什么不可挽回的承诺?

显而易见,沃尔夫和威尔逊想要确保,将来担任首席执行官之职的其他候选人不会被迫落实他们没有参与谈判的交易。

对莱文索恩来说,这是一个非常不利的信号。

不过对莱文索恩来说,威尔逊和沃尔夫对与微软的交易大发诘难并不是最坏的情况,勒布在会议中的表现才是。

莱文索恩做陈述时,勒布看起来很不耐烦。他没有认真听。这位临时首席执行官在前面讲,他在后面玩他的黑莓手机。

据房间里的一个人回忆,当时,勒布只做了一会儿笔记,然后,“在陈述最关键的部分”,他起身去了十分钟卫生间。

这个人记得,他当时想:“哦,好吧。非常遗憾,罗斯,看来你跟首席执行官的位子擦肩而过了。”

会议结束后,阿莫罗索帮莱文索恩招进来的谷歌高管巴雷特打电话给莱文索恩问进展。莱文索恩告诉他说,感觉自己没戏了。

那么,谁会有戏呢?

当晚，莱文索恩飞往爱达荷州的太阳谷，参加投行艾伦公司一年一度的媒体和科技公司高管招待会。

整个周末，莱文索恩都在和风险投资人马克·安德里森、Square移动支付的首席执行官杰克·多尔西、推特的首席执行官迪克·科斯特洛玩猜谜游戏——列出长长的候选人名单，试图找出谁有可能坐上莱文索恩的位置。每想到一个名字，他们总能立即想出此人不适合的理由。

沃尔夫和勒布已经明确了人选，这个人会是谁呢？

最终，在周日的深夜里，莱文索恩接到了一位在谷歌工作的好友打来的电话。

这个人说：你绝对想不到，还有谁参加了雅虎首席执行官一职的面试。

在2012年1月6日，罗伊·博斯托克宣布斯科特·汤普森接任雅虎首席执行官之后不久，丹·勒布和迈克尔·沃尔夫搭上了飞往旧金山的飞机。目的是：寻找一位比汤普森更合适的人选，万一"第三点"基金能赢得雅虎董事会的控制权呢。

在旅行中的某个早上，勒布和沃尔夫驱车到风险投资人马克·安德里森——在硅谷一定要见的一位聪明人——家共进早餐。

勒布和沃尔夫问安德里森，他是否愿意加入到他们的雅虎董事会人选名单里。安德里森拒绝了，因为这是一个看起来对雅虎创始人和现在的管理层不友好的举动，不过，他很有兴趣和两位客人讨论一下雅虎的发展策略。毕竟，他在这个秋天花了不少时间思考这件事。

这两个纽约人问他：雅虎应该聘用一个什么样的首席执行官呢？是做媒体的？还是做产品的？

所谓"做媒体的"，意思是这位高管会以经营一家电视网络或杂志出版公司——只不过"阵地"在网络上——的方式管理雅虎。这个人的专长应该是,有辨别好的素材并和素材创作者和传播者达成交易的能力,还有针对相关素材销售广告的技巧。哥伦比亚广播公司的董事长莱斯·穆恩维斯和新闻集团前任首席运营官彼得·彻宁就是这种类型的高管。还有迈克尔·艾斯纳,他花了二十年时间将迪士尼从一个寂寂无名的工作室打造成一家巨头。

所谓“做产品的”,勒布和沃尔夫的意思是,这个人应该能建立自己的工程师和设计师团队,为用户打造实用性强、黏着性高、趣味性强的软件。脸书的首席执行官马克·扎克伯格和苹果的联合创始人史蒂夫·乔布斯就是这种类型的高管。

几乎从创立之初,雅虎就在纠结自己的定位。

它是应该像媒体公司那样,制造和购买内容,并通过雅虎网站传播这些内容,以吸引消费者呢?还是应该像产品公司那样,用搜索、网页邮件、股价图表和图片存储等网络软件工具吸引用户呢?

安德里森说:如果你有机会来掌舵雅虎,那么拯救它的唯一途径就是聘用一个能够为雅虎打造好产品的人。

安德里森谈到了科技公司和“普通”公司之间的区别。普通公司输出的是产品:汽车、鞋子、人寿保险。在他看来,科技公司输出的是创新。无论它们今天卖什么,五年之后,卖的一定是不同的东西。停止创新意味着死亡。

安德里森说道,如果公司想在和谷歌、脸书或苹果这样的大公司,甚至是硅谷很多新创业的小公司的竞争中存活下去,那么,身居雅虎高层的人必须懂得怎样引领并生产出源源不断的创新产品。

这次谈话起了作用。

5月13日,雅虎董事会和“第三点”基金和解,沃尔夫开始负责寻找雅虎下一任首席执行官。在他上任之后不久,就雇用了史宾沙管理顾问咨询公司的猎头吉姆·西特林,将雅虎首席执行官的工作职责向他描述了一番。

沃尔夫给西特林的文件里说，雅虎需要的是这样的人：能够创造出一种文化氛围，吸引最好的“内容、开发者、产品创新、广告、营销和管理人才”，从而将雅虎在移动设备上的“用户体验”“现代化”。文件说，董事会想要的是一个能够“在科技创新领域重塑雅虎信誉和声望”，并能跟“微软、苹果、脸书和亚马逊”等公司建立合作关系的人。

在 2012 年 5 月 21 日西特林跟董事会的第一次会议上，他向董事们汇报说，行业内符合条件的人只有寥寥数位，这些人都在亚马逊、苹果和谷歌这样的公司里就职。他提醒：雅虎想聘用这些人是非常困难的。

董事会给西特林列出了一个候选人名单。

虽然莱文索恩是一位“媒体”高管，而不是“产品”高管，但大部分董事都属意于他。

名单中还有谷歌的首席业务官尼科什·阿罗拉；苹果互联网软件和服务高级副总裁埃迪·库；网络电视网站葫芦网当时的首席执行官杰森·基拉尔。

董事会也让西特林跟谷歌的玛丽莎·梅耶尔接触。

西特林提醒他们，梅耶尔看起来会为谷歌贡献一生，她不像是会对这份工作感兴趣的人。

董事会中很多人对梅耶尔领导大型上市公司的能力也持怀疑态度。他们的问题无非是：她管理过资产负债表吗？她不是一年前被降职了吗？

西特林说，他还是会联系一下看看。很长一段时间，梅耶尔的电话都打不通，他只能留言。

实际情况是，梅耶尔故意无视了西特林的电话，她没想到西特林要介绍一份首席执行官的工作给她。而且，她那时正在中国。

西特林最终打通了梅耶尔的电话，他听得出来，梅耶尔没什么兴致跟他聊。

他告诉她,这份工作是:雅虎的首席执行官。

梅耶尔想起了九个月前,她跟加布里埃尔·斯特里克的那次谈话。

西特林问:“你对这个没什么兴趣,是吗?”

梅耶尔说:“实际上,我感兴趣。”

西特林说:“你感兴趣?”

2012年6月中旬,玛丽莎·梅耶尔在航班上边思考边准备。

梅耶尔正飞往纽约,她要与沃尔夫、西特林和其他三位雅虎董事——戴维·肯尼、约翰·哈耶斯和托马斯·麦金纳尼——在迈克尔·沃尔夫位于曼哈顿的公寓中共进晚餐。

在谷歌工作了十三个年头之后,她已经做好了另择良木的准备。

过去的两年——按照大众的认知,她被“降职”了——日子过得比之前的十一年更加平静,但从很多方面来说,也更有挑战、更令人兴奋。

在“本地和地理”业务中,她承担起了比之前负责的工作更重的任务。

每当人们问起她“降职”的事情——晚餐中沃尔夫和其他董事也可能会问到这个问题——梅耶尔都会指出,她以前负责搜索的时候,管着250位产品经理,而现在她管理着一个更大、更多元的团队——负责工程、设计、营销和销售的1110位经理。梅耶尔也会告诉人们,她现在监管着约6000名合同制员工。

她发现,她正在负责的“本地和地理”业务,员工人数占公司总人数的20%到25%。她觉得,在过去的两年中,她从这个比之前更繁杂的工作中学到了很多东西。

2012年6月,在飞往纽约的那一天,梅耶尔相信,自己已经做好了接手更艰巨工作的准备。

6月24日晚,梅耶尔抵达沃尔夫位于第五大道的现代化公寓。非正式晚餐开始了。

梅耶尔读了雅虎首席执行官职责的那部分内容。

在谈话中，梅耶尔提出了一个周详得惊人的计划——对雅虎的文化、管理层和产品格局进行全面改革。

梅耶尔离开后，一名董事对西特林说："雅虎下一任首席执行官就是她了。"委员会同意沃尔夫跟她继续接触。

迈克尔·沃尔夫和董事会中其他支持梅耶尔的人有一个麻烦：他们的票数不够。

5月中旬，沃尔夫加入雅虎董事会的那天，他参加了在曼哈顿市中心召开的雅虎纽约员工全员大会。弗雷德·阿莫罗索站起来讲了一段话，说他会尽全力将罗斯·莱文索恩扶上首席执行官之位。

全员大会之后，阿莫罗索和沃尔夫一起出去喝咖啡。阿莫罗索跟沃尔夫说，他觉得没必要出去找一位首席执行官。莱文索恩显然是最合适的人选，董事会越是拖着不给他转正，对雅虎士气的影响就越大。阿莫罗索警告说，有才能的人可能会因此离开公司。

到6月中旬，又有几位雅虎董事转身站在了阿莫罗索一边，打算将罗斯·莱文索恩从临时首席执行官转为正式。

5月中旬，汤普森辞职，莱文索恩被任命为临时首席执行官之后，他给全体雅虎员工发了一条简报。他写道："我充满了干劲，希望大家也是如此。我对我们的工作充满信心。我们的团队才华横溢，我们在重要领域的实力无与伦比。最重要的是，我看到，我们公司紫色的建筑遍布各地。让我们步伐坚定、信心百倍地前进吧！"

莱文索恩把握住了机遇，到6月底的时候——说实话，才几周的时间——他的工作已是成果卓著。他跟脸书就专利问题达成了协议；他迅速招募了一批有才能的人进入雅虎，其中有谷歌的广告总监迈克尔·巴雷特;他和赫克曼跟好几家公司——包括提供音乐点播服务的声破天——建立了内容合作伙伴关系;他们两人还忙着敲定和微软、谷歌及AppNexus之间的一些更大的交易。

莱文索恩之所以进展这么迅速,是因为他正在落实他和赫克曼在九个月前精心制订的一个计划。2011年秋季,当新闻集团和那些私募股权投资公司蜂拥而至,出价竞买雅虎的时候,莱文索恩和赫克曼开始琢磨,为什么他们不能试着取得对公司的控制权呢。他们两个人在非工作时间用非雅虎所有的电脑共同制订了一个计划,一旦他们掌管雅虎,就开始实施。然后,他们带着这个计划去找了一些私募股权投资公司,贝恩资本对此最感兴趣,但是最终没有谈妥,因为私募股权投资公司并不想发起恶意收购。

2012年夏天莱文索恩着手开展他的计划的时候,雅虎的董事们开始感受到来自公司内部的压力,很多人要求将这份工作交给他。莱文索恩在媒体、广告和娱乐行业的盟友也写信给雅虎董事会,推荐他来当首席执行官。

在《华尔街日报》的《数码天地》例会上,前雅虎高管,时任领英网站首席执行官的杰夫·韦尔纳,热情洋溢地对莱文索恩表示公开支持,说如果他能掌权,雅虎将被管理得很好。

几周过去了,雅虎还没有提名汤普森的接任者,就连马克·安德里森都按捺不住了,他给勒布发了一条消息,建议雅虎正式任命莱文索恩,一心实施媒体策略,因为看起来他们肯定是找不到顶级的主打产品的首席执行官了,继续拖延下去将给公司造成永久的伤害。

与此同时,《数码天地》的记者卡拉·斯维舍似乎正积极推动,促使雅虎任用莱文索恩。她说董事会还没有聘用他的唯一原因,是他们正在寻找一位"独角兽首席执行官"——实际上并不存在,但听上去非常梦幻的人。

到7月初,有几名董事会成员差不多已全盘买账。他们希望莱文索恩继续这份工作。

2012年7月11日，周三早上，一辆小型巴士停靠在加利福尼亚东帕洛阿尔托四季酒店门前。巴士停在那儿并没有熄火，大约十二位中年高管静悄悄地上了车。

这些高管是雅虎董事会的董事，他们上车的时候，对自己将要去往何处一无所知。他们的目的地是保密的，因为这些人——这些马上就要凑到一起决定雅虎命运的人——并不信任彼此。

那一天，董事会将对四位雅虎首席执行官的入围候选人进行最后一次面试。

遴选委员会认为，如果整个董事会都知道终轮面试的所在地，那么不可避免地会有人将这个地点透露给《数码天地》的卡拉·斯维舍。

戴维·肯尼尤其坚持保密。去年秋天，在斯科特·汤普森被聘用之前，肯尼参加了雅虎首席执行官职位的面试。他在森尼韦尔面试的消息传了出去，导致他不得不辞掉阿卡迈总裁的职位。肯尼又找到了一份不错的工作，他成了气象公司——气象频道的母公司——的首席执行官，但他不想让任何一位那天面试的高管经历同样的事情。

董事们乘坐的巴士开了恰好五英里——在大学路上南行了一段，101公路上南行了一段，从俄勒冈州高速公路上下来又沿着佩奇·米尔路继续行驶。

十到十五分钟之后，巴士停进了一个办公楼区，大家下了车。

他们到了"第三点"基金法律事务所——吉布森·邓恩的办公楼区。这个地点明显是由猎头吉姆·西特林选定的，巴士也是他提供的。在几位董事看来，这是"第三点"基金在董事会中的成员给出的一个信号，让他们知道这里是谁的舞台。

西特林还安排了一辆车去接莱文索恩，莱文索恩也不知道自己要去哪里,更不知道其他入围者是谁。

莱文索恩第一个面试。他陈述了自己的计划,董事会对此早已非常熟悉。他希望雅虎放弃“平台”业务——这些业务雅虎正在跟谷歌、微软和脸书竞争,转而做内容业务。莱文索恩知道,有些董事担心他忽视雅虎的工程师和产品开发人员,所以他谈到了自己如何拿出大量时间与产品部门的老大沙希·赛斯及他的团队沟通。

莱文索恩在面试时感到颇不自在。他每天都会跟勒布聊上一会儿。他说:“各位都知道我做了什么,也知道我在做什么。”

过后,西特林跟莱文索恩说他表现不错。如果董事会决定走“媒体”路线,这份工作就是他的了。

莱文索恩起身离开。

过了很长一段时间——保证候选人不会碰见彼此,梅耶尔乘坐一辆豪华轿车抵达。

对她的童年、教育和职业经历有所耳闻的人,都会预测到接下来会发生什么。

梅耶尔走进吉布森·邓恩的会议室,给所有人都留下了深刻的印象。

梅耶尔说,很早之前自己就熟知雅虎及其产品。她描述了在她的监管下,雅虎的产品将怎样变革升级。在她的陈述中,使用了大量雅虎搜索业务、受众分析的细节数据。她提到,她会通过增加透明度、额外津贴和问责制度,来改善雅虎的企业文化。她也说到了自己的一些缺点,以及自己将怎样克服这些缺点。她说她在聘用员工的时候,会考虑以彼之长补己之短。

“第三点”基金的蒂姆·赖什准备了一份关于雅虎的报告,让梅耶尔提前学习,迈克尔·沃尔夫和她一起将材料过了一遍,帮助她了解那些雅虎董事可能希望她处理的关键点。这些都帮了她。

面试完之后,吉姆·西特林说他会在晚上8点打电话,告诉她董事会的决定。

梅耶尔离开后，董事会仍然要艰难地作出最后的决定。

有几位董事依然反对聘用梅耶尔。他们说梅耶尔不具备管理公司的足够经验。一些董事倾向于莱文索恩，是因为他们觉得，“第三点”基金的董事想找的是一个可以任他们摆布的人。

那些反对梅耶尔的人——主要是阿莫罗索，另外还有布莱德·史密斯和戴维·肯尼——给出的理由是：莱文索恩及按其“媒体”策略作出的计划，比梅耶尔和她的“产品”策略更好。

他们认为，虽然梅耶尔可能会有更大的优势——她更有可能提出像脸书、谷歌地图或推特这样好的产品创意——但是莱文索恩是更稳妥、更有保证的人选。

刚经过一场血战赢得董事职位的勒布，他的意见无疑是举足轻重的，他不介意做一个高风险、高收益的选择。在他看来，出卖雅虎亚洲资产以及通过股份回购或股份红利得到的资金回流，为雅虎创造了一个足够广阔的平台，值得为梅耶尔可能带来的更大优势下注。

梅耶尔不善于处理人际关系声名在外，勒布也多少听说了一些。例如，她有时候为了跟别人有目光接触，颇需一番努力。勒布认为这是硅谷天才们的典型特征，拉里·佩奇、马克·扎克伯格和马克斯·莱文奇恩都是如此。对勒布来说，梅耶尔在这一方面不通世事的特点，反而成了她的卖点。这使得她看起来就适合这一角色。

至于莱文索恩的计划，勒布并不抱有什么热情。赫克曼曾经给“第三点”基金的分析师蒂姆·赖什提交过一些试算表，清晰地展示了整个计划。一开始，赖什被深深地震撼了，因为整个规划非常庞大。后来，他在试算表的一些单元格里点击了一下右键，想看看赫克曼是怎样得出这些数字的。令人吃惊的是，这些数字是通过硬编码插入的，只不过是猜测而已。赖什跟勒布说，这些试算表什么都说明不了，于是勒布便认定，这整个计划不过是虚有其表的“绣花枕头”。

勒布对梅耶尔心存好感，和他与雅虎联合创始人戴维·费罗——他现在还在他的小隔间里为公司排忧解难——的一次谈话也有关系。费罗告诉勒布：“这么多年过去了，我们对这些家业一直投资不足，它需要的不过是像样的照料和给养而已。”勒布对此的理解是，雅虎需要一个可以更出色地做好当前业务的人，而不是带领公司开启新的冒险的人。

晚上8点，截止时间到了，又过了。在城市的另一端参加小型家宴的梅耶尔不住地看手机。

晚上9点45分，董事会仍然没有给她打电话。她向丈夫扎卡里·鲍格示意，她想离开了。

再说会议室里，沃尔夫喋喋不休地游说董事们支持梅耶尔，说得大家都烦了。

最后，支持梅耶尔的董事们提出了一个解决方案。如果让梅耶尔做首席执行官，就给莱文索恩一大笔钱，让他留下来做她的首席运营官，如何？这样，她就可以继续实施她的“产品”策略，莱文索恩也可以继续带着一干销售人员和大型媒体公司做交易了。

他们进行了一轮非正式表决，虽然阿莫罗索和几位董事投了反对票，但支持梅耶尔的董事占了多数。

情势明了了。他们进行了正式表决。

这一次，董事会一致同意玛丽莎·梅耶尔成为雅虎新一任首席执行官。

城市另一端，梅耶尔和鲍格终于从宴会中脱身。就在他们跟大家互道再见的时候，她的手机响了。是吉姆·西特林打来的。她没有接，电话转到了语音信箱。

西特林跟她说：“玛丽莎，你该高兴起来了。我们都很高兴。尽快打给我。”

当董事会联系上玛丽莎，告诉她得到了这份工作的时候，她并没有马上接受。

在那之前，她还有话要说。她已经有了五个月的身孕。

梅耶尔怀孕本不是什么惊天大秘密。谷歌的很多人都知道。但在这通电话之前，雅虎董事会里只有迈克尔·沃尔夫知道这事儿。他没有告诉任何人，因为他觉得这件事情与他们无关。

他们的决定继续有效。梅耶尔接受了这份工作。

第二天——周五，7月13日——梅耶尔在她四季酒店的顶层公寓里召集了一次会议。

参加会议的人有迈克尔·沃尔夫、“第三点”基金的律师乔希·塔戈夫、第一个建议梅耶尔争取这份工作的谷歌联络执行官斯特里克，如今他已经成了推特联络部门的主管，他帮梅耶尔纯属私人交情。艾丽莎·道尔——“第三点”基金投资人关系和市场营销部门的负责人——也通过电话参加了会议。

会议的目标是确定如何发布梅耶尔任职的消息。大家都同意两点。第一，报道要对2010年梅耶尔在谷歌岗位变动之后所做的工作进行准确的描述。将之称为降职的记者实在太多了。

第二，确保这条消息不由《数码天地》的记者卡拉·斯维舍发布。虽然勒布没有参加会议，但是他认为这一点非常重要，因为这个举动表明：雅虎已经开启了新的纪元，斯维舍作为旧时代的记录者，已经不需要再做知情人了。

大家决定由美国全国广播公司财经频道的主持人兼《纽约时报》专栏作家安德鲁·罗斯·索尔金发布。勒布和梅耶尔的人都认识并信任他。而且他们认为，索尔金可以通过两个渠道发布消息，这是件好事。

会议之后，梅耶尔就飞到威斯康星跟父母共度周末去了。

而留在加利福尼亚的沃尔夫、塔戈夫和道尔——她是来帮忙的——在那个周日跟戴维·费罗见了一面，希望可以说服他在正式发布消息的时候对梅耶尔给予支持。

周日晚上，道尔和沃尔夫简明扼要地将事情的始末告诉了索尔金。这个消息让他大为赞叹："这简直太棒了！"道尔和沃尔夫说，他们同意他在周一收市之后发布这个消息。

剩下的唯一一件事就是让梅耶尔在合同上签字了。

周一早上 6 点，梅耶尔开着她那辆开了十年、森林绿色宝马 325 座驾抵达吉布森·邓恩在帕洛阿尔托的办公室。她穿着一条花裙子，罩着羊毛小开衫，连头发都是湿的。身形隐约可以看出怀孕的迹象。

她进屋就坐。整座办公楼里就只有梅耶尔、沃尔夫、道尔、塔戈夫，还有一个因为周一这么早来上班而满脸不爽的接待员。

梅耶尔翻看合同，周末她已经就里面的细节跟沃尔夫谈过了。年薪 100 万美元，并有 200 万美元的现金奖金。收入的大头是股票。每年奖励价值 1200 万美元的股票和期权，一次性奖励价值 3000 万美元的股票和期权，还有价值 1400 万美元的"补偿性"股权赠与，以弥补她放弃谷歌的股票所造成的损失。加上之后的奖金和奖励，在五年内，所有的收益价值 1 亿美元。在梅耶尔任职期间，如果雅虎的股价有所增长的话，那么她赚到的钱会更多。

每一页都看完之后，梅耶尔在合同上签了字。她抬起头看着房间里的另外三个人。

道尔说："太棒了！"

梅耶尔看起来有点激动。

她说："好吧，我会跟拉里、谢尔盖和埃里克谈一谈。"这三个人中两个是谷歌的联合创始人，另外一个是谷歌董事长。

梅耶尔站起身，准备离开。

道尔出声叫住她："要不要我们谁开车送你？还是直接给你叫一辆车？想让谁陪你一起去吗？"

开着一辆老旧的宝马车现身，签了一张1亿美元的合同，再像没事人一样走掉。这样的场景想想就令人感到奇怪。

并且梅耶尔还怀孕了。她需不需要人帮她搬家呢？

"不用，我自己就行，"梅耶尔说道，"我妈妈会过来帮我打扫办公室的。"

安德鲁·罗斯·索尔金在美国西部标准时间下午1点，东部时间下午4点，准时公开了消息。他在报道中罕见地引用了戴维·费罗认可的评论。

那时候，梅耶尔已经回到了吉布森·邓恩在帕洛阿尔托的办公室。她只能在电话中跟谷歌的一位联合创始人提出辞职，除此之外，一切都很顺利。谷歌对她的离去表示了祝福。

他们召开了一次记者电话会议。之后，大约5点30分，卡拉·斯维舍拨通了艾丽莎·道尔的手机。斯维舍告诉艾丽莎，她知道梅耶尔怀孕了，她想将此事公布。道尔说之后会打给她，对此发表评论。

梅耶尔不想让斯维舍报道这件事。她跟斯维舍之间有个人恩怨，那是几年之前的事情了。斯维舍认为这可能与2008年科技八卦网站"硅谷闲话"的编辑欧文·托马斯毁掉了梅耶尔"欲望都市"风格的生日宴会有关。梅耶尔认为，托马斯之所以知道宴会的事情，就是因为斯维舍，她是谷歌一位高管的夫人。

梅耶尔想让《财富》的记者帕特丽夏·塞勒斯报道她怀孕的事情。道尔也同意。这与勒布封锁斯维舍，开启雅虎新纪元的计划也不冲突。

梅耶尔给塞勒斯打了电话。那天晚上，塞勒斯在《财富》杂志上报道说："玛丽莎·梅耶尔，今天被任命为雅虎新任首席执行官的谷歌高管，已有孕在身。”斯维舍看到这个报道，为这次蒙骗大为光火。

“《财富》独家报道，梅耶尔的第一个孩子预产期在10月7日。是个男孩！”

在那个周一的上午，梅耶尔的任职公开之前，罗斯·莱文索恩来到公司，他非常确信自己不会成为雅虎正式首席执行官了。昨天晚上，有人告诉他，玛丽莎·梅耶尔也参加了面试。他一听到这个名字，就知道结局了。

那一周是雅虎公布第二季度收益的时间，周一，莱文索恩与首席财务官蒂姆·莫尔斯的团队正在为公司与分析师的电话会议准备评论。

莱文索恩不断跟团队成员说：“评论不是为我写的，而是为首席执行官写的，措辞一定要合适。”

做完之后，莱文索恩回到自己的办公室，等待消息公布。他想要这份工作，也努力争取过。他已经尽力了。

终于，弗雷德·阿莫罗索走进莱文索恩的办公室，告诉了他这个坏消息。

拯救雅虎如今已经变成了别人的责任。

她是个大名人，莱文索恩想道。不知道将来她会怎么做呢。

在安德鲁·罗斯·索尔金最终发布梅耶尔任职雅虎的消息之前，“第三点”基金的艾丽莎·道尔和迈克尔·沃尔夫非常担心人们对这则报道的反应。

雅虎董事们设想了很多可能遇到的负面评论点。她之前从来没有管理过上市公司，甚至也没有管理过独立预算的部门。她毕业之后只在一家企业待过。她在谷歌到底有没有被降职也说不清楚。

不过，索尔金发表文章之后，很快就可以看出，道尔和沃尔夫杞人忧天了。

她怀孕的消息、她的谷歌背景、她上镜的姣好容貌以及她的年轻，让梅耶尔任职雅虎首席执行官的新闻，在之后的几天、几周甚至几个月，都是一条大新闻，并且是一条正面的新闻。

不过，有一条新闻却令人不快。

消息传出的时候，TheWrap 的首席执行官兼主编莎朗·韦克斯曼正在科罗拉多参加一场技术大会。

第二天早上，韦克斯曼发布了一篇文章，谈了与会者对这条新闻的反应。

其中援引的"头脑风暴技术会议上一个不愿意透露姓名的谷歌高管"的话，对梅耶尔的批评尤其严厉。

这位谷歌高管说："这对她来说并非易事。她手下的人员从未超过二十个。她是做产品的，从来没有管理过销售、业务拓展、人力资源以及诸如此类的事情。她的问题不在于产品创新——她是一个伟大的创新者。她的问题在于，她不懂公司运营的其他环节。"

# 第四篇

# 第十一章 希望

“我的车该停在哪儿才好呢？”

2012 年 7 月 17 日，早晨 8 点 15 分，玛丽莎 · 梅耶尔来到雅虎工作的第一天。她不知道该将自己那辆森林绿色的宝马车停在哪里。

时间尚早——至少对昏昏欲睡的雅虎来说是这样——只有寥寥几个人在雅虎总部大门前晃悠。其中一个人将她带到停车点。

梅耶尔下了车，走到“第三点”基金的艾丽莎 · 道尔和董事迈克尔 · 沃尔夫身边，他们正在等待她的到来。这两个人计划在雅虎再待上几周，帮玛丽莎顺利接手。他们将之称为“红衣主教计划”。

梅耶尔问道尔——从纽约来的时髦金发女郎：“我头发湿漉漉地来上班，是不是有些奇怪？”

道尔说，她看起来棒极了。

这三人等了一小会儿。然后，与小隔间结下不解之缘的雅虎联合创始人戴维 · 费罗从里面走了出来。这么重大的场合，费罗穿的是 T 恤加牛仔裤。

在梅耶尔到来之前，费罗精心装饰了一番。他隆重地在雅虎的大门前铺上了巨大的紫色地毯。一行人走了进去。

里面墙上的大屏幕上是大写的“欢迎玛丽莎！”，还有人在墙上贴了画有玛丽莎头像的海报，采用的是谢泼德·费尔雷[①]给奥巴马所画海报的那种风格。头像下面，是大写的“希望”。

雅虎的保安给梅耶尔拍了照，给她一枚徽章，将她护送到电梯口。

一大帮人跟着梅耶尔一起进了电梯，在电梯往三楼爬升的时候，大家纷纷向她做自我介绍。

费罗带着梅耶尔和她的代表团走进了她的办公室。办公室里面早已堆满了礼物。几年前，《旧金山》杂志曾做过梅耶尔的简介，提到她喜欢做纸杯蛋糕。她的新办公室里堆了大概几百个。谷歌送来了很多五颜六色的气球。

雅虎董事会在发布梅耶尔就任的新闻稿中，留了道尔的电话号码，周二早上，道尔的语音信箱里全都是大人物们打来的祝贺雅虎新任首席执行官的电话留言。

“我是白宫的瓦莱丽·贾勒特。”

“我是摩根大通公司的杰米·戴蒙。”

“我是南希·佩洛西。”

那天，《今日秀》的马特·劳尔打电话来，想做一个采访。在之后的几周里，他天天打来，恳求雅虎给他这个机会。梅耶尔让道尔拒绝了所有的采访要求。

一位技术人员来到梅耶尔的办公室，帮她设置好电脑、邮箱和电话。

当有人跟她说邮箱地址 Marrissa@yahoo-inc.com 已经有别的员工在用了，问她是否想用 MarrissaM@yahoo-inc.com 的时候，她说“不行”。喜欢合数而鄙视质数的梅耶尔，对她的电话号码也非常挑剔。

梅耶尔在第一天最关心的事情之一是设置好她的电脑。具体来说，她希望能登录雅虎的代码库，并能作出修改，不管是在家还是在办公室。

---

① 美国当代知名街头艺术家、设计师，OBEY 品牌创办人。

技术人员无法帮她实现这一点。原因是:这个人不是技术人员,而是雅虎的临时法律总顾问罗恩·贝尔,他只是想过来跟自己的新老板打个招呼。

梅耶尔的母亲顺道过来看她。梅耶尔的高管教练也走进来喊:“我太为你高兴了!”然后冲过去给了梅耶尔一个大大的拥抱。

在整个第一周,梅耶尔每天都工作到半夜,靠着康乃馨早餐饮料、普通可口可乐、酸奶椒盐脆饼和卡特琳娜法国沙拉酱做的沙拉为自己提供能量。

周三,梅耶尔入职的第二天,她去雅虎的“网址”餐厅吃午餐。刚一进门,员工们就一拥而上,实在太多人了,她几乎动不了。“网址”餐厅里的食物都是梅耶尔爱吃的。雅虎厨师曾给谷歌厨师打过电话,询问梅耶尔喜欢吃什么。

周四,梅耶尔给公司里的所有人发了一封邮件打招呼,并邀请大家到她位于D栋三层的办公室来坐一坐。她说,她希望听听他们对于雅虎未来的想法。

雅虎员工把梅耶尔的话当了真,他们开始陆陆续续地出现在梅耶尔的办公室里。

梅耶尔跟雅虎媒体主管米基·罗森第一次会面的时候,大概有九个人等在她的办公室门外,希望进去跟她打声招呼。梅耶尔走进大厅,人们会拦住她合影,然后将照片发布在雅虎的照片分享网站Flickr上。

雅虎的名人、超级英雄、救世主首席执行官,终于降临了。

8月初,梅耶尔接受了一个很大的教训,她知道了做一家大型上市公司的首席执行官意味着什么。

这件事与首席财务官蒂姆·莫尔斯在5月份与阿里巴巴制定的那份协议有关。协议规定,雅虎在那个夏天,应该将其阿里巴巴股份的20%以

71亿美元的价格卖给阿里巴巴。

由丹·勒布领导的雅虎董事会交易委员会批准这项协议以后，雅虎宣布，要将这71亿美元返还股东，可能采取回购的方式。

所谓回购，是指一家公司花钱购买自家的股票。回购一般会使公司的股票价格增长，这是因为，当公司回购股票时，会将这些股票从它全部已发行股票中移除出去。就像一张饼，减少了切割的份数，那么每一份都会比之前的大，减少公司流通在外的股票的数量，会让剩下的每一股更加值钱。

投资人对回购的承诺喜闻乐见，那个夏天，雅虎的股价也开始增长，从6月4日的15.01美元增至8月8日的16.09美元。

8月9日，雅虎向证券交易委员会备案了一条信息说，实际上，可能不会将这些钱用于回购了。梅耶尔不确定回购是不是这些钱的最佳花法。

她想：用于收购怎么样？投资核心业务呢？

雅虎的股价马上开始下跌，到之后一周的周中，已经跌了9%。就这样，几十亿美元烟消云散。

这一刻，梅耶尔意识到，虽然她是一名训练有素的软件工程师，但是为了做好她的新工作，她以后还得做一名金融工程师。

这一刻，梅耶尔也再度认识到，在她的周转期内，雅虎在阿里巴巴的股票起的作用多么关键。

事实是，因为这一点，在之后的两年里，无论雅虎的核心业务做得多好或者多差，它的股价都有很大的可能不断增长。

原因很简单：阿里巴巴是整个中国最炙手可热的网络公司。托埃里克·杰克逊的福，很多基金经理都知道这家公司。为了分阿里巴巴发展的一杯羹，这些基金经理都想对其投资，但他们无能为力，因为阿里巴巴不是上市公司。

这些基金经理可以退而求其次，对一家拥有阿里巴巴股份的公司进行投资——比如说，雅虎。

重点是：在之后的两年里，随着阿里巴巴的增值，雅虎在阿里巴巴的股份的价值也会增长——这会抬高雅虎的股价。

梅耶尔现在的处境是大多数处于周转期的上市公司首席执行官梦寐以求的：她可以做一些能让雅虎改头换面的麻烦而艰难的工作，雅虎的投资人根本不会注意。他们眼中只有阿里巴巴的腾飞。

如果说，让一家企业好转起来就像在战场上修建一座桥，每时每刻天上都会掉下炮弹。那么玛丽莎·梅耶尔就是一个非常幸运的工程兵，她在修建这座从雅虎的过去通往未来的桥梁的时候，有绝佳的空中掩护——由阿里巴巴提供的空中掩护。

唯一对梅耶尔不利的一点是：在差不多两年以后，阿里巴巴的“空中掩护”将会悄然撤走。

阿里巴巴跟莫尔斯签署的协议规定，阿里巴巴在2014年年底之前上市，在它首次公开募股的时候，雅虎要卖掉剩余股份的一半。

到时候就会又像从前一样，投资人购买雅虎股票的唯一原因，是他们相信雅虎核心业务的增长能力。

在差不多两年以后，梅耶尔必须得让雅虎做好经受审查的准备。

具体来说，梅耶尔得让大家看到，在她的领导下，雅虎有扭转趋势的计划，扭转那种曾让卡罗尔·巴茨陷入困境的趋势。

2011年，雅虎的搜索市场份额缩减了、展示广告收入缩减了、访问量缩减了。它在移动业务方面无路可走。雅虎邮箱的使用量正在减少。有才能的员工也在流失。雅虎品牌已经失去了威望。

2012年，经过一年的动荡，情况更加糟糕了。季度营业收入已经跌到了2005年的水平。

在2014年下半年阿里巴巴的空中掩护撤走之前解决所有问题，对梅耶尔来说是不可能的。但是，她得让大家看到，在她两年的努力之后，公司终于再一次走上了正轨。

真是时不我待。

刚来的前几天，安排好自己的办公室之后，梅耶尔开始跟雅虎的顶级高管挨个见面。

她现在需要弄明白：谁是值得依靠的，而谁是必须要换掉的。

她必须换掉罗斯·莱文索恩。

尽管雅虎董事长弗雷德·阿莫罗索亲自挽留，也有传言说薪酬包会给得很慷慨，莱文索恩仍然决定不再留下给梅耶尔做首席运营官。因为他在5月接受那份临时工作的时候，就已经给董事会打了预防针，如果不能得到正式职位，他就会设法去其他公司做首席执行官。

即便莱文索恩曾有过重新考虑留下的念头，经过与梅耶尔第一次一对一的会面，也被扼杀了。

知道梅耶尔得到了这份工作之后，莱文索恩飞回了旧金山的家。梅耶尔说希望两人能见一面，他同意了，又飞回森尼韦尔。但是，当莱文索恩在约定时间出现的时候，梅耶尔的助理告诉他，梅耶尔会迟到。

莱文索恩跟助理说："我的办公室就隔着三扇门，我在办公室等。"

助理突然变得很紧张，说："你得在这里等。"

她希望莱文索恩在这里等，是因为这样一来，当梅耶尔做完手头上的事情之后，就可以立即见到他。

莱文索恩说："不了。"然后就走了。

他很快就走出了这栋大楼，再也没回来。

不久就轮到吉姆·赫克曼跟梅耶尔见面了。这就是一场个性跟个性的碰撞。赫克曼从来不怕打破常规。他眼睛斜视，咖啡因上瘾。他习惯拍板做决定。他喜欢叫人名字的时候不把姓带上——并且老是这样叫。他学着《托什》里面的滑稽演员丹尼尔·托什说话。他从不关心职员人数，他关心的是底线。有一次在法国戛纳广告节期间,在一艘游艇上举办的雅虎派对上,赫克曼带的女伴决定不穿上衣出席。

跟梅耶尔见面的时候,赫克曼展示了他和莱文索恩在过去的一年里着手制订的计划,从编好了对外部私募股权投资人的融资发言稿说起。这项计划如果得以实施,就会彻底改变雅虎的经营方式。

赫克曼跟梅耶尔说,他相信合作的广告科技公司会马上提高雅虎的广告费率。

并且,因为不需要公司里那些做广告科技的人了,雅虎可以用省下来的钱走出去,从好莱坞的工作室购买一些高质量的视频内容。他提出,如果雅虎的内容质量提高了,广告商们会愿意支付更高的广告费。广告费可以从每千印象低于 2 美元增长至 20 美元。

他跟梅耶尔说,自己会跟微软的首席执行官史蒂夫·鲍尔默谈一份协议,用雅虎的整个搜索业务——连同专利等一切——换取微软庞大的网络媒体资产 MSN 和长期有保证的现金支付。

赫克曼说,按照他的计划,雅虎只需要 4000 名全职员工就可以运作起来,远远少于现在的 1.5 万名全职员工加几千名合同工。他告诉梅耶尔,如果她能完成这份协议,那么雅虎的息税折旧摊销前利润将增长 50%。

梅耶尔听他说完,过程中一直记笔记。

不到二十四小时,梅耶尔就告诉赫克曼,她将取消他的所有协议,雅虎已经不需要他继续服务了。

赫克曼飞到西班牙的伊比沙岛,去玩了三十天。

一个接一个地,上一届班子的其他高级主管们也去了梅耶尔的办公室。他们中的很多人都是第一次见到梅耶尔,他们期待着能坐到这个女人——这个他们从很多无聊的简介中读到过、在电视上或会议讲台上看到过的魅力超凡、温和可亲的女人——的对面,亲身经历一番。

除了那件跟《时尚》杂志图片上一模一样的价值 1 万美元的孕妇装,

一切都跟期待的不一样。

每个人走进去，坐到梅耶尔对面，梅耶尔都会说“你好，我是玛丽莎”，然后开门见山地问问题。她问：“你是在哪里受的教育？”“你家是哪里的？”“你在这里做些什么？”诸如此类。

一个典型的跟进问题是：“对不起，我没听明白你是在哪儿上的本科。”

雅虎的高管们回答问题的时候，梅耶尔就在一张纸上做记录，几乎不抬头。她抬头的时候，眼神飘忽，不跟人进行直接的眼神交流。她也不笑。

她根本不费心寒暄。她也不试着跟这些人建立关系，这些人刚刚眼睁睁地看着那个雇用了自己的人——罗斯·莱文索恩——走出大门，而他们自己前途难测。

有一位雅虎主管参加了他的老板和梅耶尔的这种介绍性会议。他老板问梅耶尔：“你想见一见我带来的这些人吗？”

梅耶尔看着他们。

“不了。”

事实是，在第一次会面中，雅虎的高级主管们对面坐着的，并不是他们从媒体报道中了解的那个玛丽莎·梅耶尔，而是哲学160A课程学习小组中的玛丽莎·梅耶尔。

就像在近二十年前的那些通宵之夜里一样，梅耶尔在雅虎也不搞人际关系。在某次这种早期的见面会上，梅耶尔说，雅虎如果再不做些什么，那么几年之后就会衰败——关门大吉。她跟一个产品高管说，雅虎在创新和才能方面很落后，它的文化也破碎了。

在之后的几个月里，上一届班子的大部分人都离开了雅虎，包括首席财务官蒂姆·莫尔斯。和阿里巴巴的交易让他筋疲力尽，他准备加入一家创业公司了。

梅耶尔让米基·罗森——罗斯·莱文索恩招进来的新闻集团的老将——留下来负责雅虎媒体业务。梅耶尔跟罗森说，自己对媒体不是太了解,需要帮助。罗森同意留下。

梅耶尔就任几天之后,有一天她正在“网址”餐厅吃午餐,一个员工走到她跟前,说道:“我是托尼,是公司移动团队的工程师。”

梅耶尔说:“很好,移动团队的规模有多大?”

“三十个人!”

梅耶尔的表情出卖了她——她显然是被这么少的人数震惊了。

“哦,还有一些,”托尼说,“他们分布在各个团队中。”

“多少?”梅耶尔问。

“六十个左右吧。”

梅耶尔知道雅虎在移动业务方面比较落后,但她无法相信,之前历任首席执行官真的就投入这么点人手做这项工作,她觉着托尼可能弄错了。

她去询问了工程管理部:“公司现在有多少人在做移动业务这一块?”

“大约一百个吧。”

梅耶尔说:“是真的有一百个,还是把六十四舍五入成一百,好让我感觉好一点?”

“呃,可能是六十来个。”

梅耶尔急于扩大这个数字。她认为,雅虎彻底改造自身最好的方式,就是乘上个人电脑向移动设备转变的浪潮——成为一家真正了不起的应用公司。

她越花时间研究雅虎,越是确信,雅虎成功的关键在于“重掌未来”,并做自己一直擅长做的事情。

雅虎最初的成功是因为它改变了早期互联网,让普通用户使用起来更方便了,梅耶尔相信,雅虎新的成功将源于它将移动网络做得更加用户友好。不同之处在于,梅耶尔希望将雅虎的产品线从超过一百款精简至十几款。她做了一些市场调研,发现了用户在移动设备上经常做的一些事情。她将这些事情称为“日常习惯”,包括阅读新闻、查询天气、查阅邮件和分享照片等。梅耶尔决心，让雅虎在上述方面都能作出最好的移动应用。

梅耶尔开始寻找一个可以领导雅虎移动业务团队的人来主持这一工作。她知道，这将是她雇用的最为重要的人员之一。

在聘用梅耶尔一事上出力甚多的董事迈克尔·沃尔夫告诉梅耶尔说，他认识一个非常合适的人。

几年以前，沃尔夫还是咨询公司麦肯锡的董事，那时他跟一名叫亚当·卡汉的年轻高管共事过。当沃尔夫替维亚康姆接管音乐电视的时候，他带上了卡汉。

现在卡汉在雅虎工作。2011年，雅虎收购了他的创业公司——这家公司做过一款叫做“影像猎手”的社交网络应用程序——他就跟着来了雅虎。

在梅耶尔正式签署合同前的那个周末，沃尔夫在硅谷遇到了卡汉。沃尔夫正想在梅耶尔身边安插一个自己信任的人，于是就建议梅耶尔给卡汉在管理层安排一个高位。梅耶尔信任沃尔夫，便想给卡汉找一份他能胜任的工作。“影像猎手”是一款智能手机应用程序，所以她想让他管理移动业务。

卡汉开发了几款产品原型，雅虎移动产品可以按照原型来做。11月，梅耶尔向雅虎员工介绍了卡汉——负责新兴产品和技术的高级副总裁，其职责是审查移动产品、联网视频和Flickr。

经过此次升职，卡汉后来居上地超越了沙希·赛斯，后者以前在谷歌工作，后来成了雅虎“连接业务单元”的高级副总裁，曾是卡汉的老板。赛斯会在2013年年初离开雅虎。产品部门里的所有人都注意到了这次积极的夺权。

梅耶尔计划为卡汉增加开发人员的方法之一是走出去，收购创业公司——这些公司作出过华丽而有新意的智能手机应用程序，却因为这样或那样的原因没有得到消费者的青睐。这种廉价交易就是所谓的“人才收购”。梅耶尔需要一个能逐一完成这些收购的人。既然解决的是人员问题,那么这就是一份人力资源管理的工作,但同时此人还需要具备交易决策和企业发展的才能——罕见的组合。

为了得到这样一位人力资源主管,梅耶尔找了玛莎·约瑟夫森,她在谷歌经常合作的一位高管猎头。约瑟夫森推荐了几个管人力资源的老将——以及没有一点经验的杰基·雷瑟斯。雷瑟斯一头金发、戴着眼镜,是个纽约人。她有点蒂娜·菲的风格,说话非常干脆利落。

乍一看,雷瑟斯跟这个岗位竟有种怪异的契合感。她是一家名叫“安佰深”的大型私募股权公司的合伙人。在这之前,她曾经营一家网络创业公司一年,在高盛工作了七年。几周之前,她找上约瑟夫森,恳求她在硅谷给自己找一份工作。雷瑟斯不顾一切地想要从无聊的美国公司文化中脱身出来,她从几年之前做第一份实习——在费城的一家匹茨堡国民银行——的时候就身处其中了。

在约瑟夫森的推荐人中,梅耶尔看中了雷瑟斯,两人见面一拍即合。9 月 7 日,梅耶尔宣布,由雷瑟斯担任雅虎员工和发展执行副总裁。

梅耶尔想通过自己的业内人脉关系,来寻找一位可以替代蒂姆·莫尔斯的首席财务官。大名鼎鼎的投资银行家弗兰克·奎特隆建议梅耶尔,让他的朋友肯·戈德曼来主持这次寻人工作。大约一周之后,戈德曼回到梅耶尔那儿,说他已经做了一个彻底的调查,这份工作的最佳人选是……他自己。10 月底,他走马上任,吝啬小气的名声很快传开。2013 年 5 月,他说他会批准雅虎购买几张野餐桌,让员工们可以到外面坐坐,整个公司的人听了欢呼雀跃。梅耶尔说这“令人震惊”。

在罗斯·莱文索恩担任临时首席执行官的时候,曾请莫莉·斯皮尔曼担任公司的首席营销官。斯皮尔曼对付了几周,8 月份就去度假了。她不在的时候,梅耶尔另聘了一位首席营销官。

她名叫凯茜·萨维特。梅耶尔在《财富》举办的“最有权力女性”系列会议上认识了她。不久之后，梅耶尔得到了雅虎的工作，萨维特给她发了一封邮件，说：嘿，我正在旧金山呢，你在吗？梅耶尔让她来找自己。萨维特一走进梅耶尔办公室就锁上门，径直走到办公桌前，说：“让我来当你的首席营销官吧。”萨维特是一个待人友好、性情活泼的女性，痴迷于“Z一代”，就是其他人所说的“孩子”或是“青少年”。她作为首席营销官新官上任的第一把火，就是使营销这部分投入回归公司，扩建了雅虎在美国的客户服务中心。

7月27日，梅耶尔任命罗恩·贝尔——他算不上一个信息技术人员——为雅虎的正式法律总顾问。她还对雅虎老将斯科特·伯克和劳瑞·曼恩委以重任。伯克将成为负责广告科技和展示广告的主级副总裁，曼恩将负责搜索和搜索货币化。

最后，梅耶尔要处理她必须处理的最重要岗位了：首席运营官。

虽然玛丽莎·梅耶尔已经是互联网行业的资深老将，但她在谷歌广告业务方面几乎没有一点经验。她的精力基本都投入到产品开发上了，将这些产品转化成钱这项工作则交由其他人处理。就算谷歌的销售主管们偶尔邀请梅耶尔去见见客户，梅耶尔也通常会推掉。

梅耶尔知道，她初来雅虎的一段时间，最重要的一项工作就是招聘一位首席运营官，为她管理公司的业务方面。这项招聘她绝对不能搞砸。

梅耶尔本来可以跟莱文索恩愉快地共事。不过因为莱文索恩想做首席执行官，并且她还在第一次跟他会面时非常无礼地迟到了，所以这一选项排除了。

之后，梅耶尔考虑了另外一名雅虎元老：里奇·莱利，这位高管几年前成功地签署了一份价值数十亿美元的协议，将雅虎搜索外包给谷歌，但最终这份协议在司法部苛刻的审查中破产了。

梅耶尔告诉莱利，她正在寻找一位能在她一心做产品的时候搞定雅虎广告业务的人。她说费罗告诉她,得在自己的团队中为莱利准备一席之地。首席运营官一职如何?

问题是,莱利住在纽约,他根本就不想为了这份工作搬家。她又让莱利管理美洲地区。他也谢绝了,不久之后便离开了雅虎。

走的时候,他告诉梅耶尔,可以考虑让莱文索恩招进来的牛人迈克尔·巴雷特担任首席运营官一职。但是巴雷特和梅耶尔私下不和。他觉得她习惯性的迟到是令人无法忍受的粗鲁(莱利只认为有些奇怪)。并且,他发现了一个方法,不用工作,只要离开雅虎就能得到一大笔离职补偿金。他逐渐不怎么在雅虎总部露面了,最后真的拿到了他想要的大额补偿。

实际上,梅耶尔根本就没找到首席运营官。

这位首席运营官是毛遂自荐的。

斯科特·汤普森全面改革雅虎的"阿尔法计划"要做的事情之一,就是将雅虎广告销售的大部分外包给谷歌。汤普森让吉姆·赫克曼和罗斯·莱文索恩两个人负责谈判,而谷歌方面派出的负责人则是首席营收官尼科什·阿罗拉和他的副手亨里克·德卡斯特罗。

见了谷歌的人之后,赫克曼和莱文索恩都觉得,阿罗拉在人前对待德卡斯特罗的方式非常好笑。阿罗拉会尖锐地批评德卡斯特罗的想法,甚至叫他"呆瓜"。

所以,当德卡斯特罗开始考虑到雅虎找份工作的时候,莱文索恩一点都不吃惊。汤普森找销售主管的时候面试过德卡斯特罗。最后他选择了里奇·莱利。后来,汤普森曝出丑闻,莱文索恩降了莱利的职并聘用了迈克尔·巴雷特。后来梅耶尔来了,事情又有了变数。

梅耶尔就任以后,德卡斯特罗给她发了一封邮件,问能否找时间共进晚餐。她同意了。不过梅耶尔觉得他所提议的餐厅太惹眼,就找了一个更加安静的地方,甚至还安排了一个靠后的桌位。

在饭桌上，德卡斯特罗给梅耶尔留下了深刻的印象。因为曾与赫克曼和莱文索恩开展过长期谈判，他对雅虎的业务了如指掌，对怎样使雅虎的收入重新增长也有自己独到的看法。在谈论自己在谷歌学到的东西的时候，德卡斯特罗显得非常可信，因为他直接向阿罗拉汇报工作。德卡斯特罗英俊而时尚，举手投足之间充满自信。他的意图非常明显：他想做梅耶尔的首席运营官。他能在她做自己拿手的事情的时候，处理好营收这摊事。

在饭局快结束的时候，梅耶尔问德卡斯特罗：你是认真的吗？你跟我说这些最好是认真的。因为这样的话，我就要推进这事儿了。

德卡斯特罗很快就让梅耶尔知道，他非常认真。之后，连续好几个早上，他们来来回回地交流邮件，讨论他的待遇问题。每天晚上，梅耶尔都认为她提出了一个德卡斯特罗不得不接受的待遇，然后在她醒来的时候就会发现一封长信，又列出了一长串条件。

最终，到了她的底线，她说：亨里克，这些条件已经到顶了。他说：好吧，那我们就继续吧。

梅耶尔向雅虎董事会请求最后的批准。

董事们看到德卡斯特罗的薪酬数额之后震惊了。大约有 1 亿美元，跟雅虎股票的价值挂钩。德卡斯特罗在邮件谈判方面很有一手。他尤其出色地说服了梅耶尔，雅虎需要为他离开谷歌而损失的股票报酬作出补偿。

梅耶尔对这次聘任提出了积极的论证。她说，如果不雇用德卡斯特罗，雅虎将损失数倍于他薪酬的收入。有他在，雅虎将赚回数倍。她说：基本上，他的工资是他自己支付的。

由苏·詹姆斯、彼得·利古奥里、梅纳德·韦伯和哈利·威尔逊组成的董事会薪酬委员会批准了这次聘任。德卡斯特罗来雅虎了。

让一些董事心存疑虑的是：雅虎没有要求德卡斯特罗提供推荐信，实际上，根本没有对他进行审查。

董事会成员戴维·肯尼和迈克尔·沃尔夫说他们了解德卡斯特罗，他的名声很好。

仍然有人提出：打几个电话，问问那些在谷歌真正和他共事过的人，会不会更好？

梅耶尔说，雅虎不应该那样做。德卡斯特罗在谷歌是非常重要的人物，对他做审查会走漏风声，那边的人就知道他去别处求职了。

太冒险。

玛丽莎·梅耶尔来雅虎的第一周，在装着大窗户的“网址”餐厅里待了很久。不断有员工过来告诉她，雅虎该做些什么来扭转局势。

几乎在每次谈话要结束的时候，员工都会说：你知道吗，从来没有管理层的人跟我们聊这些事情。

梅耶尔会这样回答：嗯，在大公司里要进行足够的交流非常困难。我会尽力做得更好，但确实很困难。

然后，第二周，梅耶尔就找到了公司的交流团队，说她已经做好了准备，可以跟整个公司的人见面了。

她问：“每周例会什么时候开？”

回答是：“什么是每周例会？”

梅耶尔说：“就是高管和员工们交流，解决他们问题的会议。”

谷歌从成立开始，每周都会举行这样的会议，叫做 TGIF 会议。

通讯团队的高管问，梅耶尔说的是不是雅虎的季度全员大会。梅耶尔说不是，她不是这个意思。季度审查会议是首席财务官审查财务情况的会议。“我说的是一个我们可以讨论公司策略实施、反馈以及疑问的会议。”

通讯高管说：是啊，季度全员大会就做这个。

梅耶尔说：“你的意思是高管每季度只和公司员工交流一次？”

“是啊。”

梅耶尔心想：这么说，员工说没人跟他们交流确实是因为没人跟他们交流啊。

梅耶尔在2012年7月27日解决了这一问题——在她加入雅虎的第十天。那是个周五，下午4点钟的时候，她站在“网址”餐厅前面的一个临时讲台中间。在她面前，将近2000名雅虎员工坐在一排排折叠椅上。沿着折叠椅排列的方向有一些柱子，柱子上挂着电视机，上面是梅耶尔在台上的影像。

她开始讲话。

“嗨，下午好，我是玛丽莎·梅耶尔，我非常开心、非常激动，也非常荣幸可以来到这里，我想感谢大家拨冗来参加我们的第一次‘请您知悉沟通会’。”

然后梅耶尔解释了“请您知悉沟通会”是什么，怎样运作。

“请您知悉沟通会”是希望所有全职员工都参加的每周例会。会议开始先宣读保密条例。然后由梅耶尔公布新员工的名字。她会重温雅虎的五年、十年和十五周年庆。她会列出“每周成绩”。她或某位高管会对新的产品、技术和业务做深入分析。最后，梅耶尔和她的直接下属们会登台解答台下员工现场及在雅虎内网论坛上的提问。

梅耶尔解释说，这个创意是为了让雅虎更加开放、更加透明，员工可以跟高管交流，监督他们负起责任。这个创意也让雅虎员工们无法再找借口：如今，他们可以接触到成功所需要的所有信息了。

梅耶尔也希望通过“请您知悉沟通会”来减少信息泄露事件，特别是泄露给卡拉·斯维舍。为了鼓励员工举报泄密者，梅耶尔讲了一个故事，她在谷歌工作的时候，曾经揭发过一位同事。

“在我还做上一份工作的时候，有一次，我们开了一个会，会议要决定我们是收购双击公司呢，还是自己开发这项业务，会议期间大家各执一词，互不相让，像以前经常发生的一样，我们的两位联合创始人拉里和谢尔盖开始拉锯战，碰撞出很多不同的、精辟的，但是非常抽象的观点，不夸张地说。”

“散会的时候，一个和我一道走出来的朋友，在我们去吃午餐的路上，跟我说‘天呐，这个会议感觉太奇怪了，就像是在看自己的父母吵架’。”

“后来，18 个月之后，我在《华尔街日报》上读到了谷歌要收购双击公司的报道，读着读着，发现里面有句话说，一位匿名消息提供者说会议的感觉太奇怪了，就像是在看自己的父母吵架，我就知道了。我知道我的朋友就是那位消息提供者。那一刻，我从桌前起身，直接去了安全办公室，将我知道的告诉了他们。”

“我确实知道内幕吗？也许知道，也许不知道，对吧？也许实情是另一个人听到了这个表述，觉得很有意思，应该说出来。”

“但是事实是，这一模一样的措辞一定意味着什么。所以，如果你知道什么……请挺身而出，这是为了我们共同的最高利益。”

到 2013 年，“请您知悉沟通会”已经全球化了，慕尼黑、米兰和马德里等地的办事处都奋起直追，开始召开“每周见面会”。

制度化的“请您知悉沟通会”只是梅耶尔在雅虎增加管理透明度的第一步。她还设立了民意会议，跟公司的副总裁们见面——有几百个吧。10 月，梅耶尔在全员大会上演示的幻灯片内容，就跟她在董事会季度会议上演示的一样。2013 年年初，她开始让员工们投票选出她跟董事们审查内容时该关注的“亮点”和“败笔”。11 月，她在雅虎的内网上加了一个叫做“产品中心”的页面，员工可以在这个页面上查询雅虎所有产品的发布时间表和路线图。梅耶尔也会将她的产品审查会议记录发布到网上。她还在网上公布了自己的电话号码，告诉公司里的所有员工，可以在任何需要的时候打她电话。

2013 年 2 月，梅耶尔让企业发展和人力资源部门的老大杰基·雷瑟斯向大家解释她收购创业公司的方式和原因，并让员工们提建议。

梅耶尔成了公司内网“后院”为开发人员组建的论坛“随机数发生器”的一名积极参与者。她开了一个网络邮箱，awful@yaoo-inc.com，员工们可以将任何他们认为“很差劲”的东西——她将之定义为雅虎做的“感觉不太对，看着它们就想说‘要是我是一名用户，我可不想体验’”的东西——发送进去。

在2013年1月的一次“请您知悉沟通会”上，一名员工问，雅虎为什么允许微软在周中测试新的搜索算法，这会严重拖慢雅虎的搜索速度。梅耶尔说，感谢他在“请您知悉沟通会”上大张旗鼓地提出这么一个问题，但是“当这样的事情发生的时候，请给我发邮件，或给任何一位你认识的二级主管发邮件，在有人回应之前请一直‘按铃’，因为这件事中每一天、每一分钟，每一次耗时超过一秒的搜索都很重要。”

推进管理透明和问责制，是梅耶尔重塑雅虎企业文化举措的一部分。

在谷歌的时候，梅耶尔对谷歌产品的形象远不及对用户点入它们的路径（用户体验）那么着迷。来到雅虎之后，她决定从类似设计师的角度来管理大约1.5万人。她希望重新设计雅虎员工的用户体验。

最终，梅耶尔希望，雅虎能让员工们体会到谷歌在1999年7月的那个深夜——乔治斯·哈里克从他的健身球上跳起来，说生活无法比现在更加美好的那个时刻——让她体会到的那种感觉。她希望雅虎能成为一个人们可以尽情设想自己光明未来的地方，因为他们可以获得丰富的信息，因为他们可以感觉到自己充满能量、不受约束、渴望成功。

但是首先，她只想让做雅虎员工的感觉没那么糟糕——将雅虎打造为“绝对最佳的工作场所”。

在第一次“请您知悉沟通会”上，梅耶尔宣布，从7月30日开始，雅虎将提供免费早餐、午餐和晚餐。

她拆除了斯科特·汤普森装在D栋大楼上的十字旋转门门禁。“显而易见，十字旋转门是为了保护我而安装的，”她跟员工们说，“我不需要，我相当强悍。”

在2012年9月14日召开的“请您知悉沟通会”上,梅耶尔延长了会议时间,用史蒂夫·乔布斯的方式宣布——“还有一件事”。

“我来的时候,收到了公司各阶层、各部门的人发给我的邮件,说:‘为什么我们配发的手机还是黑莓?’我说:‘这个问题问得好。’因为我觉得雅虎的未来是在移动世界,我们已经看到了这一点。”

“所以我们希望让在场的每一个人都能体验智能手机,我们要跟黑莓说再见了。我们将不再配发黑莓手机。”梅耶尔说。

她将她身后大屏幕上的幻灯片翻到下一页。全场2000多名员工欢呼雷动、掌声震天,她说:“我们宣布从此以后用智能手机,享智能乐趣,在场的每一人都可以从苹果iPhone5、三星Galaxy S3、HTC One X和HTC Evo 4G LTE中选择一款,这取决于你所用的电信运营商,还有一款带视窗8系统的手机,诺基亚Lumia920可供选择。”

11月,新的智能手机下发,12月份则下发4500台新的MacBook Air。

梅耶尔创建了一个叫做“PB&J”的部门,代表“流程、官僚习气和困境”(Process, Bureaucracy and Jams),PB&J的唯一的目的是接受雅虎员工的抱怨,并帮他们解决问题。梅耶尔任命一位叫帕特丽夏·莫尔·克丽丝的前谷歌同僚掌管PB&J,给她安排了20个人手来解决问题。

问题得到了解决。从特里·塞梅尔时代雅虎搬迁至森尼韦尔新总部的时候,一些卫生间隔间就有问题。隔间的隔板没有贴紧墙面,坐在马桶上可以看到隔壁的人。多年来,大家只能把厕纸挂起来遮住缝隙。这很打击士气。后来,梅耶尔到任,设立了PB&J,有一天,卫生间里旧隔板不见了,换上了全新的隔板。在一开始的几个月里,像这样的细节修理实打实有1000多处,改善了雅虎员工们的日常工作环境,士气大涨。公司文化改善了。

2013年2月底,杰基·雷瑟斯向公司所有人发了一条简报,要求员工们停止在家办公。

她写道：

雅虎人：

在过去的几个月里，我们新增加了一些福利，还有一些可以使我们的工作更具成效、更有效率也更富有乐趣的工具。随着召开“请您知悉沟通会”、建立“目标与核心成果”管理体系和开设“流程、官僚习气和困境”部门等新举措的实施，我们希望大家都参与到公司文化建设中来，贡献一份积极的力量。从森尼韦尔到圣塔莫尼卡，从班加罗尔到北京——我觉得大家都应该能感觉到公司的活力和忙碌。

为了建成绝对最佳的工作场所，相互沟通和合作是非常重要的，所以我们应该并肩作战，这也是为什么我们都到办公室这一点非常关键。一些最好的决策、最深刻的见解都是在门厅或咖啡厅里面，在讨论、跟新人见面和临时团队会议中产生的。在家工作，速度和质量都会大打折扣。我们要建成一个团结一心的雅虎，首先要切切实实地待在一起。

从6月开始，我们要求有在家工作安排的员工回到办公室工作。如果这对你有什么影响的话，管理层已经开始采取下一步措施。对那些偶尔需要在家里等有线电视安装工人上门施工的，请本着合作的精神作出你的最佳判断。做一名雅虎人，并不仅仅意味着从事一份日复一日的工作，还包括我们只能在办公室里面体验到的互动和经历。

谢谢大家，我们公司已经开始取得非凡的进步了——更好的业绩，让我们拭目以待。

杰基

禁止在家工作的命令在雅虎造成的影响是两极分化的，在公司外部的媒体之中更是如此。职业女性尤其不满。在家工作是很多职业女性生产之后继续自己事业的非常便利的方式。梅耶尔为什么要站在反对它的立场上？

在雅虎内部，1.5 万名员工中有 164 名受到了该禁令的影响。很多人住的地方离所有雅虎办公室都很远。雅虎告诉他们，要么搬到离某个办公地点更近的地方，这样就可以每天都来上班，要么就去找一份新的工作。雅虎承诺报销他们的搬迁费用，甚至会给他们加薪以弥补从乡村搬到城市或市郊所增加的生活成本。

除了这 164 个人，这条禁令也让雅虎的经理们倍感烦恼，他们得在这条禁令执行的那一个月里，挨个审查那些路远的员工的情况，决定能否破例为其提供特殊照顾。这项工作对雅虎媒体部门的人来说尤其困难，因为写作者分布在全国各地。

大部分员工都认为，这条禁令很明智，虽然有些强硬，通知得也不到位。

不过，梅耶尔仍然认为，自己有必要在 2013 年 3 月 1 日的“请您知悉沟通会”上处理一些反对意见。她说破例并不是不可以。她说雅虎现在正处在“全员参与，整装待发的时刻”。在这次会议上，她允许孩子生病、等有线电视安装人员上门服务或等收取快递的员工，可以在家工作一两天。这项安排的意义是杜绝长期的、尴尬的工作安排——比如整个团队都在办公室，唯独经理远程遥控。

然后，她讲到了史蒂夫·乔布斯做了多少艰苦卓绝的工作才扭转了苹果的局势。她说，拯救雅虎需要付出同样艰苦，或许更艰苦一些的努力。这么说的意思是让大家不要抱怨，抓紧工作。

“我对大家将在雅虎取得的成就充满期待，”她说，“但是，我们真的需要非常努力地工作。”

在季度末，雅虎员工们将梅耶尔的这条禁令投票选为她要向董事会汇报的工作事项中的“败笔”。

这让梅耶尔感到了一丝挫折。她不知道自己还能做些什么，除了告诉大家，她认为这是雅虎现如今应该做的，这与公司外面的世界没有任何关系。并且，她深信这条禁令的推行已是迫在眉睫。这164名员工中的一位，因为连续几周没有工作而被降职。他住在塔霍。有人打电话让他来上班，他说：你没看雪情报道？雪下得超级大啊！

不过，梅耶尔非常努力地想将雅虎建成一个更加开放、更加透明的地方，一个她需要为自己的决策负责的地方。她将这个“败笔”放进了要向董事会演示的幻灯片中，并做了解释。

如今，雅虎的文化就是这样的。

2012年之前的历任雅虎首席执行官都认为，他们的工作是制定策略，或批准他们手下制定的策略，然后授命公司里合适的人选来执行。

玛丽莎·梅耶尔不是这样的。从杰夫·马雷特时代之后，雅虎从来没有见到过像玛丽莎·梅耶尔这样精力充沛的命令–控制型领袖。她可是一位在工作第一天就将自己的电脑设置得可以编码的首席执行官。

在做高层的财务、业务或战略审查以前，梅耶尔就已经开始进行产品审查了，就像她在谷歌的13年里做的那样。

让梅耶尔全身心投入的第一款“日常习惯”程序是雅虎邮箱。这可以说是雅虎最重要的一款产品。首先，它的规模非常之大。2012年8月，一天之内有300亿封邮件通过雅虎邮箱发出——每秒35万封。每天有6亿张图片经由该系统传送，比上传到雅虎Flickr上的图片量多250倍。其次，雅虎邮箱可以增加雅虎网站上其他产品的访问量。一些雅虎内部人士认为，人们上雅虎主页的唯一原因，是他们以为这是登录雅虎邮箱的唯一途径。这个理论是有统计数字支持的:十分之四访问雅虎主页的人,下一步点击的就是进入雅虎邮箱的链接。

7月份,梅耶尔来到雅虎的时候,雅虎邮箱的总经理维韦克·夏尔马跟她说,罗斯·莱文索恩曾批准了一项计划,那就是在网页、iOS系统、安卓系统和视窗8系统四个平台上重新发布邮箱。项目的代号是"四驱发布"。目标发布时间是2013年第一季度,如果可能,也可以在2012年的最后一个季度。梅耶尔跟他说,必须在12月之前完成重新发布工作。

这个截止时间定得有些野心勃勃。上一次雅虎重新开发网络邮箱还是在2010年,耗时18个月。现在梅耶尔要求夏尔马用上次时间的三分之一完成这项工作。

实际上,她所要求的远不止于此。2010年,雅虎并没有真正开发用于安卓和iOS系统的邮箱应用,他们只是将雅虎邮箱网页版做得可以在更小的移动屏幕上使用而已。这一次,雅虎要做应用程序了,而梅耶尔会对他们工作的质量吹毛求疵。

夏尔马将第一个版本的iPhone程序拿给梅耶尔看的时候,她打断他说:"维韦克,这个程序为什么这么卡啊?"

答案是,这是一个"混合应用"。它并不是完全基于iOS系统开发的。这款应用程序基本上可以说是一个网络浏览器,将雅虎邮箱网站的移动版本加载其上。混合应用并不像专门为安卓或iOS系统开发的应用程序那么灵活好用,但是做起来更容易,也更快。梅耶尔叫停了这些开发计划,命令夏尔马正经地开始做安卓系统和iOS系统的"本源"程序。

雅虎历任首席执行官都会在下完命令后退出,然而梅耶尔全身心地投入了进去。

9月,她每周跟他的团队开三次会,会议室看起来越来越像设计工作室了。房间的一面墙上是几扇大窗,另外一面,投影仪挂在天花板上,一些大屏幕挂在墙上。大屏幕之间立着二三十个巨大的泡沫板,上面钉满了关于新雅虎邮箱应该是什么样子的各种创意。

以前，首席执行官会偶尔来探访一下产品团队，在房间里询问最高团队领导几个问题。然而，梅耶尔会让每个人说出产品形象最小的细节和用户体验。

这种程度的让人备受激励的详细审查，邮箱团队里的每个人都不习惯。这既令人振奋，又让人恐惧。

按照这个节奏工作，房间里的一些人开始泄气。但是最终，随着时间的推移，又有一些人开始有所贡献。梅耶尔知道哪些人是值得信任的。这些被信任的人则变得更加自信，贡献更多的力量。

2012 年秋天的某一天，一名叫达夫·麦克道尔的团队成员在某次每周三次的审查会议上发现自己坐在梅耶尔旁边。简短的寒暄之后，梅耶尔问到了对她来说最重要的一个话题：用户们使用该产品的时候经过的路径，他们的“点击流”。

麦克道尔回答了她。她又问了一个问题，他又给出了答案。她接着问问题。

梅耶尔和麦克道尔就点击流数据面对面地一问一答，谈了 45 分钟。房间的另一面坐着维韦克·夏尔马，他感觉麦克道尔就像被消防水管砸了。

但是，在这次漫长的考校之后的几周，梅耶尔和麦克道尔的关系明显地发生了改变。他通过了测试。

雅虎员工们学会了应对梅耶尔的这种紧凑节奏之后，会议就变得互动性更强、更热烈了。气氛也更加轻松了，大家开始说一些轻松的笑话。

这就是最本质的梅耶尔，一个主导着高端产品设计研讨会的严格教授。

她不断前行，就像她曾经为了解决哲学 106A 课程的问题而彻夜攻读一样。她教导大家，就像她曾教导 3000 名斯坦福大学的本科生一样。她在创造，就像二十五年前创造啦啦队固定舞步一样。她利用数据在跟数以亿计的人们共鸣,就像她在谷歌的时候学会做的一样。

一直到11月,雅虎邮箱团队天天熬夜,每周末都加班,全速冲刺,想在12月初这一变态的截止日期前完工。

最终,邮箱团队在11月底完成了工作。

不过那个时候,雅虎员工对于在首席执行官玛丽莎·梅耶尔手下做产品是一种什么感觉,又上了新的一课。

在雅虎邮箱准备上线之前的某一天,梅耶尔和首席营销官凯茜、夏尔马以及全部产品和工程团队的领导——总共10个人左右——在"鱼食"会议室开了一个会。

所有人都已就坐。梅耶尔扔出了一个爆炸性的消息。几个月以来,大家一致决定雅虎邮箱采用蓝色加灰色。选择这两个颜色的想法是:用户们会整天盯着手机查收邮件,所以最好选择对比不强烈的颜色。

梅耶尔想全盘改变邮箱的颜色——将"蓝色加灰色",改成"紫色加黄色"。

夏尔马的坐姿马上变了,看起来垂头丧气。他得跟自己的团队宣布这个消息。

改变雅虎邮箱这种产品的颜色可不是一件容易事。一些倒霉的团队得手动修改数千处,这可一点都不夸张——还得在截止日期前改完。

夏尔马的团队完成了这次改动,但是梅耶尔的决策却造成了严重的后果。雅虎邮箱的首席设计师辞职去了谷歌。首席工程师辞职自己创办了一家企业。夏尔马则辞职去了迪士尼。

其他人则有不同的看法。他们认为,梅耶尔这是拒绝发布一款她认为没有完成的产品。产品的颜色看起来是很表面的事情,但是梅耶尔痴迷数据,数据表明不是这么回事。从雅虎层面来说,如果在颜色上做一点改变能影响该产品业绩表现的0.01%的话,那就意味着带来数百万美元的收入。

从这个角度看，当梅耶尔督促那些已经精疲力竭的人在最后一分钟再努力一把，从而确保产品能尽可能完美地发布的时候，她就是在开辟雅虎占领市场的新时代。

12 月初新版雅虎邮箱发布不久，雅虎的照片分享社交网 Flickr 的新版也发布了。然后雅虎主页做了更新。后来，梅耶尔掌舵的雅虎将这三款产品又做了一次彻底修补——全部在一年之内完成，同时还发布了一些像雅虎天气和雅虎新闻摘要这样的应用程序。

梅耶尔在每一款产品上耗费的时间，都像她在邮箱上面耗费的一样。梅耶尔到雅虎之前的三个季度里，团队制作并测试了五款新的主页。在梅耶尔来雅虎之后的前两个月，雅虎就做出了 37 款不同的主页原型。

速度的提升直接源于玛丽莎·梅耶尔所具备的一些特质，而这些她的前任们不具备。

与特里·塞梅尔、卡罗尔·巴茨不同的是，梅耶尔知道产品如何运作，也足够了解支持这些产品的技术，她不需要一遍一遍地了解新情况才能作出决策。她就是网络应用程序的专业使用者和制造者。

在某次审查会议上，一位产品经理本来做好了准备，要详细解说从上次审查会到现在他的团队修补了哪些漏洞。他刚开始讲，梅耶尔就打断了他。

她说："好了，我一直在用这款产品，我知道漏洞在哪儿，也看到你们都做了修补。能取得这样的结果非常好。我们继续说下面的内容吧。"

这位产品经理第二次见梅耶尔的时候，只准备了一页幻灯片，因为他知道自己只需要从最复杂的部分开始讲就行了。这次会议，要是巴茨来组织，会再开 45 分钟。

梅耶尔掌舵下的雅虎之所以更快，也是因为她给反企业传统的雅虎带来了某种有目共睹的、之前总是缺乏的韧劲。2012 年 9 月，梅耶尔跟四位高级副总裁和两位副总裁说，她希望他们能在12月份做出新版的搜索。当他们对时间表示抗议的时候，她说："告诉我你们能不能做，不能做，我就去找能做的人来。"

最后，雅虎在梅耶尔手下之所以更快，还因为梅耶尔愿意接受失败。

在她第二次"请您知悉沟通会"上，梅耶尔说："对于失败，我有很多不同的理论。

"首先，也是最重要的是：失败没有什么大不了的，只要你能很快地恢复过来，是吧？所以，我的想法是：放手去干，抓住机会，承受失败。也许你会成功，也许不会，但只要你没有过度地投入时间，你就可以继续向前，做下一件事情。

"希望下一次会取得成功。"

在这一大堆事情进行的同时，梅耶尔的孩子降生了。

上一分钟，她还在跟微软的高管们开周六下午的会议，坚持让他们按照必应搜索更新的频率，及时更新雅虎搜索——下一分钟，她就临产了。

2012年9月30日，梅耶尔诞下一个男孩。在开始的几周里，梅耶尔和她的丈夫，投资人扎卡里·鲍格，一直管这个孩子叫"BBBB"——这是"大男孩鲍格"(Big Baby Boy Bogue)的意思。后来，他们给他起名叫麦卡利斯特。

梅耶尔怀孕对媒体、世界各地的女性和她的很多雅虎同事来说，都是一件非常有趣的事。

她怀孕的消息公布之后，科技博客网站(TechCrunch)指出，梅耶尔是有史以来，《财富》世界500强企业中唯一一位怀孕的首席执行官。

《洛杉矶时报》想知道："玛丽莎·梅耶尔高调的怀孕是否会对改善怀孕歧视有所帮助？"

《福布斯》的艾米·克以什安写了一篇文章，标题是：《怀孕的首席执

行官:应该讨厌玛丽莎·梅耶尔吗?》

她写道:“我不想假装自己能做到玛丽莎·梅耶尔现在所做的事情。”

梅耶尔怎么能一边处理好生孩子的事情,一边设法扭转一个数十亿美元规模的上市公司的颓势呢?

她身边的几名顾问找到了答案,就在2012年10月12日,雅虎第三季度财报电话会议召开前的那个周日——那是梅耶尔第一次在会议上跟分析师进行交流。梅耶尔希望会议不出任何差错,所以她跟几位顾问一遍一遍地排练要说的内容。电话会议持续了10个小时。几乎每一个参与者都贡献了一些有用的建议以及相关的数据。只有一个相当能说的参与者没有,他说的所有内容毫无意义。

这个人就是麦卡利斯特·鲍格,在打电话的这10个小时的大部分时间里,大家都能听到他发出的声音。

梅耶尔让抚养孩子这项工作看起来非常容易。她只请了两周的产假。后来,她生完孩子两个月以后,对跟她一起参加商业女性会议的一干听众说:“带宝宝比大家想象的容易多了。”

梅耶尔没说的是,由于在雅虎拥有巨大的财富和权力,她带麦卡利斯特的时候有很多帮手。在家里,她还有一位全职看护员。在雅虎,她推倒了办公室的一面墙,建了一个婴儿房,这样麦卡利斯特——和他的保姆——就可以每天跟她一起来上班了。

她的言论让很多女性感到不满。《赫芬顿邮报》的丽莎·贝尔金给梅耶尔写了一封公开信,在信中她说:“亲爱的玛丽莎·梅耶尔……将‘宝宝’和‘容易’两个词放进同一个句子里,让你成为一个不太讨人喜欢的母亲。”

还有一些女性对梅耶尔休那么短的产假很不满。她们觉着她开了一个坏头。《石板》(*Slate*)杂志的艾莉森·本内迪克特写道:“梅耶尔不是做了一个脚部手术。她生了一个小人儿。一个有着各种需要的婴孩。”

《圣何塞水星报》的瑞秋·威尔纳写道：她为梅耶尔感到"痛心"。

"我认识很多很有成就的妈妈，"她写道，"没有一个觉得她们几个月的产假太长，很多人在返回工作岗位的时候仍然很混乱、睡眠不足、迷茫困惑——如果没有临床抑郁的话。"

这个话题引起这么大的争议，是因为梅耶尔曾经说过，她不是一个女权主义者，她"不在乎性别"。

梅耶尔在2013年4月19日的"请您知悉沟通会"上解释了这个问题，那时候麦卡利斯特差不多有半岁了。

她站在台上，她身后巨大的屏幕上展示着一张她家小孩的照片。

"这是我儿子的照片，"她说，"很多人经常会问起他。他非常、非常可爱。刚长出两颗牙，这一周开始学着爬了。"

她又点出下一张照片。

"他吃惊的时候，就是这样。"

后面，是一张满脸惊讶的婴儿的大照片。

梅耶尔说她也为雅虎准备了一份惊喜。

"我想，因为我只在这里工作了十二周，对我来说，请产假不是很现实。我觉得这没什么。但是有一件让我很困扰的事情，我想雅虎内外很多人都有一个错误的印象，就是觉得我认为产假或陪产假不重要。

"今天，我们非常高兴地在这里宣布新的、经过完善的雅虎产假和陪产假福利。"

梅耶尔说，所有刚成为父母的员工——代孕、领养，管他什么，都可以享受八周的带薪假期，新任妈妈则可以享受十六周。

"网址"餐厅里掌声雷动。

每天晚上，玛丽莎·梅耶尔都会跟自己的母亲通电话。

2012年年底，就在一次这样的电话中，她母亲说："你知道，玛丽莎，你看起来非常、非常自信。但是你的工作好像很难做。你真的该这么自信吗？”

梅耶尔说：“好吧，谢谢你，妈妈。”

梅耶尔一边准备上床睡觉，一边思考母亲说的话，确实，她对自己在雅虎做的工作充满信心。同样，这确实是一件很难的工作，梅耶尔的目标也很远大。她应该自我感觉这么良好吗？第二天早上起床之后，梅耶尔觉得答案是肯定的。事实是，雅虎各个方面的进展确实很不错。

2012 年 12 月 10 日的董事会会议上，梅耶尔走进“鱼食”会议室，非常高兴地告诉董事们，股价比她上一次见他们时涨了 24%。

然后，她又吹嘘自己在 7 月份刚来雅虎的时候是什么样子，说她希望将“请您知悉沟通会”安排在每周五召开。大家都认为这个决定很愚蠢，因为雅虎的员工在周四下午就离开办公室准备度周末了。

情况确实是这样，梅耶尔刚来的前两周，周五找停车位非常容易，在“网址”找张桌子吃午餐也不难。

但现在，梅耶尔对董事们说，情况已不同往日。

一个周五，她在 10 点 30 分参加了一个公司外部会议，到办公室的时候已经挺晚了。你们猜猜怎么着？当她开到雅虎停车场的时候，在第一层和第二层都找不到停车位。一个都没有。然后，当她在下午 1 点 15 分下来吃午饭的时候，“网址”餐厅里仍然人满为患。她和自己的办公室负责人安德鲁·舒尔特连座位都找不到。

她跟董事会说：我刚来的时候，在周五下午根本没有办法召开一次高效的会议。但现在，士气高涨，大家工作都非常努力。我们正取得了不起的成就，发布了不起的东西。

2013 年 1 月，梅耶尔去瑞士参加世界经济论坛。她非常抢手，每天从早上 7 点到半夜，辗转于各大会场。最后，她坐下参加了一个电视主题采访。外面，想进去听采访的人们排起了长队，长达一个街区。

3月，雅虎的股价达到了每股22美元，并继续增长。梅耶尔在雅虎内网上加了一个工具，员工们可以通过这个工具，看到他们的股票在将来可以值多少钱。

差不多就在那个时候，梅耶尔开始在“请您知悉沟通会”上公布一些“飞去来”——那些在梅耶尔到雅虎之前的黑暗时期离开，现在又回来的人。来自公司外部的求职简历更是像雪片一样。2013年5月，在一周之内，雅虎收到了多达1万份简历。

在4月召开的一次董事会会议上，梅耶尔承认，她管理的雅虎尚未确定一款“突破性产品”。不过她说自己对此并不担心。她仍然有很多想法。她提醒董事们，史蒂夫·乔布斯返回苹果五年之后才想到iPod的创意。并且就算是在那个时候，iPod在一段时间里也不怎么受欢迎。

2013年春夏两季，对雅虎充满信心的梅耶尔实施了两项重大举措，让这个地方更彻底地变成了她的管辖地。

她以11亿美元的出价，收购了一家叫做“汤博乐”（Tumblr）的公司，这要比脸书的出价高出几亿美元。汤博乐既是一套方便发表博客的工具，又是一个基于仪表盘（Dashboard）——像脸书动态新闻一样的程序——建成的社交网络。汤博乐拥有很多年轻的手机用户。这非常契合梅耶尔对雅虎的设想。因为有蒂姆·莫尔斯跟阿里巴巴那笔交易的钱保底。实际上，这是一个非常简单的决定。

而更困难的决定是：那个春天，梅耶尔不想让为聘任她立下汗马功劳的董事会成员——丹·勒布、哈利·威尔逊和迈克尔·沃尔夫——继续留在雅虎董事会了。

勒布特别将他监督首席执行官尽职履责的责任当回事。2012年5月进入董事会之后，他发现董事会记录簿上对公司业务细节的记录少得令人难以置信。勒布想听到详细的汇报；他想提出建议；他想让别人听他的话。

梅耶尔并不领他尽心竭力的情。她好像也没有听他的意见。

不管是不是在开董事会议,勒布和自己的分析师蒂姆·赖什都会给梅耶尔施加压力,让她在雅虎做一些她自己不想做的事情。

从一开始,在雅虎应当在什么时候使用卖出阿里巴巴股票的钱来购买雅虎自己的股票这个问题上,勒布和赖什就跟梅耶尔意见相左。勒布和赖什让她立即开始回购股票,因为这时候市场还没搞明白埃里克·杰克逊的分项加总估值,雅虎的股价还没开始上涨,不然的话,公司就要付出更昂贵的代价。但梅耶尔一直拖着,"第三点"基金的人开始对她感到失望。

曾经,勒布建议梅耶尔用雅虎的一部分钱来对冲日元风险。他会将"第三点"基金的钱用做这样的交易。梅耶尔似乎并没特别明白这件事。她跟勒布说,自己不太愿意给这种类型的交易开绿灯,这样的交易决策应该由她的首席财务官肯·戈德曼来做。听了梅耶尔的话,勒布亲自去跟戈德曼谈。这位身家数十亿的对冲基金经理设法说服了首席财务官:这笔交易对保护雅虎的资本大有益处。雅虎做了这笔交易,赚了数亿美元。

最重要的是,勒布和梅耶尔在缩减成本问题上意见不合。勒布觉得雅虎需要辞退不下 1 万人才行。梅耶尔认为,不裁员也能节约成本,而且可以通过"季度绩效评估"——员工季度业绩评价排名体系——来清除那些表现不佳的员工。在这个问题上,他们从未达成一致。

最终,在 2013 年 7 月 19 日——差不多正好是玛丽莎·梅耶尔接手这份工作一年之后——梅耶尔找到勒布,说雅虎会以每股 29 美元的价格购买 4 亿美元勒布的股份。这比他在 2011 年购入这些股份时的价格高出两倍多。

这次交易将"第三点"基金在雅虎的股份减少到了 2% 以下,按照"第三点"基金在之前一年与雅虎的协定,这将迫使沃尔夫、威尔逊和勒布从董事会中退出。

勒布非常震惊。他认为自己和他的两个人是对梅耶尔最有利的董事会成员——只有他们真心实意地敦促她前进。

不过,这么划算的交易?勒布可不打算拒绝。他知道应该在什么时候说“我赢了”。

“第三点”基金撤出,从这次交易中赚了10亿美元的利润。

而玛丽莎·梅耶尔则开始孤军奋战。

# 第十二章 闪亮登场的时刻到了？

2013 年 7 月 12 日，周五。一位雅虎员工在“请您知悉沟通会”上站起来说：“玛丽莎，你好，我叫玛格丽特·米什，在广告数据部门的斯科特·伯克手下工作。”

“我知道你这周要办一周年纪念会，所以我们绞尽脑汁想向你表达一些心意——”

米什看到，梅耶尔好像要说什么。

“我不想把时间定得太精确，不过我想，差不多就在五天之后吧，没关系。”梅耶尔笑着说道。

“我们知道的——”米什说。

“误差在 2% 以内。”梅耶尔再一次打断米什的话，笑着补充。

“网址”餐厅里有人笑了起来。

“几个月前，我们进行了一次头脑风暴，”米什说，“我们发布了一个私密的网页，写着‘谢谢你，玛丽莎’。全公司，世界各地的雅虎员工，都可以在上面为你的周年庆向你致谢。”

米什递给梅耶尔一本可以当茶几摆设的书。书名叫《谢谢你，玛丽莎！》玛丽莎站在台上翻阅了一下。前面几页列出了她手下高管的名单，还有“第一年大事记”——包括梅耶尔加入后，雅虎股价增长了 60.6%；还包括雅虎在过渡时期发布的二十款产品。之后的几百页都是雅虎员工们写的留言。

森尼韦尔市的一位员工说：“谢谢你的高标准严要求！”

台北的一位员工说：“祝你生日快乐，玛丽莎，也愿你未来万事如意。”

书中的第一条信息是戴维·费罗写的。

内容是：“经历了过去十八年的起起伏伏，上一年轻而易举地成为了雅虎历史上令人印象最为深刻的一年。回首一年以前，几乎没有人能够想象我们会有今天的能量、激情和兴奋。”

“你对人的关注、你建立起来的伟大文化，还有你设计出的让我们所有人都倍感自豪的产品，激励着全球雅虎员工齐心协力，将雅虎建成一个全然不同的公司。我对明年充满期待。雅虎！”

梅耶尔读这条信息的时候，一向腼腆的费罗正站在台上，讲着跟他在书里写的一样的话。然后他说要送给梅耶尔一份礼物——一个新的电子邮箱地址：Marissa@yahoo.com。这是一个雅虎用户废弃的邮箱，现在重新启用。

这一刻的感觉，在 2013 年春夏两季的雅虎经常可以感受到。5 月，苹果为“雅虎天气”应用程序颁发了设计奖。同一个月，雅虎在一周之内收到了 1 万份求职申请。《时尚》的编辑安娜·温图尔请求派一名记者和一名摄影师过去，因为他们想写一篇关于雅虎的报道。7 月底，雅虎举办了一次公司野餐会，有高空滑索，有漂浮着明轮游艇的人工池塘，还有卡丁车和一间熊熊制作工坊。最重要的是，梅耶尔买断了“第三点”基金在雅虎的大部分股票，从根本上掌握了董事会的控制权。有时候，感觉那整个夏天就像是一次漫长的胜利大游行。

费罗的讲话结束后，“请您知悉沟通会”回到了正常程序，按惯例有一个问答环节。

梅耶尔听到有人对“季度绩效评估”制度——她所推行的旨在降低成本、激发才能的员工评级系统——提出质疑，她感到非常失望。

这个人说，梅耶尔的累计评级系统让员工们因为“档案”中的打分而遭受惩罚。

“这非常打击士气。”这名员工说道。

梅耶尔不禁感到一丝恼火。她以前也有过这样的感受。这些员工怎么就是不明白呢？

实际上，尽管梅耶尔收到了厚厚的《谢谢你，玛丽莎！》，戴维·费罗对她也多有赞美之词，雅虎面临的困难仍然在不断增大。

有些是由雅虎内部的严重挑战造成的。搜索市场份额仍在缩减，展示广告业务的收入也一样。经过改进的产品勉强保持了上一年的交易水平，所有人都认为这是一个巨大的胜利，因为桌面网络的萎缩太过迅速。

但是，除了这些长期问题，2013 年夏季，雅虎面临的很多问题都可以归咎于玛丽莎·梅耶尔。很明显，她聘用了一些差劲的员工，可能还提拔了一些错误的人。她还被要求从事她不擅长的非技术性工作。

雅虎的股价仍然高于，大大高于梅耶尔加盟时的股价。但这并不是她的功劳。公司的营业收入并没有增长，实际上还有所下降——第二季度的营业收入同比下降了 5.5%。

大家都知道，股价增长实际上是阿里巴巴带来的掩护烟幕。

大家也都知道，这种掩护只能再持续一年了。

玛丽莎·梅耶尔和雅虎董事会本来应该好好审查亨里克·德卡斯特罗。

只要随便问问，就会知道他在谷歌广告部门的同事中口碑是多么差劲了。

在谷歌现在以及之前的广告业务高管中,广泛流传着一个说法:德卡斯特罗是谷歌高级领导团队中最差劲的人之一。

在谷歌内部,还流传着这样一个传言:德卡斯特罗从来不肯为自己犯下的错误承担责任,有一次,他把牛奶洒到了谷歌餐厅的地板上,都没有动手清理。据一位谷歌高管说,德卡斯特罗若无其事地走了,把烂摊子留给了别人。

德卡斯特罗身着紧身西装,戴着一条细细的领带。在谷歌,很多同事公开称他为"世界上最搞笑的人",这是根据多瑟瑰啤酒广告里一个有口音的大胡子老头起的绰号。给他起这个绰号不仅是因为他有浓重的葡萄牙口音,还因为他总是一副大摇大摆、趾高气昂的样子。德卡斯特罗会操着一口蹩脚的英语,用自视高贵其实笨拙可笑的措辞,谈论他的工作和生活。

有一个推特账号 @HdCYouKnowMe,谷歌的人都觉得,上面的内容简直就是德卡斯特罗语录。

有一条说:"要激励销售人员,就得拿胡萝卜敲打他们。"

还有一条:"产品就像蛇一样……滑不溜丢——我们需要手持大锤的人。"

总的来说,德卡斯特罗在谷歌的名声就是:这人头脑灵光,有宏图大志,但是不擅行动,而且建立人际关系的技巧太差。当然,所有跟他共事过的人都不可能像梅耶尔那样做:让他负责雅虎的收入、销售和媒体业务。

2013 年 1 月,雅虎的销售团队发现,德卡斯特罗实在太欠缺销售方面的能力了。月底,雅虎在拉斯维加斯召开了三天年度销售会议。会议的目的是让雅虎 1000 多名销售人员跟创建雅虎产品的人员进行交流,销售人员们正向麦迪逊大街上的大牌商户们售卖这些产品。这也是德卡斯特罗首次在他领导的销售团队面前发表重要讲话。

德卡斯特罗不但没说出什么振奋人心的内容，反而用一段冗长、迂腐的言论大大地削弱了士气。

事后，雅虎的几名销售副总裁都惊得目瞪口呆。这就是梅耶尔选出代替迈克尔·巴雷特的人？她为什么不能留住罗斯·莱文索恩呢？

一名副总裁走到正在介绍邮箱业务的维韦克·夏尔马跟前，请求他去见见客户，免得德卡斯特罗过去搅局。

这位副总裁根本无需担心。德卡斯特罗非常不喜欢跟广告代理商见面，他觉得这些人净搞兄弟义气，不通世故。他躲着还来不及呢。

前雅虎销售主管格雷格·科尔曼就很擅长跟客户打交道，如今他也成了客户的一员，他做了克里迪欧公司的总裁，每年在雅虎广告上的支出超过3000万美元。

在2012年冬天和2013年春天，科尔曼一直怒气冲冲，因为跟德卡斯特罗见一面实在是太难了。

后来，他给德卡斯特罗发了一封怒火中烧的邮件。标题是：《他妈的真见鬼》。内容是："哥们儿，我每年要跟你做3000万美元的买卖。咱们是朋友。我连见你一面都见不着？"

德卡斯特罗终于回复了科尔曼。

凯洛格公司的媒体高级副总裁乔恩·苏亚雷斯-戴维斯也是一位广告大买家，他也感觉到了德卡斯特罗对他的忽视。跟科尔曼不同的是，他一直没能联系上德卡斯特罗，于是只好带着凯洛格的钱另寻卖家了。

德卡斯特罗计划通过用户积累的内容来为雅虎增收，就像YouTube、Instagram或推特上的那些内容。

德卡斯特罗深信，如果雅虎能有一款像YouTube一样的产品——由用户提供所有的视频内容，公司的收入肯定能再一次快速增长。这些内容的质量可能不高，但他相信，雅虎可以通过技术手段进行弥补，从而根据消费者的人口统计学特征、网络浏览历史以及他们的上网时段，为其匹配合适的广告。

2012 年 12 月，为了卖出更多用户生成的内容，而不是由雅虎的编写者和影像制片人提供的“优质”内容德卡斯特罗重组了雅虎的销售队伍。问题是：雅虎并没有足够多的用户生成内容来为重组后的团队所用。与此同时，传统销售也做得一塌糊涂。

德卡斯特罗距离实现他的愿景最近的时刻是 2013 年春季，雅虎差点买下了每日影像网站（Dailymotion）——那是 YouTube 的翻版。每日影像上有大量视频，德卡斯特罗相信，自己马上就能将这些视频转变成钱，增加雅虎的收入。不过，每日影像是一家法国公司，法国政府并不愿意将其卖给一家美国企业。交易黄了。

一开始，德卡斯特罗在雅虎的新同事们被他那些了不起的、犀利而有创意的想法深深地震撼了——就像梅耶尔第一次跟他共进晚餐时一样。但是随着时间的推移，销售业务进展艰难，德卡斯特罗开始变得咄咄逼人、傲慢狂妄，跟其他人逐渐疏远了，而这些，他的前谷歌同事们早就见怪不怪了。

有一次，他的一位下属当着他和其他四十位高管的面做陈述，可德卡斯特罗却说：“我觉得你的策略更像是个白日梦，这是你自己瞎编的吧。一定是你瞎编的。”

这位下属能分辨出来，德卡斯特罗是想表现得风趣亲切。但根本不是这么回事。

这位级别较低的管理人员愤怒地离开了房间，他心想：“不，我没有瞎编，我跟着业务操作和财务负责人实打实地埋头苦干了两周半。你可以嘲笑我，但不能当着满满一屋子高管的面。”

德卡斯特罗的下属们特别讨厌的一点还有，他更像一个顾问，而不是一个经营者。他想做的就只是审查策略，提意见，再审查。一遍又一遍。

一些在雅虎做广告业务的老员工，经常感觉德卡斯特罗根本不知道自己在说什么。雅虎广告的价格是由更大的在线广告市场决定的。所以，当德卡斯特罗在前一次审查中说，解决雅虎收入问题的方法就是简单提高价格的时候，真的非常奇怪，而且令人尴尬。

比起他的管理风格和营销方式，德卡斯特罗的业绩更让人不忍卒视。2013年第一季度，公司收入持续下降，第二、第三季度也是如此。

梅耶尔不可能注意到德卡斯特罗跟手下及雅虎客户之间的龃龉，但她注意到了这惨淡的业绩。雅虎2013年第一季度的收入是11.4亿美元，低于上一年的12.2亿美元——更少于2008年的18亿美元。当年春天，梅耶尔开始通过电子邮件、电话会议和会面更多地参与到雅虎的广告业务中。她经常公开反对德卡斯特罗的观点。

6月，雅虎广告业务和媒体业务的所有高管都去了法国，参加戛纳国际广告节。戛纳广告节是广告销售界的一大盛事，因为所有大品牌及其代理商都会参加，他们在游艇上、宴会上三三两两地凑在一处。梅耶尔没去，派德卡斯特罗代表自己出席。

广告节还没结束，梅耶尔就知道了雅虎第二季度的数字，这个数字非常难看：11.3亿美元——去年是12.1亿美元——甚至比上一季度还差。雅虎很少出现第二季度收入低于第一季度的情况，在之前，十年间这种情况只发生过两次。

梅耶尔开始每天跟还在法国的高管们召开电话会议。她让他们取消跟客户的会面。收入问题才是当下最要紧的事情。电话一般持续一两个小时，奇怪的是，在这些电话中，梅耶尔一次也没有提到德卡斯特罗，她直接跟他的副手们交流，就像他根本不存在一样。

后来，德卡斯特罗不再参加这些电话会议了。梅耶尔看起来却全不在意，甚至好像根本没有注意到这一点。

要是雅虎搜索业务的业绩能好些的话，德卡斯特罗在展示广告销售方面的错误或许还比较容易让人接受。

梅耶尔加盟雅虎时，深信自己可以通过提高搜索市场份额，轻而易举地让公司收入再次增长。自从2009年7月卡罗尔·巴茨与微软签署了协议之后，雅虎在搜索市场的份额就持续缩减——之前是19.3%，2012年7月梅耶尔加入雅虎的时候，这一数字已经跌到了13%。

与微软之间的协议，使雅虎对能检索网络和排序搜索结果的算法彻底失去了控制。协议只允许雅虎对搜索结果页面的用户界面进行创新。梅耶尔觉得这点还算不错。

由于一系列原因——其中之一是微软在高价出售雅虎搜索广告方面做得并不怎么样——梅耶尔倒是希望雅虎能完全掌控其搜索业务。但是，如果雅虎只能控制前端或后端中的一个，那么梅耶尔很高兴雅虎控制的是前端。

她仍然觉得，拉里·佩奇将谷歌搜索业务的控制权交给艾米特·辛格哈尔而不是她，是一个十分错误的决定。她认为，在2012年，支撑搜索引擎的后端技术已经不再具有市场优势了。重要的是用户界面，而这是她的专长。

在2012年8月的“请您知悉沟通会”上，她跟雅虎员工分享了这个想法。

“作为一个花费了大量时间思考检索、索引、排序、速度和用户体验的人，我想说的是，更快地检索、编索引、排序和出结果，这些已经是整个行业最普通不过的产品了。你将看到，所有的创新、所有令人兴奋的事物，都会在未来发生，在用户体验的层面上发生。”

2012年9月，梅耶尔大胆作出预测：“我们搜索业务的份额不应该低于15%，这正是我们现在所占的份额。”她在一次“请您知悉沟通会”上跟员工们说：“我也不明白为什么，我们的市场份额提升不到以前的20%，我们需要做的仅仅是对用户界面和现在的产品特征做一些简单明了的改进。”

梅耶尔认为，雅虎可以做的“简单明了的改进”包括：改进雅虎的多媒体搜索结果，做到谷歌通用搜索能做到的水平；根据用户输入的请求显示搜索结果，就像谷歌的即时搜索那样；在链接之外显示信息，就像谷歌的知识图谱那样。

在之后的一年里，雅虎实现了上述用户界面改进的绝大部分。

但是，雅虎所占的搜索市场份额并没有提高，实际上，到 2013 年夏天——阿里巴巴的支持撤走的前一年——这个数字降到了 12%。

另一个梅耶尔没想到的情况发生在 2013 年 4 月底。几周以来，雅虎媒体业务主管米基·罗森和视频业务老大伊尔琳·麦克弗森一直想说服梅耶尔去参加当月月底在纽约举办的特别活动。

这就是雅虎的“新前沿”活动，就像电视网络在它们的“前沿”活动中做的那样，在这项活动中，雅虎会将其来年的视频节目展示给一众买家。

说服梅耶尔真是颇费了一番工夫。她当时正忙着改造雅虎邮箱和 Flickr 等产品。而且，她可能根本不知道“前沿”活动是个什么东西。不过，最后她还是同意去了。

4 月 29 日，当梅耶尔出现在时代广场附近的百思买剧院的时候，罗森和麦克弗森突然觉得，让她来参加可能压根儿就是个错误。

这堪称一场盛会。罗森穿着短礼服。麦克弗森穿的是黑色紧身礼服，脚蹬高跟鞋。在场合需要的时候，梅耶尔通常会穿设计师特别设计的礼服，但是她今天的穿着看上去很不得体：很普通的黑色长裤，黑色上衣，紫白相间的羊毛开衫，典型的办公室休闲装。

活动开始之后，情况变得更糟了。“前沿”和“新前沿”活动本来应该是风趣好玩、快节奏的活动，梅耶尔却在台上照着提词器读了一篇官样文章——观众们听了一半就昏昏欲睡。

对观众和买家来说，万幸的是，罗森和麦克弗森找了很多能人来参加活动，这足以将他们唤醒。

出演过《办公室》和《宿醉》的艾德·赫尔姆斯，还有《欢乐满屋》的演员约翰·斯塔莫斯上台表演，使得现场笑声不断。世界摔角娱乐的职业摔跤手大秀来到了现场，民谣摇滚乐队闪耀乐队也参加了演出。

这可真罕见：玛丽莎·梅耶尔竟然也有措手不及的时候。

梅耶尔加盟雅虎时，罗森就曾告诉她，雅虎的媒体业务非常庞大，有员工 3000 人，收入达到 15 亿美元，占雅虎年度总收入 50 亿美元的很大一部分。如果梅耶尔想在她二十四个月的倒计时结束之前让雅虎的收入有所增长的话，那么媒体业务的作用是绝对不容忽视的。但是直到那天晚上，梅耶尔才真正理解雅虎媒体业务实际是多么庞大，多么富有魅力。

"新前沿"活动中的尴尬时刻过去后，2013 年夏秋两季，梅耶尔深入研究了雅虎的媒体业务。她提出要求：以后麦克弗森做任何规划选择都要事先经过她的批准。她开始出席相关会议，并总是因为日程安排太过繁忙而推迟会议开始时间。

总体而言，梅耶尔希望雅虎的媒体品牌能进入高端市场。

有一次，梅耶尔来到纽约，和安娜·温图尔——留着波波头，戴着大墨镜的《时尚》杂志编辑——共进早餐。

梅耶尔跟温图尔说自己可能需要她的帮助。她问温图尔是否可以派驻一个人到雅虎。也许雅虎可以运营《时尚》的一些内容。

"玛丽莎，"温图尔说，"你想做什么呢？"

梅耶尔告诉温图尔，雅虎有一个专为女性开设的网站——"雅虎闪亮"。

温图尔从餐桌对面倾身过来，她抓住梅耶尔的胳膊说："我知道，我上过那个网站。简直糟透了。"

梅耶尔本来可以说"闪亮"其实很受欢迎。网络度量公司 SimilarWeb

在一份报告中提到，“闪亮”每月的访问量可以达到 7500 万——是《时尚》网站 Vogue.com 的二十倍左右。她也可以说，虽然温图尔这样的人会觉得“闪亮”的品位不高，它每年却能给雅虎带来 4500 万美元的收入——的确不如《时尚》平面业务的收入高，但很可能高于其数字业务。

但梅耶尔什么都没说。

相反，她恨不得钻到桌子底下。因为时尚女王正告诉她，雅虎的时尚网站做得一塌糊涂。

梅耶尔决定重新塑造雅虎的媒体品牌，做到能得到安娜·温图尔认可的水平。

她开始督促麦克弗森做完整节目，就像网飞公司（Netflix）做《纸牌屋》和《女子监狱》一样。麦克弗森向梅耶尔解释说，制作这样的节目非常昂贵，像网飞和家庭影院（HBO）这样的电视网之所以能够盈利，是因为它们可以通过销售订阅权创造收益——这是一种比雅虎的广告业务更可预见、更独立的收入渠道。麦克弗森认为，雅虎应该学习谷歌和 YouTube 的合作方式，跟好莱坞的新生制作公司一起做短视频。

那年夏天，梅耶尔批准了雇用凯蒂·科丽克的计划，后者是她母亲最喜欢的电视明星，并且肯定能得到温图尔的认可。她之前做过哥伦比亚广播公司新闻节目的主持人，也曾是《今日秀》节目的主持人之一。

2013 年 4 月，科丽克正在主持一个失败的日间脱口秀。雅虎邀请她在特克斯和凯科斯群岛上召开的一个为雅虎客户举办的活动中，上台采访梅耶尔。之后，科丽克跟梅耶尔说，她想在雅虎大显身手。

从 2010 年起，科丽克就时不时地和雅虎合作，有一次，罗斯·莱文索恩跟她和她的前制片人杰夫·朱克一起吃饭的时候，还想让科丽克在雅虎做一个每日秀节目，专门讨论搜索请求的变化趋势。他本打算给她几百万美元的酬劳，将节目视频放到雅虎首页上。

这笔买卖没能成功，不过在 2012 年，科丽克和雅虎一起制作了一个叫名叫《凯蒂请你来》的系列节目，就健康、子女教育等话题采访了一些专家。尽管科丽克明星光环加身，雅虎的用户们却没有点击这个节目的欲望——无论雅虎的编辑把这个节目放在页面多么显眼的位置上。雅虎网站的用户们更喜欢读名人故事。

梅耶尔无视了这一情况，2013年年中，她任命科丽克为雅虎的“全球主播”，年薪500万美元。

梅耶尔在媒体领域做决定的方式与很多高管期待的很不一样。他们知道梅耶尔在用户界面审查会议上，如何测试像素不同的蓝色，并基于数据作出选择。但是，涉及到媒体业务时，她似乎全是靠直觉——对什么是好的内容有着一种强烈的感知力：梅耶尔小时候就曾偷偷溜进客厅看《周六夜现场》，现在开会的时候，她还能背上几句台词——所以雅虎在《周六夜现场》往期节目集锦上花的钱有点多；相比“闪亮”，梅耶尔更喜欢“城市与乡村”，于是她开始缩减“闪亮”的预算，虽然“闪亮”是成功的典范，而“城市与乡村”的内容在雅虎主页上并不很受欢迎；虽然女演员格温妮丝·帕特洛写过一本畅销食谱，梅耶尔却觉得聘用她做雅虎美食的特约编辑是糟糕透顶的想法。为什么？

“她连大学都没上过！”

梅耶尔手下的一些媒体高管认为，梅耶尔并不理解雅虎的美国中产阶级、沃尔玛式的品牌形象——这一定是安娜·温图尔不喜欢的东西，但其实也不错啊，因为《时尚》的收入不到5亿美元，而雅虎却超过50亿美元。

2013年，夏去秋来，梅耶尔逐步将德卡斯特罗踢出了雅虎的媒体业务。梅耶尔将雅虎打造成高端媒体品牌的策略，与亨里克·德卡斯特罗从加入雅虎那天起就追求的利用用户生成内容的策略迥然不同。德卡斯特罗仍然是雅虎的首席运营官，但是被梅耶尔聘来管理媒体和销售一年之后，这两块业务都不是他的地盘了。

秋天，罗斯·莱文索恩的“徒弟”米基·罗森也离开了雅虎。虽然梅耶尔极力挽留，但伊尔琳·麦克弗森也离开了。麦克弗森离开雅虎后，成了制造商工作室的首席内容官——这是一家跟YouTube类似的工作室，她认为雅虎应该努力跟它搞好关系。

罗森和麦克弗森离开，德卡斯特罗被排挤，如今梅耶尔终于有机会重新任命一个对雅虎品牌跟她有同样愿景的人来负责媒体业务了。梅耶尔向媒体行业的几位元老——包括前美国全国广播公司环球公司的节目管理人劳伦·扎拉兹尼克和斯科特·萨萨——伸出了橄榄枝。然而，却没人回应。

不久之后，梅耶尔手下的一位高管——首席营销官凯茜·萨维特站出来申请了这个职位。2013年秋季，萨维特被任命为雅虎媒体业务事实上的主管。

凯茜·萨维特1985年毕业于康奈尔大学，之后在一家广告代理公司找了一份年薪1.25万美元的工作。三十岁时，她就成立了自己的营销公司，客户大多是创业公司和正经历转型的公司。2000年，她将公司卖给了广告业巨头埃培智集团，去了亚马逊，负责市场营销和通信。后来，她又在零售商美国鹰公司做同样的工作。

2009年，萨维特成立了自己的第二家公司，洛克兹公司(Lockerz)，萨维特称其为“‘Z一代’的主页”——“Z一代”即年龄为十三岁到二十岁的一代。这个网站会向观看视频或参与其他广告支持活动的访问者发一些免费的东西，都非常不错，有苹果公司的一些小玩意儿，还有电脑。

结果证明，发放昂贵的玩具是吸引流量的有效方式，洛克兹公司很快就有了值得夸耀的访问量。2011年，公司声称，其月均独立访问量已经达到了3700万。

凭借这个数字，萨维特从一些大名鼎鼎的风险投资人那里吸引了大量资金，这些投资人包括凯鹏华盈——该公司投资了亚马逊和美国在线。

算下来，洛克兹公司共吸引了6500万美元的投资。

洛克兹公司很快烧完了所有的钱，最后便宜卖给了一家中国电子商务企业。

原因是：访问洛克兹的这3700万人并不仅仅来自“Z一代”。还有一些——也许大部分都是——波兰和俄罗斯的黑客试图破解这个系统。经销商们可不愿意在他们身上花钱，所以洛克兹微薄的收入逐渐难以负担亚马逊网络服务的费用——算下来一个月就得几十万美元。

萨维特不能算是一个节俭的首席执行官，这增强了问题的严重性。公司内部传言说，在2010年，洛克兹耗费大约300万美元建成了一个电子商务平台，而如果向一家外包商购买使用许可的话，每年只需支付2.5万至5万美元。

精打细算并不是萨维特的风格。她有远大的理想。加入雅虎之后不久，萨维特就想到了一个让真正的网络用户注意到洛克兹的计划。她告诉自己的管理人员：我们应该在纽约时装周上举办一场盛大的时装秀，并进行直播，然后让用户们可以从洛克兹上直接买到模特们穿戴的东西。

有人指出，这个想法非常不错，但是差不多得花10万美元才能办成。计划胎死腹中。

如果是在洛克兹成立之初，还有钱可花的时候，这个想法可能就被付诸实践了。在整个职业生涯中，萨维特很不愿意跟那些愤世嫉俗的人一起工作。她看重乐观主义者。成为洛克兹的首席执行官之后，她终于可以让自己身边满是这样的人了。他们对她的计划总是举双手赞成。

虽然洛克兹失败了，但是很多萨维特以前的同事对她在2012年得到雅虎首席营销官的职位这件事都很兴奋。大家很喜欢萨维特，她为人风趣，气质优雅。他们觉得这份工作非常适合她。首席营销官就是要敢想，敢花钱，直到首席财务官叫停为止。她不需要操心实际操作的问题，这让大家很高兴。

2013年秋季，雅虎可能面临的问题是：虽然首席营销官的职位不必实际操作，管理雅虎的媒体业务却必需。而这恰恰是梅耶尔让萨维特做的。

如今，雅虎年收入15亿美元的媒体业务正由两个在该领域毫无经验的人管理着。一个是梅耶尔，她得到现在的工作恰恰因为她是一位产品导向的首席执行官，而不是罗斯·莱文索恩那种媒体导向的首席执行官。另一个是萨维特，魅力四射、热情洋溢，花钱大手大脚却见不到什么成果。

梅耶尔和萨维特拿出了一个方案。

对雅虎参与的每一项垂直业务——美食、美妆、旅游和科技——全都发布基于汤博乐的技术建立起来的新站点。这些站点将被称作“电子杂志”。

为了给这些杂志配备工作人员，雅虎准备招聘一些声名赫赫、要价不菲的新闻工作者——如果必要，付给其中一些人几十万美元也是可能的。

萨维特和梅耶尔聘请了《纽约时报》的产品测评员戴维·波格出任雅虎科技的主编，“第六版”[①]专栏作家鲍拉·弗洛里希负责雅虎旅游，化妆明星波比·布朗担任雅虎美妆的主编。

然后她们共同决定，将“雅虎闪亮”关停。

2013年5月1日，玛丽莎·梅耶尔在一场行业盛会上偶遇著名的苹果公司设计师乔尼·伊夫。

伊夫鬼鬼祟祟地溜到梅耶尔身边，用说悄悄话的语气对她说：“天气应用让我很烦恼，玛丽莎。”

雅虎刚刚发布了一款名叫“雅虎天气”的应用程序。这款应用程序从雅虎的照片分享网站Flickr上抽取一些与用户所在位置第二天的天气状况类似的照片显示。比如，纽约，下雪，那么应用程序就会显示一张白雪覆盖的中央公园的照片。

① 《纽约邮报》八卦版。

“我非常嫉妒，”伊夫操着一口英国腔说道，“而我一般不会嫉妒什么。”

梅耶尔说道：“乔尼，要是天气应用都让你嫉妒的话，我们在 Flickr 还有一个秘密的计划会让你感觉了无生趣。”

“哦，去死吧。”

伊夫称赞完雅虎天气五周之后，在一年一度的苹果全球开发者大会上，天气应用程序赢得了苹果设计大奖。这是莫大的荣誉。苹果全球开发者大会，整个消费科技产业的高管们都踊跃参加。雅虎的员工们因为这个消息兴奋不已。但那个时候有消息传出，苹果全球开发者大会上代表雅虎登台领奖的人是亚当・卡汉。

卡汉是雅虎的移动业务主管，在 2012 年经董事迈克尔・沃尔夫推荐，由梅耶尔提拔到了现在这个位置。

当卡汉在苹果领奖台上鞠躬致谢的消息在雅虎传开，大家都很不屑。熟悉雅虎天气开发过程的人都知道，这件事与卡汉几乎没什么关系。这个应用的创意诞生于 2011 年的某个“黑客日”。黑客日，在硅谷科技企业中很常见，活动是这样的：员工们分成小组进行头脑风暴，提出新的产品创意，在一天之内做出粗糙的原型，将这些创意展示出来。

在 2011 年雅虎的某个黑客日，三个人走上台展示了一个应用原型，这个应用程序将 Flickr 上的照片与天气数据匹配在了一起。黑客日的一位评委在观看了成果展示之后，非常期待它的发展前景。这位评委就是凯文・多尔，首席产品官布莱克・欧文手下的一名高管。天气应用程序的原型最终没能在黑客日的比赛中取胜，但是多尔让两名开发者——马克罗・维拉辛格和布莱恩・朱——辞掉手头的工作跟着他干。这两个人起初不同意，不过多尔在第二天吃午饭的时候还是说服了他们。

多尔和他的团队在八个月之内就开发出了一款适用安卓系统并做好了上线准备的应用程序。团队由于没有什么途径获取天气数据，所以就一心一意地设计程序细节。他们想到了一个让表示天气数据的文本和图表在照片之上滑动的方法，这种设计技术叫做“视差”。欧文看到了最终产品，让多尔将它带到雅虎与广告买家的大型见面会上做展示。之后，他们又开始做这个程序的 iOS 版本。

2012 年 7 月，梅耶尔来到雅虎，她让多尔和他的团队继续这项工作。iOS 版本的应用程序在 2013 年 4 月中旬上线。

所有知道这款应用程序幕后故事的人都认为，多尔才是创造这款产品的领导者，他从其他岗位上拉人过来，并说服他们这是一个伟大的想法。卡汉是多尔的上司不错，但是卡汉只参与了这款产品最后一点内容的审查。

然而，站上苹果全球开发者大会领奖台的人是卡汉，就像整个创意都是他的一样。而多尔在梅耶尔将此事发到博客上之前，甚至对雅虎得了这个奖一无所知。

这种事太让人抓狂了。

2014 年秋天，阿里巴巴的支持已经到期。对此，梅耶尔的应对策略是依靠公司开发出的用户喜欢的手机应用程序。这就使得卡汉成了全公司最重要的人之一。但是实际情况是，2013 年夏天之前，卡汉经常惹怒在他手下工作的人才——有些人一气之下还递交了辞呈。

卡汉的一些举动太像那个卡通人物呆伯特了。在梅耶尔开审查会议之前，他会提前一个半小时到产品团队，问问大家准备跟她说什么。然后，在正式开会的时候，他就将大家的观点当成他自己的提出来。

卡汉还经常大叫大嚷。

有一天，卡汉和梅耶尔以及团队的三个人——一个产品经理和他的两名成员——开审查会议，会议结束，梅耶尔离开以后，卡汉和留下的三个人开始讨论日程安排。然后，他表现得越来越烦躁。他要求两名级别较低的成员离开，留下那位产品经理。门一关，卡汉就嚷嚷起来。

产品经理说道：“我不明白，你朝我喊什么？”

“你不懂？”卡汉说，“这些人工作效率太低了！根本就不够努力！”

没人愿意被人嚷嚷，所以这位产品经理加快了项目进程。于是，在产品发布之后，团队不得不回头修复一大堆因为赶工造成的基本技术性问题。

总的来说，卡汉缺乏人际沟通技巧——将批评夹在鼓励和赞美之间的艺术。

大家知道，卡汉有粗鲁无礼的权利，因为雅虎本来就不是一所幼儿园。他们甚至知道，雅虎需要这样一个有强迫倾向、进取心十足的人，这个人在十二个月之内，就将移动业务部门从不足100名员工，扩大到了超过500名员工。

虽然从全局来看，人们承认卡汉是非常有用的一个人，但这并不代表大家喜欢在他手下工作。人们开始说他的闲话，说他精于阿谀奉承之道，并分享着一个《纽约》杂志上关于他第一次婚姻如何破裂的香艳故事。

他部门中的一些能人开始从雅虎辞职，包括那个让乔尼·伊夫嫉妒梅耶尔的应用程序背后真正的管理者，凯文·多尔。

在阿里巴巴筹备上市的两年宽限期的第一年，梅耶尔一直非常努力地改善普通雅虎员工的工作环境。之所以这样做，是因为她相信心情愉悦的员工更具创造性，也更加负责。所以，在梅耶尔任期第一年结束时，许多直接在她手下工作的人都感觉痛苦万分，就是一件很古怪的事情了。

在跟大多数雅虎员工交流的时候，梅耶尔鼓励他们在工作和生活之间找到平衡。在2013年7月13日召开的“请您知悉沟通会”上，她说，找到自己工作的节奏非常重要，可以有效避免负面情绪的累积。

而对她的那些直接下属来说，梅耶尔则苛刻得多。

理论上，梅耶尔理解她的手下做不到像她那样只睡四个小时还能继续工作，而这就意味着他们的工作节奏要慢一些。实际上，梅耶尔希望完成某件事情的时候，她希望的是立即完成。

如果梅耶尔是一位富有同情心、充满正能量的老板，可能还更容易忍受一些。

可她不是。虽然在面对一群人的时候，她很有热情并善于调动气氛。但是在小团体的互动中，梅耶尔仍然非常腼腆。在她的直接下属看来，这让她显得冷酷而封闭——不近人情。

大多数人当别人陈述一个自己不喜欢的产品或想法的时候，会说："我觉得咱们应该再考虑一下。"

梅耶尔截然不同。她会让那个人继续陈述自己的想法，而她则一脸厌恶地听着。然后她会说："我觉得这完全就是个错误，简直离题太远了。"非常干脆利落。

人们试图作出解释：为什么梅耶尔是这个样子？

梅耶尔的一个手下很相信迈尔斯–布里格斯性格分类法的那一套。这个人认为，梅耶尔跟大多数首席执行官不同，她不是外倾直觉情感知觉型（ENFP, Extraverted Intuitive Feeling Perceiving），而是内倾感觉思维判断型（ISTJ, Introverted Sensing Thinking Judging），前一类型的人大多热情洋溢、待人友善，能够给身边的人以启发和激励。有时候，他们会对别人表现出过分的热情，并真心诚意地给予赞美。后一类型的人——她相信梅耶尔就属于这一型——更关注自身，他们非常实在，有责任感，从来不破坏规则。他们可以长时间工作，不太能理解别人的情感，适合从事会计、验光师、校长或法官工作。

梅耶尔的那些高级助手们很是挫败，因为梅耶尔好像从来不听别人的，她相信自己永远正确。她尊重那些勇于指出她错误的人，却不会改变自己的想法。因为她的任性固执，因为她直视别人眼睛时的窘迫，因为她记忆事情的天赋，还因为她表现出来的某种下意识动作——眼睛颤振以及"嗯嗯嗯"的笑——她的下属们经常在一起咬耳朵，说她也许患有阿斯伯格综合征。一位跟梅耶尔走得很近的行业高管，孩子就患有阿斯伯格综合征。他发现，这位首席执行官和那个孩子之间有着很多共同之处：社交困难、腼腆害羞、钟爱说教，当然还有极高的天分。

无论是由什么原因引起的，还有两个因素加剧了她的这种冷酷。

其一，她是一个非常极端的微观管理者。第一年，公司各部门的经理都在"请您知悉沟通会"上抱怨说雅虎的招聘流程太慢了，很多关键岗位的人才都没能留住。原因是：有一段时间梅耶尔坚持亲自审批每一位员工的招聘。在一次高管会议上，梅耶尔花了大量时间讨论雅虎的停车政策，制定战略出售阿里巴巴的股票净赚数十亿美元也不过就花了这么长时间。

让梅耶尔的冷酷显得更加糟糕的另一个因素是：她有迟到的坏习惯，一直迟到，从未准时。

加利福尼亚时间每周一下午 3 点，梅耶尔的下属都会聚到一起，和自家老板开上三个小时的会。

梅耶尔要求世界各地的下属都要参加这个会议，所以纽约的高管们要在下午 6 点，欧洲的要在晚上 11 点甚至更晚准时参会。

而梅耶尔一定会迟到 45 分钟以上，有时会议开始得实在太晚，雅虎欧洲区的高管们得熬到当地时间凌晨 3 点之后才能挂上电话。

梅耶尔在雅虎的第一年，大约有二十四个人向她汇报工作。理论上，她得每周定期跟他们每一个人见面，了解工作进程。实际上，因为她工作太繁忙，经常连续数周都不与他们见面。

很长时间，这二十四个人都认为梅耶尔是分别跟他们见面的，一次只见一个。在梅耶尔加入雅虎之前就在这里工作的老员工们认为，这是梅耶尔想炒掉他们的前兆。由梅耶尔招聘进雅虎的人，比如人力资源主管杰基·雷瑟斯和首席营销官凯茜·萨维特，就更加丈二和尚摸不着头脑了。梅耶尔雇用她们，难道就是为了无视她们吗？

然后，在一次周一下午3点之后的漫长等待里，一场对话让真相浮出水面。

会议室里交头接耳，一位高管问另外一位："她又一次取消了跟你的一对一会面？"

第三个人跳出来："天哪，她也这样对你？"

后来发现，会议室里的每一个人，还有电话里的，梅耶尔都取消过和他们的见面会，经常这样。

梅耶尔参加产品审查会议也一直迟到。会议一般安排在下午2点，差不多2点15分的时候，梅耶尔的助手翠西·克劳利会出来说："非常抱歉，梅耶尔要迟到了，我们也不确定她什么时候能到。"

然后到了3点，又到了4点，克劳利又出来说：会议取消。

有一个经典的笑话，如果和梅耶尔一起开审查会，不到最后一刻，你根本没法知道会议几点开始。对森尼韦尔的员工来说，这很烦，而对远在印度或欧洲的团队来说，简直可以称得上残忍了。

有时候，这样的结果会激起人们内心的愤怒。

2012年秋天，梅耶尔在最后一刻告诉雅虎邮箱团队，她想改变邮箱的颜色。她告诉负责人维韦克·夏尔马，希望第二天早上就看到产品设计模型。夏尔马的团队熬夜做好，而梅耶尔没有出席早上的会议。

冷酷加上迟到，这种异常无礼的行为，让她的下属们感到自己受到轻视了。

雅虎想在2014年9月阿里巴巴公开上市之前振作起来。而梅耶尔的下属们却一个个士气低落。这会拖慢雅虎的步伐吗？似乎会的。2013年年中，雅虎的几位元老——包括全球技术基础构架的主管戴维·迪布尔和米基·罗森——离开了公司。不过辞职的人大多是在梅耶尔之前进入雅虎的，他们辞职也是意料之中的事情。真正的危机是，玛丽莎·梅耶尔的管理风格传出去之后，有才能的高管更加不愿意来雅虎了。本来，加入一个处于转型期的公司就足以让人望而却步了。

玛丽莎·梅耶尔和雅虎近1.5万名员工的“蜜月期”持续了将近一年。

先是写着“希望”的海报贴上了雅虎的墙面。然后是免费的食品、电话和电脑。12月到次年5月之间,这种幸福感达到了顶峰,这段时间内,新产品和经过完善的产品都是好评如潮。还有7月的那个周五下午,玛格丽特·米什站起来,送给梅耶尔一本名为《谢谢你,玛丽莎!》的书。不过,到2013年秋季,离阿里巴巴的支持撤走还有不到一年时间的时候,玛丽莎和雅虎普通员工之间的浓浓爱意已经褪色了。

这部分是因为经由玛丽莎改动的拳头产品“日常习惯”——雅虎邮箱新版本——突然之间遭遇了严重的技术故障。2012年12月“卡特罗”版本发布之后,玛丽莎和邮箱制作团队决定在2013年7月重做这个产品,这次要根据从雅虎天气上得来的设计线索,做更加彻底的改变。这个项目的代号是“明信片”,梅耶尔督促团队飞快地赶进程,“明信片”在10月发布,这比前梅耶尔时代的产品发布节奏简直快太多了。在“卡特罗”之前发布的邮箱版本“明蒂”,耗时十八个月。“卡特罗”耗时六个月,而“明信片”仅用了三个月。这种加速的最大刺激因素,是梅耶尔愿意产品“见光死”。

不出所料,“明信片”很快便告失败。在做改动的时候,雅虎移除了大部分产品特征并做了修改,就是为了使雅虎邮箱的默认背景是Flickr上的照片。用户很讨厌这一点。于是,梅耶尔又让邮箱团队将这些特征加了回去,并做了一个纯紫色的默认背景。团队对用户期待的错误认识让梅耶尔感到很失望,但这不是什么大问题。梅耶尔的产品哲学就是:发布,看人们如何反应,调整。

大问题是,从10月中旬开始,“明信片”版的雅虎邮箱就开始崩溃。因为赶进度,基础技术没有通过充分测试,匆忙将产品特征加回去之后邮箱承担的压力就更大了。一些用户的邮箱开始崩溃，连续好几天不能用，他们大部分是小企业主，对邮箱服务非常依赖。

更糟糕的是，服务中断的情况持续发生。整个秋天，每当雅虎觉得问题已经得到修复，卡拉·斯维舍就会来报道又一起大规模的中断。

这让雅虎员工感到很难堪，他们在“请您知悉沟通会”上要求梅耶尔作出解释。

普通员工在其他问题上也不再对梅耶尔抱有幻想。有报道称，雅虎每年支付给凯蒂·科丽克 600 万美元，聘任她做全球主播。这看起来非常奇怪并且不合时宜——这太像特里·塞梅尔一贯的做法了。雅虎的营业收入也没有增长。9 月 30 日发布的季度收入为 11.4 亿美元，低于上一年第三季度的 12 亿美元。公司里的每一个人都意识到：为了解决收入问题，雅虎支付给亨里克·德卡斯特罗多少钱呢——大约刚好是 6000 万美元。

与此同时，雅虎产品部门里有人在私底下说，因为给移动业务主管亚当·卡汉干活实在太痛苦了，做雅虎天气的那帮人要辞职。有着谷歌血统的玛丽莎·梅耶尔本应该是搜索引擎方面的天才，然而雅虎占有的市场份额却持续缩减。

不过，在那个秋天，跟普通员工们焦虑和怨恨的主要来源相比，这些都是次要事件。

他们对玛丽莎·梅耶尔管理方式的痛恨始于她糟糕的员工评价体系——“季度绩效评估”体系。

为了清除一些工作业绩不佳的员工，同时压缩成本，梅耶尔实施了一个体系：经理们要按照固定的分布曲线给员工们评级。即使在表现最出色的团队，也会有人得到差评。较低的分数，有时候甚至是平均分，都会令换岗、拿全额奖金或升职变得不可能。这套体系给员工们的感觉是：他们在跟其他人竞争，而不是合作。

这套玩意儿让雅虎变成了一个残酷、冷漠的地方。

在一次“请您知悉沟通会”上，有人问梅耶尔能不能就这套评分体系安排一次匿名提问，这样大家就可以问一些坦诚的问题了。

梅耶尔说，可以。结果大家的问题都非常尖锐。这不是梅耶尔希望看到的——不到一年之后，阿里巴巴就要公开上市了，她得让公司做好大展风采的准备才行。

> 我们曾经在一个奇妙的合作环境中工作，彼此之间相互支持、相互鼓励。为了保住工作，“季度绩效评估”让我们别无选择，我们只能以极端的竞争心态，而不是合作的心态来工作。为了保住工作，我有什么理由对同事，或其他团队施以援手呢？有什么理由在我自己能搞定的时候将机会分享给别人呢？

> 最初版 Q3 的“季度绩效评估”级别分布规定偶尔不达标的人数占 5%，不达标人数占 5%。可是，在最后一分钟，就因为“玛丽莎的决定”，就改成了 10% 偶尔不达标和 5% 不达标。这给一些管理人员带来了巨大的工作量，也让明星团队倍感挫折，他们得向其他团队解释、道歉。我们能从决策的最开始就把事情考虑周全吗？

> 就因为一年前刚进团队的时候，没有任何解释和改进建议就被评了较低的“季度绩效评估”等级，就要罔顾这个员工对团队和公司目标实现作出的专家水平的切实贡献，把人家辞退，你怎样证明这样做的正当性？通过更多地承担责任，与团队并肩奋斗，他们也成了可以信任的、团队必不可少的贡献者，也成了成功的典范，或者人们所认为的成功的典范，从而可以提高自己的评级。另外，直接改分都不需要经过咨询吗？

> 很多次我们听说，高级副总裁为了拟合分布曲线，或者根据以往的表现而改过的分数，才是正确的评分。首先，高级副总裁怎么知道该给谁改分，怎么知道一个人以往的表现？为什么对这个人做改动都不问问经理的意见？既然有人可以没有理由——至少没将理由说出来——就改动分数，那干吗还要花三四个小时做评估？

> 为了拟合曲线，一些表现很好的人也不得不被评为偶尔不达标。我们要么让所有员工都知道评级是按正态曲线来的，要么就别逼着经理们按正态曲线评。

> 我们为什么不能简单干脆一些，直接裁员，非要给个“季度绩效评估”低分，然后辞退他们？有些员工注定会被评为偶尔不达标，虽然这并不是他们该得的。这些人会受到负面影响，他们不会丢掉工作，却会失去自信、自尊和名誉。

> 感觉在文化方面，我们正走向一个危险的方向。恐惧、不确定、怀疑正让天平向错误的方向倾斜。我们想要达到的最终状态是什么？人事管理人员觉得我们没在正确的方向上？

最后，2013 年 11 月 7 日，周四，梅耶尔在“网址”餐厅主持召开了一场特别的全公司会议，探讨这些匿名提出的问题。她带着一本自己最喜欢的儿童书籍《鲍比手里有五分钱》站到台上。读这本书的目的是要说明，她非常重视经历，并且她很喜欢自己迄今为止在雅虎的经历。

但是梅耶尔在台上读这本书的时候，会议室里的 2000 名员工并没有理解她的意思。即使员工们理解梅耶尔的意思，他们也会觉得她很奇怪。问题在于他们的经历，而不是她的经历。

梅耶尔读完之后，情况越发糟糕了，她在解释“季度绩效评估”体系的时候，看上去非常不友好，并为自己极力辩解。在某一刻，梅耶尔好像还撒谎了。她说从来没让经理们按照既定的分布曲线给自己的团队成员评分。听到这点的时候，房间里的经理们心里可谓愤怒不已。他们还保存着顶头上司发的邮件，邮件内容和梅耶尔所说的直接矛盾。

梅耶尔在台上的表现简直惨不忍睹，“网址”餐厅里的很多人突然意识到，也许她并不是一个可以拯救雅虎的首席执行官。“季度绩效评估”体系有一些优点：让员工们更加负责，有助于清除表现不佳的员工，有助于缩减开支。但是，梅耶尔处理问题的方式非常恶劣。离阿里巴巴公开上市还有十个月的时间，投资人又要根据雅虎的业绩评估它的股票了，公司内部士气萎靡。雅虎的表现并没有比之前好很多。苹果排名前一百的应用程序雅虎一款也没有。第四季度的收入也快公布了，预计会达到 12.7 亿美元，低于上一年同期的 13.4 亿美元。

匿名提问的那天晚上，玛丽莎·梅耶尔知道她没能很好地解释自己的意图。那真的很痛苦。很艰难。她不确定通过朗读《鲍比手里有五分钱》，她想表达的意思有没有表达清楚。她意识到自己非常喜欢在雅虎工作，担心自己疏远了那些在她加入的时候表示了最热烈欢迎的人。

她要做什么才能弥补？

# 第十三章 重整旗鼓

除了四季酒店的顶层公寓，玛丽莎·梅耶尔和家人在北帕洛阿尔托一个绿树成荫的小区里还有一套房子。这个小区离斯坦福大学很近，只有几步路的距离，梅耶尔以前在谷歌工作的时候，经常在周末去斯坦福大学玩轮滑。有人将这片区域称为“教授小镇”。这里看起来跟典型的美国郊区没什么两样，只不过车道上开过的多是特斯拉而不是小型货车。

不同于纽约那些富有的金融家，后者喜欢在格林威治建巨型豪宅；也不像洛杉矶的娱乐大亨，他们住在山上装着玻璃移门的房子里；硅谷的技术精英们试图购买诺曼·洛克威尔画作中的那种生活。他们会花500万美元购买装着白色尖桩篱笆的乡间别墅，门前是人行道，有独立的小车库。

这个行业里那些真正的大赢家，比如梅耶尔、谷歌的拉里·佩奇和脸书的马克·扎克伯格，通常会将自己家周围的房子也买下来，就为了让周围优美的环境得以维持。

梅耶尔对“教授小镇”那种中西部的感觉情有独钟，也尽己所能地对社区作贡献。每年6月过生日的时候，她都会组织盛大的夏日野餐，每年10月，梅耶尔会为邻居们办一场南瓜雕刻大赛。有一次，她将自己名下的一所相邻的房子改造成鬼屋让孩子们玩。万圣节,她和丈夫为所有玩“不招待就使坏”的小孩打开房门,分发大糖果。孩子们都知道这个,他们排起长长的队伍,持续数小时。梅耶尔会亲自照料每一个小吃货。

梅耶尔的所有这些游戏,跟她的圣诞节派对比起来都会黯然失色。这永远是她在一年中最下功夫准备的活动。

2013 年,派对的主题是“圣诞节法兰绒”——最好是睡衣。邻居、朋友和同事,大约 200 人参加了这场派对。

客人们抵达之后,首先映入眼帘的是梅耶尔家前院草坪上覆盖着的皑皑白雪,真的雪。帕洛阿尔托的气温很少降到 40 华氏度以下,所以这很不寻常。梅耶尔家的雪是从别处运来的。

屋里面挂着一个巨大的枝形吊灯,圣诞节装饰用的小玩意儿在光中摇摆闪烁。楼下,地下室家庭影院里循环播放着圣诞节电影,影院的天花板上小小的射灯就像星星一样,偶尔还会有一盏将灯光扫射过整个房间。

后院里,梅耶尔弄了一些烧烤坑,火堆旁摆放着长沙发,还有棉花糖小点心。

然后,院子里的溜冰场将节日气氛推至高潮。溜冰场大到在上面举行冰球比赛都没问题。

梅耶尔还租了一辆小型的赞博尼冰面修整车,以备在需要时抛光冰面。派对进行了一阵以后,时间到了:因为滑冰,冰面上留下了很多环形的划痕。其他举办这类活动的主人可能会让某个雇工开着赞博尼修整冰面。梅耶尔却不。

她穿着法兰绒睡衣从屋里出来,爬上赞博尼,在冰面上来来回回地开。

这样的景象非常好笑令人愉快。要是其他主人开着这种看起来很好玩的赞博尼,可能会一边笑一边向客人们挥手致意。梅耶尔却不。

她非常严肃地坐在这台大机器上面,专心致志地对付下面的冰。她希望将冰面的每一台角落都修整平滑。她会亲自完成这项工作,并且会做得非常出色。

进入2014年，梅耶尔开始反思自己在雅虎这一年半的工作。

她以强劲的势头开始。她重塑了企业文化。“请您知悉沟通会”增加了管理和决策的透明度。免费的食品和手机振奋了士气。禁止在家上班的政策提高了生产力。雅虎改良了整个产品阵容，甚至还斩获了苹果设计奖。梅耶尔聘用了一支让她倍感自豪的团队。她收购了汤博乐。她避免了大规模裁员。她把丹·勒布踢出了董事会。看起来，她好像不费吹灰之力就能让公司状态良好，以应对2014年9月阿里巴巴公开上市以后的重新审查。

但是之后，困难出现了。因为“季度绩效评估”这个烂摊子，员工们的士气又一次遭到打击。亨里克·德卡斯特罗不但没有卖出广告，也没做什么其他有用的事情。营业收入没有增长。尽管她前期看起来很自信，搜索市场份额却在快速缩减。雅虎没有什么新的拳头产品。梅耶尔对雅虎媒体业务的大小和规模没有认识清楚。雅虎邮箱也崩溃了。

取得了一些前期成绩之后，梅耶尔不得不承认，现在她要面对失败了。

不过，不要紧，梅耶尔想。

失败是好事，她提醒自己。

失败是好事，前提是你能快速认识到自己的失败，纠正错误，吸取教训，重整旗鼓继续前进。

梅耶尔认为，有一件事情不需要纠正，那就是她管理雅虎的风格——事无巨细、设置瓶颈，有的人还觉得她专制独裁。

就像圣诞派对上，梅耶尔不可能让其他任何人爬上那辆赞博尼修整冰面一样，她也不是那种愿意远距离管理自己公司的首席执行官。

如果说有什么需要纠正，梅耶尔认为，那就是她应该更加密切地参与到行动中。时间不等人，距离阿里巴巴公开上市只剩九个月了。

还说那个冬天的事情，一天，梅耶尔走进了A栋大楼三层的一间会议室。在那里，二十来个工程师为了解决邮箱崩溃的问题，已经不眠不休地工作了好几天。是时候彻底解决这个问题了。梅耶尔到达之后，工程师们吓了一跳，因为高管从来不会到这种地方来。

梅耶尔的外在形象和这群工程师们相比，简直有天壤之别。她穿着亮丽、昂贵的开衫，头发和妆容一丝不苟。工程师们都穿着夹趾拖鞋，因为连续四十八个小时不停歇地工作，浑身都散发着臭烘烘的气味。不过，梅耶尔看起来并没注意到这一点。她跟团队成员们说，根据以往的经验，她知道他们现在所做的事情极其重要，并且很不容易。然后又说，她是来倾听他们的诉求的。

工程师们很郁闷，并且向她表达了这种郁闷。他们说，这个问题本来完全可以避免，雅虎的新版邮箱推出得太仓促了，忽视了核心的架构问题。梅耶尔认可他们所说的，并表示雅虎会在邮箱板块投入更多资金。

几周之后，梅耶尔将那天会议室里的负责人升为产品经理。她告诉他：邮箱的失败我不会归咎于你。我们做得太快了。让我们将这个快节奏保持下去吧。

梅耶尔从自己的办公室里搬出来，搬进了一个小隔间，就像从司令部搬到了战壕里，这样梅耶尔就可以做一个战地指挥员了。

后来，梅耶尔纠正了她在雅虎犯下的最大错误。

1月初，亨里克·德卡斯特罗突然从常规会议中销声匿迹了。也不再主持召开本部门的常规电话会议。人们被告知，他生病了。

1月15日，雅虎宣布，德卡斯特罗将在第二天离开公司，在给证券交易委员会的备案文件中，雅虎说，德卡斯特罗将会收到他的聘书中所保证的离职补偿。

核实了聘书之后，高管薪酬调查公司伊奎拉公司估计，德卡斯特罗十五个月的补偿金总额为1.9亿美元。

在2014年1月31日的“请您知悉沟通会”上，梅耶尔对她辞掉德卡斯特罗的原因作出了解释。

“那天晚上，我们发现亨里克不适合这个岗位。做这个决定并不轻松。

“当发现有人不适合自己的岗位时，可以做两件事情：让他换岗试试看，也许他会取得巨大的成功，或者让他走人。

“对亨里克，我们两条路都尝试了。几个月内，我们数度调整他的岗位，却逐渐发现非辞掉他不可。这些调整最终都没能奏效，我们只好与他分道扬镳。这不是一个预料之内的决定，也不是一个可以轻松作出的决定。”

梅耶尔试图解释，德卡斯特罗的补偿金之所以这么高，是因为当初从谷歌将他挖过来的时候，雅虎要补偿他离开谷歌的损失。但是这个天文数字仍然让雅虎员工们震惊不已。这也可以看出，梅耶尔当时多么迫切地想将德卡斯特罗招进雅虎——结果发现，这简直是大错而特错。

梅耶尔在解雇事件上承受了巨大的压力——这些压力源于公司内部、董事会还有媒体。

但是她知道要解雇德卡斯特罗并接受批评，是非常勇敢、非常正确的一件事情。没有经过适当的审查就聘用了德卡斯特罗是一个错误——很大的错误。梅耶尔迅速纠正了这个错误并继续前进。她很快重整旗鼓，从失败中恢复了过来。

解雇了德卡斯特罗之后，首席营收官和雅虎媒体业务的正式主管两个职位都空了出来。她正式任命凯茜·萨维特来担任雅虎媒体和编辑业务主管一职，解决了其中一个空位。梅耶尔完全信任萨维特的直觉，她知道什么是好的、高端的媒体品牌。她们两个人继续勇往直前地实施她们的数字杂志战略。

梅耶尔通过两个方法解决了首席营收官缺席的问题。她新聘用了一位美洲区主管奈德·布罗迪,布罗迪为她承担了很多工作。另外,如果梅耶尔必须跟1000多名雅虎广告客户见面才能让雅虎2014年的收入有所增长的话,那么她就去见面。她的日程已经安排得满满的了。再多加几次会议又能有什么损害呢?

对自己做雅虎首席执行官早期所做的一个决定,梅耶尔仍然感到很满意:让亚当·卡汉负责雅虎正不断增加的移动端开发人员。如今,每个月有4亿人通过移动设备访问雅虎。2012年11月,这个数字为1.5亿。梅耶尔将这种增长归功于卡汉。她认为,卡汉经历了一个生死存亡的关键时刻,并安然度过。在1月的消费类电子产品展销会上,梅耶尔做主题演讲的时候,卡汉是仅有的几个被她带上台的高管之一。

2014年3月,玛丽莎·梅耶尔宣布,几周之后她会再跟雅虎员工们进行一次匿名问答。

还是一样,员工们希望梅耶尔能解答一些关于雅虎"季度绩效评估"体系的问题。

梅耶尔决定,这次用不同的方式来处理这些问题,用不同的方式召开这次会议。

4月中旬,她走上挂着紫色幕布的"网址"餐厅演讲台,跟数千名注视着她的雅虎员工说,他们非常幸运,因为她愿意接受员工的匿名提问并公开回答这些问题。她说,其他首席执行官都觉得这样的举动很疯狂。

之后,梅耶尔说,问题并不是出在她的考评体系上,而是出在占雅虎员工五分之一的经理们身上,他们并不理解这套体系是怎样运作的,他们给每个人都带来了伤害。

梅耶尔说,她不会逐一回答这些问题,她做了几页幻灯片跟大家展示一下"季度绩效评估"体系是如何运作的。

她讲了起来。

玛丽莎·梅耶尔就像一个超级英雄一样来到雅虎。虽然身上并没有披着斗篷，但脚下却有紫色的地毯铺路。

假如这是一个超级英雄的故事，那么结局就很清晰了：虽然会遇到一些挫折，但梅耶尔最终肯定能够扭转局面，转危为安。

但这不是一个超级英雄的故事，随着阿里巴巴9月公开上市的临近，梅耶尔是否能够拯救雅虎于危难还说不准。

2014年的春夏对梅耶尔来说非常艰难。

2014年4月底，开局还不错，那时候梅耶尔主持了雅虎2014年的“新前沿”活动。这一次，她做了精心准备，身着一袭设计师礼服，做了一个简洁明快的陈述。那天展示的所有项目都经过了梅耶尔的亲自批准。

不过数字杂志策略仍然不奏效。5月，由身价昂贵的《纽约时报》元老戴维·波格主编的雅虎科技只有区区900万访问者——在同行中排名第七。远远落后于竞争对手科技资讯网和“小发明”网(Gizmodo)。雅虎科技频道有时候连续几周都没有一个广告。雅虎美食的市场排名是第十二位。

凯蒂·科丽克也很不满。她已经采访了好几位全国瞩目的人物了，比如前国防部长罗伯特·盖茨。不知道什么原因，这些视频根本无法吸引雅虎用户。科丽克抱怨说，雅虎没有很好地突出她的采访视频。她有点想回去做电视节目了。

雅虎的搜索市场份额也在持续缩减。截至2014年8月，市场占有率一直在10%左右徘徊——梅耶尔曾经放言只要进行“简单明了的改进”，就能轻而易举地达到20%，这才只有一半。

营业收入也没有任何增长。梅耶尔的计划是，出售一种新的广告，应用程序中的流媒体广告，并且她要亲自和雅虎的客户们建立关系。

问题是，流媒体广告业务虽然在增长，但仍然很弱小，而梅耶尔在建立关系方面步履维艰。

梅耶尔在戛纳广告节上的表现也没有给自己加分。

梅耶尔面对全场买家做了一个主题发言。她过分推销雅虎广告的做法,让大家感觉很不好。她照着提词器读了一篇索然无味的公司情况介绍。在戛纳,这样的发言简直错得一塌糊涂,这本来应该是一个高管们凑在一起讲讲故事、分享各自愿景的场合。梅耶尔还站在台上的时候,代理商的高管们就开始在推特上发帖抱怨了。

在这次旅程中,梅耶尔还见了马丁·索瑞尔爵士——广告巨鳄 WPP 的首席执行官。这是一次非正式会面。因为周围没有摄像机,索瑞尔毫不客气地诘问梅耶尔,为什么她不回复客户的电子邮件。梅耶尔回答说,每一封邮件她都回复了。索瑞尔说,梅耶尔根本没有回复过他的邮件,而脸书的首席运营官谢丽尔·桑德伯格从来不会不回信,他认为梅耶尔的冷淡态度是在针对他。

梅耶尔在戛纳广告节期间,最后有一项活动是跟广告代理互众集团(IPG)的高管们共进晚餐。时间安排在 8 点 30 分——这个时间对互众集团的首席执行官迈克尔·罗斯来说不是很方便,但是他重新安排了日程,以确保准时参加。梅耶尔直到 10 点才露面。火冒三丈的罗斯在她进门的时候拂袖而去。她解释说,自己睡过头了。

整个夏天,梅耶尔不断与主管招聘专员们联系,试图找到一个可以代替德卡斯特罗的广告销售主管。迄今为止,招聘工作进展缓慢。好像梅耶尔在工作中不好相处的名声已经传开了。

5 月,苹果再一次授予雅虎最佳设计奖——这一次是雅虎新闻摘要。这很好,但是随后苹果给了雅虎一记沉重的打击。苹果手机的默认天气应用程序不再是雅虎旗下的产品,而改成了天气频道的品牌。苹果的这个举动立马就让雅虎每个月减少了数以千万的移动端访问量。

在 6 月的一次“请您知悉沟通会”上,亚当·卡汉说,当他得知这个消息时，他和负责雅虎与苹果关系的团队进行了“深入探究”，后来发现自己“说实话，对雅虎有一点点失望”。听起来，他是在推卸责任——再一次，他不遗余力地在梅耶尔面前展示自己的光辉形象，即使要弃他的团队于不顾也在所不惜。

在进入雅虎的头两年，玛丽莎·梅耶尔有能力完成的一件事情是重建公司与马云、蔡崇信和阿里巴巴的关系。方法是将杰基·雷瑟斯派到阿里巴巴的董事会做雅虎代表。雷瑟斯明白阿里巴巴对雅虎的价值，所以她用一种全然不同的态度对待马云和蔡崇信。

所以，2014 年夏天结束的时候，阿里巴巴即将公开上市，梅耶尔面临着一个抉择。

她可以按照蒂姆·莫尔斯的协议中最初制订的计划，在阿里巴巴公开上市的时候，卖掉一半雅虎剩余股份。这是一个信号：梅耶尔相信，如果她将取得的这 120 亿美元左右的收入投入到她计划复兴的雅虎核心业务中，雅虎股票就可以更快地增长。

或者，她也可以在阿里巴巴上市的时候，少抛售一些股份。这会发出这样的信号：梅耶尔认为，将雅虎股票更少地与雅虎核心业务而更多地与阿里巴巴的增长绑定的话，股票将更快地增长。这意味着，她不认为雅虎已经做好从阿里巴巴在这两年为其提供的庇护中走出来的准备。

梅耶尔选择了第二个方案。

7 月 15 日，雅虎发布了惨淡的第二季度财报。营业收入为 10.4 亿美元，比去年同期下降了 3%。近十年来，收入从没这么低过——从 2004 年 9 月算起，那时雅虎还没有从特里·塞梅尔的“教父计划”中赢利。

在一次审查财报的电话会议中，梅耶尔宣布，在阿里巴巴 9 月份公开上市的时候，雅虎只卖出 1.4 亿股，而在原本的协议中，约定的数量是 2.615 亿股。她将用一半的收入来回购雅虎的股份。

本质上,梅耶尔选择了押宝阿里巴巴——为自己赢取更多的时间。她知道,拯救雅虎的战斗远未结束。

# 后记 你将如何解决像玛丽莎这样的问题？

2014年5月底的一天，丹·勒布走进波士顿的威斯汀·科普利广场酒店，参加摩根大通投资人大会。在酒店洞穴状的美洲舞厅里，西装革履的高管们围坐在大圆桌旁等待演出开始。其中，勒布看到了一个自己认识的人。

那是杨致远。坐在他身边的是蔡崇信和马云。

自从2011年秋天的那通电话被罗伊·博斯托克挂断了之后，勒布就再也没有跟杨致远有过任何交流。

从来不知道羞涩为何物的勒布走到了杨致远身边。他们跟他打招呼之后，勒布竟然坐下来。事情已经过去很久了，坐在一起也没有什么不自在。

后来，杨致远对勒布拯救雅虎的举动——让玛丽莎·梅耶尔成为首席执行官——表示了感谢。

勒布此时颇为自豪，与几个月前戴维·费罗跟他说同样的话时感觉是一样的。

这一刻是勒布应得的。如果说，这整件事有全胜赢家的话，那非他莫属。勒布在与雅虎的这笔生意中为自己的投资人赚到了10亿美元。他离开的时候,雅虎比他刚见到时好得多,因为他免掉了罗伊·博斯托克的董事长一职。

不过,雅虎已经得到了拯救吗?

在2014年9月中旬阿里巴巴举行首次公开募股的时候,答案仍然是“没有”。

营业收入不但没有增长,反而在缩减。因此,市场对雅虎核心业务的估值仍然是负的。

当前最关键的问题在于:玛丽莎·梅耶尔有能力拯救雅虎吗?

也许没有任何人——无论多有本事——可以拯救雅虎。

如果玛丽莎·梅耶尔拯救雅虎之战失败的话,那她也不是第一个有这种遭遇的非凡人物。

二十多岁的时候,杰夫·马雷特卖掉了一家公司,然后接手了一个热门网站,将之打造成了价值1280亿美元的国际化公司,营收数十亿,员工数千名。

特里·塞梅尔离开华纳兄弟之后,本来可以在好莱坞的任何一个地方找份工作。1999年7月,他在曼恩的中国剧院门前的人行道上留下了自己的手印。他加盟了雅虎,将一家价值50亿美元的公司塑造成了价值500亿美元的企业。

杨致远凭借想象创造了雅虎。在雅虎仅有40亿美元的时候,他向一家叫“阿里巴巴”的名不见经传的中国创业公司投资了10亿美元。

苏·德克尔曾是她所在行业的顶级分析师,是华尔街最值得信任的首席财务官之一。沃伦·巴菲特都要向她寻求建议。

卡罗尔·巴茨在威斯康星州的一个农场长大,父母双亡。她在一个沙文主义、男性占主导地位的世界中,管理着一个大型销售部门。后来,她接管了四处扩张的欧特克,赶走了它广受拥戴的创始人,将它打造成了一台快速增长的机器。

这些人都曾是雅虎的先驱，他们都失败了。

梅耶尔也有这个可能。

最终，雅虎要忍受这样一个事实：最开始的时候，它之所以能够成功，是因为它解决了一个仅仅持续了很短时间的全球性问题。早期的互联网非常难用，而雅虎解决了这个问题。曾几何时，雅虎就是互联网的代名词。后来，互联网业涌入了大量资金，应对层出不穷的问题，也有了极多的解决方案，雅虎便不再被需要了。从那以后，公司还没有找到新的目标——只有它能做而别人都不能做的事情。

2012 年，梅耶尔试图让雅虎“重掌未来”，重获初心。她认为，早期的移动网络也很难用，而雅虎可以有所作为。

但是苹果用 iPhone、谷歌用安卓，分别解决了这个问题。就像 20 世纪 90 年代后期，人们会登陆雅虎的主页了解新的产品和服务一样，2012 年，移动用户已经习惯在智能手机和应用程序商店中寻找答案。这种情况从 2008 年就开始了，如果不是更早的话。

另外，在 20 世纪 90 年代，雅虎能够开发出那么多用户喜闻乐见的网络产品，并且比竞争对手们快得多，是因为杰夫·马雷特掌握了点击搜索的窍门——跟随用户点击过的主题目录路径。雅虎已经失去了在竞争中的这种巨大优势。

玛丽莎·梅耶尔没能招募到有才能的高管，这也让雅虎深受其害。很多时候，人们在雅虎坐上高位并不是因为梅耶尔找到了他们，而是因为他们找梅耶尔做了自我推销。她的三位最为重要的雇员——首席财务官肯·戈德曼、首席运营官亨里克·德卡斯特罗和首席营销官凯茜·萨维特，都是这样进入雅虎的。亚当·卡汉也不是梅耶尔发掘的，而是迈克尔·沃尔夫推荐给她的。

由于在人才招募方面的欠缺，她得做两件雅虎董事会明确不需要她做的事情。马克·安德里森曾告诉迈克尔·沃尔夫,雅虎需要的是一位能够创新产品的"产品"首席执行官,梅耶尔现在做的是媒体主管的工作——这份工作由罗斯·莱文索恩来做更加合适。同样,梅耶尔没有能力,或者说没有意愿寻找一位替代亨里克·德卡斯特罗的人。在谷歌工作的十年,她几乎完全无视广告业务,而现在,雅虎的命运就取决于她对这个行业的理解。因为要做这两项工作,梅耶尔便无法开展她最擅长的工作:开发产品。

梅耶尔在高管人才招募方面能力欠缺,可能跟她的人际沟通困难有些关系。她身家6亿美元,是全球最著名的企业高管之一,但除了几个信任的少年知己,跟其他人交流时,梅耶尔仍然是一副非常害羞的样子。

即便如此,玛丽莎·梅耶尔手下的雅虎还是有希望的。汤博乐正在成长壮大。虽然汤博乐的用户基数小于脸书或推特,但它的用户们在这个产品上花费的时间更长。

雅虎的移动用户比以前多了——2014年第一季度达到了4.3亿,比之前一年增长了30%。如果广告商们采用雅虎的流媒体广告,那么增长速度有可能快过桌面广告营收的缩减速度。

如果梅耶尔能履行完与微软之间的搜索协议,那么她就可以与谷歌签订一份新协议了。这会马上给雅虎带来10亿美元的收入。

当阿里巴巴在9月19日最终举行首次公开募股的时候,它一天之内卖掉了价值220亿美元的股票,几乎有100亿美元直接进了雅虎的银行账户。梅耶尔作出保证,将其中的一半返还股东,或许她会用剩下的钱收购一些能帮助雅虎增加收入的公司。

梅耶尔手下的雅虎仍然有可能发布一款像iPod——在史蒂夫·乔布斯回到苹果的第五个年头才问世——一样具有革命性的产品。她仍然是一名首席执行官,身边的电脑随时可以编码。她的技术才能和极高的自信,让她能快速作出决定。如果她能不断从失败中吸取教训,那么雅虎很可能会再次闪亮登场。

费罗和杨致远感谢勒布拯救了雅虎，也许他们所感谢的，并不是他帮雅虎摆脱财务方面的困境。也许他们的意思是，梅耶尔给这个地方带来了一种十年未见——从杰夫·马雷特在苏黎世下了飞机以来——的生命力。

2014年8月1日，梅耶尔宣布：举办了两年的“请您知悉沟通会”之后，“网址”餐厅要重新装修了，以后会议每周开一次。“网址”餐厅拥有了一个全新的、永久的讲台，还安装了一块巨大的屏幕。咖啡厅四周的大柱子挂上了新的电视机。

然后，梅耶尔讲了一段话。

> 这一周，我和几个不同的团体参加了几次市政厅会议，很有意思，大家问的问题让我想起了以前的很多事情。
>
> 大家都知道，我在雅虎大概待了两年，过去几周，在这些全员大会上，大家提出的问题是：我们该怎样探索移动端业务？我们走得够远吗？等等。
>
> 思考这些事情，我觉得非常有意思。
>
> 我讲了我刚来雅虎的时候经历的一件事。有人告诉我说，我们有一个获奖的移动端应用程序，我们应该倾整个公司之力做好它，这个应用程序是雅虎轴心。的确，这是一个非常好，并且很优美的应用程序。
>
> 但是，当我更深入了解这个程序时，我发现，它的下载量大概有1.2万次。我们还有一款很美的应用程序，叫做“时光旅人”，非常好的程序，拥有700个用户。
>
> 今天，我们的移动业务部门大概有600人。我们拥有很多款每

天有数百万使用者的应用程序，其中几款程序的用户达到了几千万。我们还有三款程序进了苹果应用排行榜的前一百位——雅虎邮箱、雅虎和汤博乐。曾经前一百位根本没有我们的一席之地。

不过这个故事真正的启迪是，我了解到了雅虎的一个特质，我认为这个特质非常令人惊叹：一旦我们下定决心做什么事情，我们就能绝不含糊地完成。

我们决定做好移动业务——投入更多的人力、聘用合适的人、开发合适的产品。我们做到了。

作为一个公司，我们下定了决心，就会去做，并且非常、非常迅速地做。

2014年7月22日，正和家人在乔治亚州的海洋岛上度假的埃里克·杰克逊，收到了一位雅虎大股东发给他的邮件。

前一天，杰克逊在《福布斯》上发布了一篇专栏文章，文章称雅虎将成为对苹果、脸书、微软和谷歌非常具有吸引力的收购对象。这一次，杰克逊的论点仍然是基于分项加总估值作出的。

他的观点是：虽然雅虎现在的市值是330亿美元——是梅耶尔两年前掌管公司时的将近两倍——但是，如果扣掉雅虎亚洲资产的价值，市场实际上对雅虎的估值是负40亿美元！现在收购雅虎，基本上等于免费得到了它的核心业务。

经过几轮邮件往来之后，雅虎的这位股东告诉杰克逊，他的这个提法非常正确，不过他应该考虑另一个方案：雅虎应该谋求被孙正义的软银集团或阿里巴巴收购，这样的结果对于雅虎来说是更好的。与其他收购方不同的是，如果这两家公司中的一家收购了雅虎，就能卖掉大部分雅虎的亚洲资产，而免于支付税金——因为它可以以亏损的价格重新购入自家的股票。这位大股东暗示杰克逊，节税额可以达到180亿美元左右。

杰克逊理解背后的逻辑。不过他还希望搞清楚一件事情。如果软银或阿里巴巴收购雅虎，这在很大程度上意味着玛丽莎·梅耶尔时代的终结。至少，这意味着雅虎现在的股东们将无法从她的工作所带来的未来发展中受益。

杰克逊问道："才过了两年，你就已经完全对她失去信心了吗？"

这位大股东说"是的"，他已经失去了信心。

这位大股东说，根据他的调查，梅耶尔在广告商、雅虎员工和雅虎投资人之中都已经信誉扫地。

这位大股东提到了雅虎最近一个季度的业绩。在雅虎工作了两年之后，梅耶尔在7月15日的报告中说，雅虎2014年第二季度的营收缩减了。她浪费了这两年里阿里巴巴的巨额增长，还有雅虎股价随后的膨胀所带来的红利。她耗费13亿美元，收购了36家公司，没有一家为雅虎的收入带来增长。她在缩减公司人员方面也是失败的。她在亨里克·德卡斯特罗身上花费了1.09亿美元。她现在正试图亲自领导销售团队，显而易见，这也失败了。

这位大股东希望杰克逊帮助其他雅虎股东们了解谋求阿里巴巴或软银的收购所能产生的节税额。他希望杰克逊清楚地说明，接受这样的交易远远比在梅耶尔使雅虎重新增长的能力上下注更好。

最终，这位股东希望借助杰克逊的力量解雇玛丽莎·梅耶尔——如果这是将雅虎卖与软银或阿里巴巴、以一种节税的方式来"解锁"其亚洲资产价值的必要代价的话。

埃里克·杰克逊仔细考虑了这位股东的论点。

杰克逊曾是玛丽莎·梅耶尔早期的、积极的支持者。当卡拉·斯维舍和另一位科技行业的评论员，萨拉·莱西，在2012年9月对梅耶尔的计划横加批评的时候，杰克逊在《福布斯》写了一篇专栏文章，标题是《给"超人"一个在雅虎施展的机会》。

但是两年过去了,营收仍然没有增长,杰克逊已经受够了。尤其令他不爽的是,他听说阿里巴巴在初秋上市之后,梅耶尔计划仅将雅虎数十亿美元收入的一半用于股东回购。她打算将剩下的用于雅虎核心业务。杰克逊不放心由她来支配这笔钱。

7月23日,杰克逊在《福布斯》上发表了另外一篇专栏文章。在文章里,他概述了那位股东的观点:阿里巴巴或软银应该收购雅虎,将大约180亿美元的节税额的一部分返还雅虎股东。

这篇专栏文章在投资界引起了轩然大波,就在文章发表后的第二天,杰克逊通过电话回复了数位雅虎大股东的疑问,其中包括大型公募基金和对冲基金公司的管理者。

杰克逊意识到这样的想法——将雅虎卖给阿里巴巴或软银,比让它继续在玛丽莎·梅耶尔手下经营更好——可不仅仅是一篇博客帖子的素材,而是发动一场激进的投资人行动的完美主题。就像几年以前,由他主导的2011年让特里·塞梅尔下台,2012年让玛丽莎·梅耶尔就任的那两次行动一样。

杰克逊细想之下发现,这些年来他研究过的那些最棒的投资人行动,不仅仅提出了替代途径,给股东们创造了更多价值,并且都有着明确的理由:运动的目标公司都是由傻瓜经营管理的。

7月29日,杰克逊又写了一篇专栏。

标题是《你将如何解决像玛丽莎这样的问题?》

在这篇文章中,杰克逊向梅耶尔发难,批评她让公司变得过度膨胀,聘用了德卡斯特罗,并且浪费数十亿美元收购了一些对营收增长无益的企业。他说,雅虎的移动用户增多根本不值得夸耀。"你很难找到一个这样的首席执行官:在2012年年中雅虎每月拥有8亿桌面用户的时候,坐上第一把交椅,在两年之后,却不能将这些用户的一半转变成移动用户。这就是我们现在生活于其中的移动世界。"

再一次，杰克逊弄得声势浩大，并从华尔街得到了令人鼓舞的反馈。

他决定实现这场针对雅虎的维权运动。

他自己的基金公司没有主导这场行动的资金实力。于是，他草拟了一份可能接手这一事业的维权投资人名单。丹·勒布本来是最佳人选，但是他和雅虎的协议禁止他在2018年以前针对这家公司开展活动。杰克逊也考虑了华尔街其他大投资人——比如阿克曼和伊坎这样大名鼎鼎的人物。靠近名单顶端的一个人是斯塔博德价值基金公司的杰弗里·史密斯，史密斯在2011年和2012年针对美国在线主导了一场成功的维权投资人行动，杰克逊认为，史密斯可以快速了解雅虎业务的情况，因为跟美国在线的业务非常相似。

还在家庭度假期间，杰克逊用他彭博的终端账户，找到了史密斯的电子邮箱地址，联系了他。

几个小时以后，杰克逊就已经跟史密斯和斯塔博德价值投资基金公司的几个经理在电话中谈上了。杰克逊说明了自己的意图。他提到了雅虎出售给阿里巴巴或软银能够得到的节税额。他猛烈抨击了梅耶尔。史密斯谈得不多。他的副手们也只问了几个基础问题。

在之后的几天里，斯塔博德级别较低的那几个人发出了几封跟进邮件。他们要了阿里巴巴副总裁蔡崇信的电子邮箱地址。杰克逊给了他们。

在接下来的几周，一直没有什么联系。事情好像黄了。

后来，2014年9月19日，阿里巴巴在纽约证券交易所顺利上市。股价激增了38%——从每股68美元增长到当日收盘价每股93.80美元。

两年以来，一些雅虎股东的希望就是，当阿里巴巴的股价在其首次公开募股中飙升的时候，雅虎的股价也跟着飙升。理论上是这样的，雅虎的核心业务具有一定的价值，这部分价值已经固定到其股票价格之中了。因此，理论上来说，当阿里巴巴的股价增长的时候，雅虎的股价也会增长。

当时的情况并非如此。当时的情况是，当阿里巴巴的股价增长的时候,雅虎的股价只是保持稳定。然后就开始下跌,当天就跌了5%。基本上,雅虎核心业务的市场价值崩溃了。

不妨将雅虎的总价值想象成一张饼图。在9月19日那一天,饼的尺寸没有增大,实际上还缩小了。与此同时,因为阿里巴巴的股票价格增长,在饼图中代表雅虎4.01亿剩余阿里巴巴股份的扇形在那一天变大了。由于整张饼没有增大,那剩余的那些扇形就被压缩得更小了——其中包括代表雅虎核心业务的那一块。

现实是:尽管对玛丽莎·梅耶尔入职雅虎充满希望,尽管她在重塑企业文化方面取得了进展,市场仍然认为,该公司的价值为负。

一周之后,2014年9月26日,杰弗里·史密斯采取行动了。

在一封致玛丽莎·梅耶尔的公开信中,史密斯指出,梅耶尔在她头两年中,没能成功降低雅虎的成本,并且在对增长营收无益的收购中浪费了太多钱。他说,雅虎持有的阿里巴巴剩余股票的价值,现如今已经比雅虎整个企业的价值都高了,公司最明智的做法就是用一种节税的方式,将雅虎与这些资产剥离开来,并将收益返还给股东。他说雅虎做成这件事情最好的方式是谋求与美国在线合并,即便这意味着雅虎将不再是一家独立的公司。

"我们相信,董事会和管理层会为广大股东作出正确的抉择,即便这可能意味着要接受被美国在线兼并,这应该是最佳并且节税额最高的方案。"

在邮件的结尾,史密斯这样说:"我们希望并期待管理团队和董事会执行这封邮件中的提议。"

在这些内容之后,是所有维权投资人行动中都会用到的含蓄威胁:按照指示来做,否则我们会找一个愿意这样做的人来接手。

战争已经打响了。

# 资料来源说明

本书主要根据第一手报道写成。报道包括了对一百多个亲身经历了本书所写事件的知情人的采访。我也得到了很多雅虎的内部文件。

从 2006 年起,我就作为一个专线记者报道过谷歌、雅虎和玛丽莎·梅耶尔。2012 年 10 月,我开始专门报道这个故事。从那时起,我多次去往加利福尼亚,跟故事的知情人们见面。2014 年 4 月,我在加利福尼亚的帕洛阿尔托住了两周,跟那些在工作中或社交生活中认识玛丽莎·梅耶尔的人见面。

这本书主要依靠匿名消息源写成。在此我想做些解释。

当我刚着手实施这个计划的时候,我联系了雅虎和玛丽莎·梅耶尔,寻求他们的合作。历经几个月,发出了多封邮件之后,我被告知他们不会参与。他们确实没有。我不断尝试通过邮件和电话联系来改变这种状况。关于本书,雅虎公共关系部最后一次回应是在我询问雅虎是否愿意帮我核实书中事实的时候。雅虎公共关系部门告诉我:“我们不打算参与该书,包括事实核对。”最后,我完成初稿,发过去请他们审查一下书中的内容,礼节性地看一看也行。但我从未收到过回复。

不仅雅虎公共关系部门和梅耶尔不参与,我找的每一位雅虎员工、前雅虎员工、私人朋友、前同事、现同事以及倾慕者，对于本书都不愿多谈。

我之所以使用匿名消息源，是因为我希望，那些为我提供消息的人可以不带偏见（无论是哪种偏见）地告诉我关于雅虎和玛丽莎·梅耶尔的事实。在硅谷，梅耶尔是一个很有权势的人，而雅虎也是一家很有势力的公司。很多知情人愿意跟我谈的前提是，决不能让梅耶尔和雅虎知道他们做了这件事情。很多给我提供档案和愿意接受我采访的知情人，都冒着毁掉自己在雅虎、谷歌和整个互联网行业职业生涯的风险。

因此，为了保护这些人，并用一种娓娓道来的叙事方式讲述这个故事，我没有说出这本书中的事实——包括一些想法和对话——的消息来源是谁。我也没有指出很多公开发布、记录在案的消息源，因为我不希望有人用排除法找到其他人。

我想提醒读者们，不能因为我写到了某个人的想法，就假定这个人是直接消息源。人们经常会跟自己生活中的很多人分享关于某个关键时刻的想法——有时候也会跟其他记者，或在大庭广众之下，或在电视镜头前分享这些想法。

书中带引号的对话，都是很谨慎地根据采访、录音文件、之前的报道写下的。没带引号的对话，可以看成是对当时真实对话的改述。

如果没有其他作者和记者们多年的工作，本书的情节不会如此细致。我在后面的参考文献中按章节列出了本书参考的一些报道。我从凯伦·安吉尔、卡拉·斯维舍、帕特丽夏·塞勒斯和斯蒂文·利维的作品中受惠尤多。

# 致　谢

我想感谢的帮我完成本书的人实在太多了,生怕会漏掉其中的一两位。

出于很多原因,我特别感谢我的父母。我各说一个原因吧。感谢我的父亲马克·卡尔森,因为他多年训练我踢足球,每次比赛结束后,我们都会坐在车里讨论。无论是赢是输,很清楚的一点是,他爱我并且支持我。这让我在这个世界中非常有安全感,并且可以自由自在地冒险。如果没有这样的感觉,我不确定自己是否会尝试写一本书,也不确定是否会从事写作。

在我还是个孩子的时候,我的母亲狄米蒂·卡尔森每天都会在我和兄弟们上学之前读故事给我们听。我坐在那儿,被王国兴衰的故事吸引。感谢她将自己对故事的爱与我分享。

如果没有我这样的人所能想象的最好的雇主——《商业内幕》——的大力支持,我也写不出这本书。《商业内幕》有两位非常了不起的管理者,亨利·布拉吉和朱莉·汉森。感谢他们为我提供的各种机会。

如果不是一位叫埃里克·尼尔森的代理在推特上找到我,说我当时正在写的玛丽莎·梅耶尔的故事可能会广受欢迎,我也不会写这本书。埃里克以前是一名编辑,他在整个过程中为我提供了很多帮助。

感谢安娜·贾尔斯教我五段论文章的写法；感谢辛西娅·路易斯教我怎样校订；感谢道格拉斯·格洛弗教给我叙述性结构是很自然的东西。

我的妻子和我最好的朋友是安娜·卡尔森。在一年中，每天晚上她都听我一遍一遍地重复讲这本书的事情。如果没有她，我会发疯(比以前更疯？)。我爱你，安娜。

莉迪亚·达莱特是我热情似火的研究助手。我从来没见过比她更勤奋的人。我特别感激我们在早期进行的那些谈话，关于我的哪些报道她认为最为有趣，应该放进书中。

在写这本书的时候，我有幸能够和阿歇特图书集团的几位编辑共事。约翰·布罗迪将我带进了这片天地。在他找了一份称心的新工作时，里克·沃尔夫接手带我。感谢十二出版社(Twelve)的肖恩·德斯蒙德辛勤地工作，他帮我最终定下全书大纲、阅读书稿，让本书最终得以完成。谢谢他们所有人。也感谢利比·伯顿，他非常能言善辩。

让我们为成百上千曾活在字里行间的错别字和佶屈聱牙的句子默哀一会儿，是文字编辑里克·鲍尔彻底消灭了它们。谢谢你，里克。

本书是在帕洛阿尔托的一间车库里面动笔的。非常感谢慷慨的主人切切·朗和史蒂夫·朗。很遗憾没在今年遇到你们和其他人。

卡拉·斯维舍是科技行业里最出色的记者，在过去的十多年里，没有人像她报道雅虎一样报道过任何一家公司。如果没有她的帮助，本书中的报道会薄弱得多。

好友扎克·威廉姆斯和戴维·克劳读了本书的前几稿，并给出了非常有用的反馈，杰·亚洛也想帮忙来着，但是被高尔夫球吸引而去，不过他倒是为这本书写了一条很不错的推特。丹·路易斯给了我亟需的鼓励，并且两次都恰逢其时。

# 参考文献


## 前言

Eichenwald, Kurt. "Microsoft's Lost Decade." *Vanity Fair* (August 2012): http://www.vanityfair.com/ business/2012/08/microsoft-lost-mojo-steve-ballmer.

Swisher, Kara. "'Because Marissa Said So'—Yahoos Bristle at Mayer's QPR Ranking System and 'Silent Layoffs.'" All Things Digital (November 8, 2013): http://allthingsd.com/20131108/because-marissa-said-so-yahoos-bristle-at-mayers-new-qpr-ranking-system-and-silent-layoffs/.

## 第一章

Angel, Karen. *Inside Yahoo!: Reinvention and the Road Ahead.* New York: John Wiley & Sons, 2002.

Elgin, Ben. "Inside Yahoo!" *Bloomberg Businessweek* (May 20, 2001): http://www.businessweek.com/stories/2001-05-20/inside-yahoo.

——. "Yahoo!'s General Says 'Charge!'" *Bloomberg Businessweek* (February 18, 2001): http://www.businessweek.com/stories/2001-02-18/yahoo-s-general-says-charge.

Hardy, Quentin. "The Killer Ad Machine." *Forbes* (December 11, 2000): http://www. forbes.com/forbes/2000/1211/6615168a.html.

Levy, Steven. *In The Plex: How Google Thinks, Works, and Shapes Our Lives*. New York: Simon & Schuster. 2011.

Mangalindan, Mylene. "Yahoo! Is Pressed to Reveal More Numbers on Ad Revenue." *Wall Street Journal* (July 10, 2000): http://online.wsj.com/news/articles/SB963184612223420932.

Mangalindan, Mylene, and Suein L. Hwang. "Insular Culture Helped Yahoo! Grow, But Has Now Hurt It in the Long Run." *Wall Street Journal* (March 9, 2001): http://online.wsj.com/news/articles/SB984089525895733927.

Siklos, Richard. "When Terry Met Jerry, Yahoo!" *New York Times*(January 29, 2006): http://www.nytimes.com/2006/01/29/business/yourmoney/29yahoo.html?pagewanted=all&_r=0.

Vogelstein, Fred. "Bringing Up Yahoo." *Fortune* (April 5, 2004): http://archive.fortune.com/magazines/fortune/fortune_archive/2004/04/05/366371/ index.htm.

## 第二章

Angel. *Inside Yahoo!*

Arrington, Michael. "Yahoo's 'Project Fraternity' Docs Leaked." TechCrunch (December 12, 2006): http://techcrunch.com/2006/12/12/yahoos-project-fraternity-docs-leaked/.

Elgin. "Inside Yahoo!"

Hansell, Saul. "Yahoo's Growth Being Eroded by New Rivals." *New York Times* (October 11, 2006): http://www.nytimes.com/2006/l0/ll/technology/11yahoo.html?pagewanted= all&_r=0.

Hardy. "The Killer Ad Machine."

Levy. *In The Plex*.

Mills, Elinor. "Shareholders Blast CEO Semel for Yahoo Performance." CNET (June 12, 2007): http://news.cnet.com/Shareholders-blast-CEO-Semel-for-Yahoo-performance/2100-l030_3-6190546.html.

Siklos. "When Terry Met Jerry, Yahoo!"

Vogelstein. "Bringing Up Yahoo."

"Yahoo Memo: The 'Peanut Butter Manifesto.'"*Wall Street Journal* (November 18, 2006): http: //online.wsj.com/news/articles/SB116379821933826657.

## 第三章

Hansell, Saul. "AOL's Choice of Google Leaves Microsoft as the Outsider." *New York Times* (December 19, 2005): http://www.nytimes.com/2005/12/19/business/media/19aol.html.

Helft, Miguel. "After Deal Dies, Yahoo Weighs Its Next Move." *New York Times* (May 5, 2008): http://www.nytimes.com/2008/05/05/technology/05yahoo.html?pagewanted=all.

Levy. *In The Plex.*

Moore, Heidi. "Jerry Yang's Failure to Communicate." *Wall Street Journal* (May 6, 2008): http://blogs.wsj.com/deals/2008/05/o6/jerry-yangs-failure-to-communicate/.

## 第四章

"D7 Video: Yahoo CEO Carol Bartz and Kara Swisher." *Wall Street Journal* video, 9:33. May 27, 2009.http://live.wsj.com/video/d7-video-yahoo-ceo-carol-bartz-and-kara-swisher/EFFD4DE0-FC09-49Cl-BFDB-816E9CA2D344.html.

Fussman, Cal. "Hi, I'm Carol Bartz...Are You an Asshole?" *Esquire* (May 3, 2010): http: //www. esquire.com/women/women-issue/carol-bartz-bio-0510.

Lacy, Sarah. "Just Don't Call It Retirement." *Bloomberg Businessweek* (March 5, 2006): http://www.businessweek.com/stories/2006-03-05/just-dont-call-it-retirement.

Pepitone, Julianne. "Cranky Shareholders Blast Yahoo and Carol Bartz." CNNMoney (June 23, 2011): http://money.cnn.com/2011/06/23/technology/yahoo_shareholder/index.htm.

Sellers, Patricia. “Carol Bartz Exclusive: Yahoo ‘F---ed Me Over.’” *Fortune*. (September 8, 2011): http://fortune.com/2011/09/08/carol-bartz-exclusive-yahoo-f-ed-me-over/.

Zachary, G. Pascal. “The Survivor.” *Bisiness 2.0.*(December 1, 2004): http://money.cnn.com/magazines/business2/business2_archive/2004/12/01/8192521/index.htm.

## 第五章

Carlson, Nicholas. “The Truth About Marissa Mayer: An Unauthorized Biography.” *Business Insider* (August 24, 2013): www.businessinsider.com/marissa-mayer-biography-2013-8?op=1.

“Marissa Mayer at Stanford University.” YouTube video, 49:25. Posted by “Miraclemart,” June 30, 2006. https://www.youtube.com/watch?v=soYKFWqVVzg.

## 第六章

Edwards, Douglas. *I’m Feeling Lucky: The Confessions of Google Employee Number 59.* New York: Houghton Mifflin Harcourt, 2011. Kindle Edition.

Guthrie, Julian. “The Adventures of Marissa.” *San Francisco* (February 8, 2008).

Guynn, Jessica. “How I Made It: Marissa Mayer, Google’s Champion of Innovation and Design.” *Los Angeles Times* (January 2, 2011): http://articles.latimes.com/2011/jan/02/business/la-fi-himi-mayer-20110102.

Holson, Laura M. “Putting a Bolder Face on Google.” *New York Times* (February 28, 2009): http://www.nytimes.com/2009/03/01/business/01marissa.html?pagewanted=all.

“Introduction to Amit Singhal (at Google).” Vimeo video, 2:36. Posted by “Galactic Public Archives,” January 3, 2014. http://vimeo.com/83265301.

“Keynote with Marissa Mayer, President and CEO, Yahoo!” YouTube video, 41:26. Posted by “Salesforce Video,” November 20, 2013. https://www.youtube.com/

watch?v=AdMW-2MVwks.

Levy. *In The Plex.*

"Marissa Mayer at Stanford University." YouTube video.

"Marissa Mayer's IIT Commencement Address." YouTube video, 16:53. Posted by "Google," May 16, 2009. https://www.youtube.com/watch?v=jaKoMCujc2k.

Sellers, Patricia. "Marissa Mayer: Ready to Rumble at Yahoo." *Fortune* (October 11, 2012): http://fortune.com/2012/10/11/marissa-mayer-ready-to-rumble-at-yahoo/.

Singer, Sally. "From the Archives: Google's Marissa Mayer in Vogue." *Vogue* (August 2009): http://www.vogue.com/873540/from-the-archives-marissa-mayer-machine-dreams/.

Warner, Fara. "How Google Searches Itself." *Fast Company* (June 30, 2002).

## 第七章

Anderlini, Jamil. "Person of the Year: Jack Ma." *Financial Times* (December 12, 2013): http://www.ft.com/intl/cms/s/2/308e46a8-6189-11e3-916e-00144feabdc0 .html.

Flannery, Russell. "Inside Alibaba: Vice Chairman Joe Tsai Opens Up About Working with Jack Ma and Jonathan Lu." *Forbes* (January 8, 2014): http://www.forbes.com/sites/russellflannery/2014/01/08/inside-alibaba-vice-chairman-joe-tsai-opens-up-about-working-with-jack-ma-and-jonathan-lu/.

## 第八章

Cohan, William. "Little Big Man." *Vanity Fair* (December 2013): http://www.vanityfair. com/business/2013/12/dan-loeb-cuba-car-accident.

Gopinath, Deepak. "Hedge Fund Manager Daniel Loeb Skewers CEOs, Returns 28 Percent." Silicon Investor (August 18, 2005): http://www.siliconinvestor.com/readmsg. aspx?msgid=21622975.

Sellers. "Carol Bartz Exclusive."

## 第九章

Swisher, Kara. "Dan Loeb Alleges 'Discrepancies' on Yahoo CEO Scott Thompson's Resume Related to Computer Science Degree." All Things Digital (May 3, 2012): http://allthingsd.com/20120503/dan-loeb-alleges-discrepancies-on-yahoo-ceo-scott-thompsons-resume-related-to-computer-science-degree/.

——. "In 2009 Interview, Yahoo CEO Does Not Deny He Has a CS Degree, and Call Himself an 'Engineer' (Audio)," All Things Digital (May 3, 2012): http: // allthingsd.com / 20120503 / in-2009-interview-yahoo-ceo-does-not-deny-he-has-a-cs-degree-and-calls-himself-an-engineer/.

## 第十章

Carlson. "The Truth About Marissa Mayer."

Sellers, Patricia. "New Yahoo CEO Mayer Is Pregnant." *Fortune* (July 17, 2012): http://fortune.com/2012/07/17/new-yahoo-ceo-mayer-is-pregnant/.

Stone, Brad. "Can Marissa Mayer Save Yahoo?" *Bloomberg Businessweek* (August 1, 2013): http://www.businessweek.com/articles/2013-08-01/can-marissa-mayer-save-yahoo.

Swisher, Kara. "The King Is Dead, Long Live the... Whatever: Levinsohn's Management Moves at Yahoo (Internal Memo)." All Things Digital (May 17, 2012): http://allthingsd.com/20120517/levinsohns-management-musical-chairs-at-yahoo-internal-memo/.

——. "Ross Still Not the Boss (Yet): Yahoo CEO Selection Now Likely to Take Longer Than Many Expect." All Things Digital (July 12, 2012): http://allthingsd.com/20120712/ross-still-not-the-boss-yet-yahoo-ceo-selection-now-likely-to-take-longer-than-many-expect/.

## 第十一章

"Marissa Mayer: Distance from 'Feminism.'" Maker Studios video, 00:49. Posted by "MAKERS," 2012. http://www. makers.com/marissa-mayer/moments/distance-feminism.

McLean, Bethany. "Yahoo's Geek Goddess." *Vanity Fair* (January 2014): http://www.vanityfair. com/business/2014/01/marissa-mayer-yahoo-google.

Sellers. "Marissa Mayer."

Swisher, Kara. "'Physically Together': Here's the Internal Yahoo No-Work-From-Home Memo for Remote Workers and Maybe More." All Things Digital (February 22, 2013): http://allthingsd.com/20130222/physically-together-heres-the-internal-yahoo-no-work-from-home-memo-which-extends-beyond-remote-workers/.

Weisberg, Jacob. "Yahoo's Marissa Mayer: Hail to the Chief." *Vogue* (September2013).

## 第十二章

Cook, John. "What Happened to Lockerz? Heavily-Funded Startup Purchased by Chinese e-Commerce Company." GeekWire (January 14, 2014): http://www. geekwire.com/2014/happened-lockerz-assets-heavily-funded-startup-purchased-chinese-e-commerce-company/.

Goel, Vindu. "Yahoo Wants You to Linger (on the Ads, Too)." *New York Times* (June 21, 2014): http://www. nytimes.com/2014/06/22/technology/yahoo-wants-you-to-linger-on-the-ads-too.html.

Grigoriadis, Vanessa. "Welcome to the Dollhouse." *New York* (December 7, 1998): http: //nymag.com/nymetro/news/media/features/2917/.

MacMillan, Douglas. "Marketing Chief Kathy Savitt's Star Rises at Yahoo." *Wall Street Journal* (February 25, 2014): http://online.wsj.com/news/articles/SB10001424052702304834704579405311104840146.

Shields, Mike. "Who Is Yahoo CMO Kathy Savitt? And Why Is She Running the Media Business?" *Adweek* (January 23, 2014): http://www. adweek.com/news/advertising-branding/who-yahoo-cmo-kathy-savitt-155131.

Swisher, Kara. "Kick the Can—Yahoo Mail Is a Consumer Disaster, but Company's Response Is Even Worse." All Things Digital (December 11, 2013): http://allthingsd.com/20131211/kick-the-can-yahoo-mail-is-a-consumer-disaster-but-companys-response-is-even-worse/.

"Yahoo CMO Kathy Savitt at Entrepreneurship Summit NYC 2013" Cornellcast video, 33:42, Posted by "Entrepreneurship@Cornell," December 11,2013. http://www.cornell.edu/video/yahoo-cmo-kathy-savitt-at-entrepreneurship-summit-nyc-2013.

## 第十三章

Swisher, Kara. "He Was Fired: Here's Marissa Mayer's De Castro Buh-Bye Memo to Yahoo Staff." Re/code (January 15, 2014): http://recode.net/2014/01/15/ he-was-fired-heres-marissa-mayers-de-castro-buh-bye-memo-to-staff/.

Yarow, Jay. "The Final Count Is In: Ex-Yahoo COO Henrique De Castro Gets a $58 Million Severance Package." *Business Insider* (April 17, 2014): http://www. businessinsider. com/yahoo-coo-henrique-de-castro-severance-pay-2014-4.

## 后记

Atkinson, Claire. "Yahoo's Marissa Mayer Flops with Artsy Approach to Advertising." *New York Post* (June 17, 2014): http://pagesix.com/2014/06/17/ yahoos-marissa-mayer-flops-with-artsy-approach-to-advertising/.

Goel. "Yahoo Wants You to Linger (on the Ads, Too)."

Hamburger, Ellis. "Tumblr Declares War on the Internet's Identity Crisis." *The Verge* (May 6, 2014): http://www. theverge.com/2014/5/6/5684212/ tumblr-declares-war-on-the-internets-identity-crisis.

Jackson, Eric. "Marissa Mayer's Compensation and Stock-Selling Not Linked to Performance." *Forbes* (August 17, 2014): www. forbes.com/sites/ ericjackson/2014/08/17/marissa-mayers-compensation-and-stock-selling-not-linked-to-performance.

Petrecca, Laura. "Yahoo CEO Takes Heat for Stilted Presentation in Cannes." *USA Today* (June 18, 2014): http://www.usatoday.com/story/money/business/2014/06/17/yahoo-ceo-marissa-mayer/10656221/.

Swisher, Kara. "As Weather Channel Blows Yahoo Off Apple's Upcoming iOS 8, App Storms Ahead for Mayer." Re/code (June 20, 2014): http://recode.net/2014/06/20/ as-weather-channel-blows-yahoo-off-apples-upcoming-ios-8-app-storms-ahead-for-mayer/.

——. "Do Me a Solid? Alibaba Can Allow Yahoo to Keep Its Shares in the IPO(But It Probably Won't)." Re/code (May 6, 2014): http://recode.net/2014/05/06/do-me-a-solid-alibaba-can-allow-yahoo-to-keep-its-shares-in-the-ipo-but-it-probably-wont/.

Vranica, Suzanne. "How Marissa Mayer Fell Asleep and Kept Ad Executives Waiting for Hours." *Wall Street Journal* (June 23, 2014): http://blogs.wsj.com/cmo/2014/06/23/how-marissa-mayer-fell-asleep-and-kept-ad-executives-waiting-for-hours/.